V&R

Kritisch-exegetischer Kommentar
über das Neue Testament

Begründet von
Heinrich August Wilhelm Meyer
herausgegeben von
Dietrich-Alex Koch

Band 9/3
Der Brief an Philemon

Vandenhoeck & Ruprecht

Der Brief an Philemon

übersetzt und erklärt
von
Peter Müller

1. Auflage dieser Auslegung

Vandenhoeck & Ruprecht

Mit 9 Abbildungen

Bibliografische Information der Deutschen Nationalbibliothek

Die Deutsche Nationalbibliothek verzeichnet diese Publikation in der
Deutschen Nationalbibliografie; detaillierte bibliografische Daten sind
im Internet über http://dnb.d-nb.de abrufbar.

ISBN 978-3-525-51637-9
ISBN 978-3-647-51637-0 (E-Book)

© 2012, Vandenhoeck & Ruprecht GmbH & Co. KG, Göttingen/
Vandenhoeck & Ruprecht LLC, Oakville, CT, U.S.A.
www.v-r.de
Alle Rechte vorbehalten. Das Werk und seine Teile sind urheberrechtlich geschützt.
Jede Verwertung in anderen als den gesetzlich zugelassenen Fällen bedarf der
vorherigen schriftlichen Einwilligung des Verlages. – Printed in Germany.
Satz: Dörlemann Satz, Lemförde
Druck und Bindung: Hubert & Co, Göttingen

Gedruckt auf alterungsbeständigem Papier.

Vorwort

Der Philemonbrief hat als der kürzeste erhaltene Paulusbrief oft im Schatten der längeren und gewichtigeren Briefe des Apostels gestanden. Von der christlichen Antike bis in die gegenwärtige Auslegung hinein hat man immer wieder einen nur geringen theologischen Gehalt des Schreibens und die Konzentration auf einen Einzelfall bemängelt. Aber die Christusbotschaft, die Paulus etwa im Galater- und im Römerbrief entfaltet, drängt auf Konkretisierung. Selbst ein Spitzensatz wie Gal 3,28 bleibt Theorie, wenn er nicht in das Leben der Glaubenden hinein übersetzt wird und zum Handeln führt. Es ist deshalb ein Glücksfall, dass der Philemonbrief am konkreten Beispiel einer frühchristlichen Hausgemeinde zeigt, wie die großartige Einsicht „Da ist nicht Jude noch Grieche, da ist nicht Sklave noch Freier, da ist nicht Mann und Frau; denn ihr alle seid einer in Christus Jesus" im Alltag mit Leben gefüllt wird, in Verantwortung und Freiheit. Der Philemonbrief setzt die paulinische Theologie eher voraus als dass er sie entfaltet. Theologische Erkenntnisse aber müssen auch im konfliktreichen Alltag ihre Tragfähigkeit erweisen – und genau darum geht es in diesem kurzen Schreiben.

Etwas Unbehagen empfinde ich angesichts von rund hundertsechzig Seiten Kommentar für einen vergleichsweise kurzen Brief. Dass es neuere Bearbeitungen mit mehr als dreihundert und sogar eine mit mehr als fünfhundert Seiten gibt, macht das Unbehagen aber erträglich, zumal die eigenständige Kommentierung (vgl. dazu in der Einführung den Abschnitt „Zur Anlage des Kommentars") es ermöglicht, grundlegende Fragen und die für den Brief wichtigen Hintergründe etwas ausführlicher zu beleuchten.

Prof. Dr. Ferdinand Hahn hat mir als mein theologischer Lehrer und früherer Herausgeber des Kritisch-Exegetischen Kommentars die Bearbeitung des Philemon- und des Kolosserbriefs übertragen. Der jetzige Herausgeber, Prof. Dr. Dietrich-Alex Koch, hat das Manuskript im Vorfeld gründlich gelesen und verschiedene Hinweise, vor allem zur Anlage des Kommentars, gegeben. Prof. Dr. Tor Vegge, Kristiansand, hat einige wichtige Hinweise beigesteuert, die ich gerne aufgenommen habe. Prof. Dr. Werner Eck hat aus der Sicht des Altphilologen und Historikers das „Hintergrundkapitel" gelesen und kommentiert. Die Studentinnen Anne Burmeister und Anastasia Maslov haben Literatur besorgt und Korrektur gelesen. Ihnen allen – und nicht zuletzt den Mitarbeiterinnen und Mitarbeitern des Verlags – sei herzlich gedankt.

Bad Herrenalb, Juni 2011   Peter Müller

Inhalt

Vorwort	5
Literatur- und Abkürzungsverzeichnis	9
Quellen und Hilfsmittel	9
Kommentare	12
Monographien und Aufsätze	14
Abkürzungen und Zitierweise	30
Einführung	31
Zur Anlage des Kommentars	31
Beobachtungen und Fragen bei der ersten Lektüre	32
Handelnde Personen	33
Paulus	33
Timotheus	33
Philemon	33
Apphia und Archippus	34
Onesimus	34
Grüßende	35
Die Hausgemeinde	35
Sinnlinien	35
Beziehungen	35
Gebieten und Bitten	37
Verschränkung der Zeitebenen	38
Gliederung	40
Hintergründe	43
Hausgemeinden	43
Gefangenschaft	48
Alter	51
Sklaverei	54
Der Text als Brief	68
Die Textüberlieferung	79
Verfasser, Abfassungsort und -zeit	80
Einzelauslegung	85
Philemon 1–3: Adresse und Gruß	85
Philemon 4–6: Dank, Freude, Gemeinschaft	92
Philemon 7–20: Briefcorpus	102

Philemon 21–22: Besuchsankündigung 132
Philemon 23–25: Schlussgrüße und Segenswunsch 134

Theologische Hauptlinien 138
Philemon im Kontext der übrigen Paulusbriefe 138
Grundlegende Begriffe: Liebe, Glaube, Gemeinschaft 140
    Sprachbilder für die neue Wirklichkeit 142
    Familienmetaphorik 143
    Rechts- und Wirtschaftsterminologie 145
    Sklavenmetaphorik 146
Die neue Sicht der Wirklichkeit und ihre Umsetzung 147
    Status und Wert 147
    Ehre und Wohltaten 148
    Recht und Rechtsverzicht, Gemeinschaft und Freude 149
    Soziale und gesellschaftliche Konsequenzen 151
    Was wäre, wenn? 153

Aspekte der Auslegungsgeschichte 155
    Subscriptiones 155
    Auch auf Unscheinbares kommt es an 156
    Theologische Deutungen 157
    Die Sklavenproblematik 160
    Aktuelle Fragen 163

Literaturverzeichnis

Quellen und Hilfmittel

Aeschylus: Supplices (hg. von M.L. WEST), Stuttgart 1992.
Aischylos: Werke in einem Band (Bibliothek der Anitke. Griechische Reihe), Berlin/Weimar 1976.
Alciphronis Rhetoris Epistularum Libri IV, hg. von M.A. SCHEPERS (Bibliotheca Scriptorum et Romanorum Teubneriana 128), Weinheim 1969.
S. Anselmi Cantuariensis Archiepiscopi Opera omnia. Vol II (hg. von F.S. SCHMIDT), Stuttgart/Bad Cannstatt 1984.
Apuleius: Der goldene Esel. Metamorphosen. Lateinisch und deutsch, hg. und übersetzt von E. BRANDT/W. EHLERS, München ³1980.
Aristoteles: Poetik. Griechisch/Deutsch, hg. von M. FUHRMANN, Reclam-UB 7828, Stuttgart ²1991.
Aristoteles: Politica. Recognovit brevique adnotatione critica instruxit W.D. ROSS (Scriptorum Classicorum Bibliotheca Oxoniensis), Oxford 1958.
Aristoteles: Politik. Schriften zur Staatstheorie. Übersetzt und hg. von F.F. SCHWARZ (Reclam UB 8522), Stuttgart ⁷1989.
Aristophanes: Thesmophoriazusae (The comedies of Aristophanes 8), ed. A.H. Sommerstein, Warminster 1994.
Aristoxenos: Die Schule des Aristoteles. Heft II. Texte und Kommentar (hg. von F. WEHRLI), Basel/Stuttgart 1967.
BAUER, W./ALAND, K./ALAND, B.: Griechisch-deusches Wörterbuch zu den Schriften des Neuen Testaments und der frühchristlichen Literatur, Berlin/New York ⁶1988.
BLASS, F./DEBRUNNER, A.: Grammatik des neutestamentlichen Griechisch, bearb. von R. Rehkopf, Göttingen ¹⁵1979 (BDR).
Cassius Dio: Römische Geschichte. Band I–V, übersetzt von O. VEH, BAW, Zürich/München 1986.
Cicero: Laelius de amicitia. Lateinisch – Deutsch, Tusc, München 1961.
Cicero: Brutus, Lateinisch – deutsch, hg. von B. KYTZLER, München ³1986.
Columella: Zwölf Bücher über die Landwirtschaft. Buch eines Unbekannten über Baumzüchtung. Band 1, Lateinisch-deutsch, hg. und übersetzt von W. RICHTER, München 1981.
Corpus Inscriptorum Graecarum, 4 Bände, 1828–1877 (CIG).
Corpus Inscriptorum Latinarum, ab 1863 (CIL).
Demetrii et Libanii qui feruntur Typoi Epistolikoi et Epistolikoi Characteres, hg. von V. WEICHERT, Leipzig 1910.
Demosthenes: Politische Reden. Griechisch/Deutsch, übersetzt und hg. von W. UNTE (Reclam UB 957), Stuttgart 1985.
Diodorus Siculus, with an English Translation, Loeb Classical Library 340, Cambridge, Mass. 2000.
Dion Chrysosthomus, Sämtliche Reden. Eingeleitet, übersetzt und erläutert von W. ELLIGER, Zürich/Stuttgart 1967.

DITTENBERGER, W. (Hg.): Sylloge Inscriptionum Graecarum, Band 1-3, Leipzig 1915-1924 (SIG).
Epicteti Dissertationes ab Arriani Digestae (hg. von H. SCHENKL), Stuttgart 1965.
Epiktet/Teles/Musonius: Wege zum Glück, hg. von R.Nickel, Zürich/München 1987.
Epistolographi Graeci, hg. von R. HERCHER, Paris 1873.
Euripides: Tragödien V. Griechisch und Deutsch, hg. von D. EBENER (Schriften und Quellen der Alten Welt 30,5), Berlin ²1979.
FISCHER, J.A.: Die Apostolischen Väter, SUC I, Darmstadt 1970.
GAERTRINGEN, H. V. (Hg.): Inschriften von Priene (Königliche Museen zu Berlin), Berlin 1906.
Galen: Claudii Galeni opera omnia, hg. von C.G. KÜHN, Leipzig 1821-1833, Nachdruck Hildesheim 1965
GEORGES, K.E.: Ausführliches Lateinisch-Deutsches Handwörterbuch, Hannover ⁸1998 (Nachdruck).
GRENFELL, B.P./HUNT, A.S. (Hg.): The Amherst Papyri, 2 Bände, London 1900-1901 (PAmh).
GRENFELL, B.P./HUNT, A.S. (Hg.): The Oxyrhynchus Papyri, London ab 1898 (POxy).
GYOT, P./KLEIN, R. (Hg.): Das frühe Christentum bis zum Ende der Verfolgungen. Eine Dokumentation. Band 1: Die Christen im heidnischen Staat, Darmstadt 1997.
HEINEN, H. (Hg.): Antike Sklaverei: Rückblick und Ausblick. Neue Beiträge zur Forschungsgeschichte und zur Erschließung der archäologischen Zeugnisse, Forschungen zur antiken Sklaverei 38, Stuttgart 2010.
HENGSTL, J.: Grichische Papyri aus Ägypten als Zeugnisse des öffentlichen und privaten Lebens. Griechisch-deutsch (Tusculum), München 1978.
Herondas: Die Miamben des Herondas. Deutsch mit Einleitung und Anmerkungen, hg. von O. CRUSIUS und R. HERZOG, Leipzig ²1926.
Hippolyt: Der koptische Text der Kirchenmordung Hippolyts, TU 58, hrsg. und übersetzt von W. Till und J. Leipoldt, Berlin 1954
Homer: Odyssee. Griechisch und deutsch. Übertragen von A. WEIHER. Einführung von A. HEUBECK, Darmstadt ⁹1990.
Iamblichos: Pythagoras. Legende, Lehre, Lebensgestaltung. Griechisch und Deutsch, hg., übersetzt und eingeleitet von M. V. ALBRECHT, Zürich/Stuttgart 1963.
Isokrates. Sämtliche Werke, übersetzt von C. Ley-Hutton, eingeleitet und erläutert von K. Brodersen, Band 1.2, Stuttgart 1993-1997.
Iuvenal: Satiren. Übersetzung, Einführung und Anhang von H.C. SCHNUR (Reclam UB 9598), Stuttgart 1994.
LOHSE, E. (Hg.) Die Texte aus Qumran. Hebräisch und deutsch, Darmstadt 1964.
Philo von Alexandrien: Philonis Alexandrini opera quae supersunt, hg. von L. COHN/ S. REITER, Band I-VI, Berlin 1962.
–: Die Werke in deutscher Übersetzung, hg. von L. COHN u.a., Band I-VII 2, Berlin 1962.
PREUSCHEN, E.: Analecta (Sammlung ausgewählter kirchen- und dogmengeschichtlicher Quellenschriften, Heft 8), Freiburg/Leipzig 1898, 129-135.
Lietzmann, H.: Das Muratorische Fragment und die Monarchianischen Prologe zu den Evangelien, Kleine Texte 1, Bonn 1902, Berlin ²1933.
KLAUCK, H.-J.: Die religiöse Umwelt des Urchristentums. Band I und II, Studienbücher Theologie 9,1.2, Stuttgart/Berlin/Köln 1995.1996.
Lexikon der Alten Welt, Darmstadt 1991.

Louw, J.P./Nida, E.B.: Greek-English Lexicon of the New Testament Based on Semantic Domains. Volume I/II, New York ²1989.
Luther, M.: D. Martin Luthers Werke. Kritische Gesamtausgabe, Weimar 1883–2009.
Menge, H.: Langenscheidts Großwörterbuch Griechisch. Teil 1 Griechisch-Deutsch unter Berücksichtigung der Etymologie, Berlin/München/Zürich ²⁰1967.
Menander: Herondas. Werke in einem Band (Bibliothek der Antike. Griechische Reihe), Berlin/Weimar 1980.
Metzger, B.M.: A Textual Commentary on the Greek New Testament, London u.a. 1975.
Nestle, E. und E./Aland, K. und B. (Hg.): Novum Testamentum Graece, Stuttgart ²⁷1993.
Origenes: Die griechisch erhaltenen Jeremiahomilien. Eingeleitet, übersetzt und mit Erklärungen versehen von E. Schadel (Bibliothek der griechischen Literatur 10), Stuttgart 1980
Martial: Epigramme, ausgewählt, übersetzt und erläutert von H.C. Schnur (Reclam UB 1611), Stuttgart 1996.
Ovid: Fastorum libri sex, hg. von E.H. Alton/D.E.W. Wormell/E. Courtney, BT, Leipzig 1985.
Origenes: Gegen Kelsos, Deutsche Übersetzung von P. Koetschau, ausgewählt und bearbeitet von K. Pichler, Schriften der Kirchenväter 6, München 1986.
Petronius: Satyrica. Schelmenszenen. Lateinisch – Deutsch von K. Müller/W. Ehlers, München ³1983.
Philostrat: Das Leben des Apollonios von Tyana. Griechisch-Deutsch, hg., übersetzt und erläutert von V. Mumprecht, Tusc, München/Zürich 1983.
Platon: Werke in Acht Bänden. Griechisch und Deutsch, hg. von G. Eigler, Darmstadt ²1990.
Plinius: Gaius Plinius Caecilius Secundus, Briefe. Epistularum Libri Decem, hg. von H. Kasten, Darmstadt ⁶1990.
Plutarch: Lykurg (= Doppelbiographien); Deutsch: Plutarch: Die großen Griechen und Römer. Doppelbiographien Band 1 (aus dem Griechischen von E. Eyth, Neu-Isenburg 2008.
Plutarch, Moralphilosophische Schriften, Stuttgart 1997.
Preisendanz, K./Henrichs, A. (Hg.): Papyri Graecae Magicae. Die griechischen Zauberpapyri, 2 Bände, Stuttgart ²1973f. (PGM).
Preisigke, F.: Wörterbuch der griechischen Papyrusurkunden mit Einschluß der griechischen Inschriften, Aufschriften, Ostraka, Mumienschilder usw. aus Ägypten, hrsg. von E. Kießling, Band I-III, Berlin 1925–1931.
Rehm, B. (Hg.): Die Pseudoklementinen I. Homilien, hg. von G. Strecker, Berlin ³1992.
Rhetorica ad Herrenium. Lateinisch-Deutsch, hg. und übersetzt von T. Nüsslein, Tusc, Zürich 1994.
Seneca: Epistulae morales ad Lucilium Liber V. Briefe an Lucilius über Ethik 5. Buch. Lateinisch / Deutsch, übersetzt und hg. von F. Loretto (Reclam UB 2136), Stuttgart 1988.
Sokolowski, L.: Lois sacrées de l'Asie Mineure, Ecole Française d'Athènes. Travaux et mémoires des anciens membres étrangers de l'école et de divers savants 9, Paris 1955 (LSAM).
Strecker, G.: Die Pseudoklementinen I. Homilien, Berlin ³1992.
Sueton: Leben des Claudius und Nero. Textausgabe mit Einleitung, kritischem Apparat und Kommentar hg. von W. Kierdorf (UTB 1715), Paderborn u.a. 1992.

Sallust: Werke und Schriften. Lateinisch-Deutsch, hg. von W. Schöne, Tusculum, Stuttgart ³¹1965.
Tertullian: Apologetische, Dogmatische und Montanistische Schriften. Übersetzt von H. KELLNER (BKV 1, 24) Kempten/München 1915.
S. Thomae Aquinatis opera omnia. Band 6. Reportationes. Opuscula Dubiae Authenticitatis, Stuttgart/Bad Canstatt 1980
STRACK, H.L./BILLERBECK, P.: Kommentar zum Neuen Testament aus Talmud und Midrasch, München ⁵1969.
TILL, W./LEIPOLDT, J. (Hg.): Der koptische Text der Kirchenordnung Hippolyts (TU 58), Berlin 1954.
Ägyptische (Griechische) Urkunden aus den Kaiserlichen (ab Band 6 Staatlichen) Museen zu Berlin, 13 Bände, Berlin 1895–1976 (BGU).
VOGELS, H.J.: Das Corpus Paulinum des Ambrosiaster, BBB 13, Bonn 1957.
WEIGEL, J.C.: Biblia ecypta. Bildnussen aus Heiliger Schrifft Alt und Neuen Testaments, 1695.
WENGST, K.: Didache (Apostellehre). Barnabasbrief. Zweiter Klemensbrief. Schrift an Diognet. Eingeleitet, herausgegeben, übertragen und erläutert, Schriften des Urchristentums 2, Darmstadt 1984.
WILCKEN, U.: Die Bremer Papyri, Berlin 1936 (PBrem).
WITKOWSKI, S. (Hg): Epistulae Privatae Graecae quae in papyris aetatis lagidarum servantur, Leipzig 1911.
Xenophon: Ökonomische Schriften. Griechisch und deutsch von G. AUDRING (Schriften und Quellen der Alten Welt 38), Berlin 1992.

Kommentare

ARZT-GRABNER, P.: Philemon., Papyrologische Kommentare zum Neuen Testament 1, Göttingen 2003.
ASH, A.L.: Philippians, Colossians & Philemon, The College Press NIV Commentary, Joplin 1994.
ALLEN, S.: Letters from Prison. An Exposition of the Prison Epistles of the Apostle Paul: Ephesians, Colossians, Philemon, Philippians, 2 Timothy, London 1975.
BARCLAY, J.M., Colossians and Philemon, New Testament Guides, Sheffield 1997.
BARTH, M./BLANKE, H.: The Letter to Philemon. A New Translation with Notes and Commentary, The Eerdmans Critical Commentary, Grand Rapids (MI)/Cambridge 2000.
BENGEL, J.A.: Gnomon. Auslegung des Neuen Testaments in fortlaufenden Anmerkungen. Deutsch von F.C. Werner, Band I.II, Stuttgart ⁸1970.
BINDER, H.: Der Brief des Paulus an Philemon, ThHK 11/II, Berlin 1990.
BÖHM, G.: Der Philemonbrief, HRU 16, Gütersloh 1973.
BRUCE, F.F.: The Epistle to the Colossians, to Philemon and to the Ephesians, The New International Commentars on the New Testament, Grand Rapids (MI) ²1993.
BÜRKI, H.: Der zweite Brief des Paulus an Timotheus, die Briefe an Titus und an Philemon, Wuppertaler Studienbibel, Reihe Neues Testament, Wuppertal ⁴1982.
CAIRD, G.B.: Paul's Letters from Prison (Ephesians, Philippians, Colossians, Philemon) in the Revised Stanard Version. Introduction and Commentary, Oxfod ²1981.
CALVIN, J.: Auslegung der Heiligen Schrift, Neue Reihe (hg. v. O. Weber), Bd. 17, Neukirchen-Vluyn 1963.

CARSON, H.M.: The Epistles of Paul to the Colossians and Philmeon. An Introduction and Commentary, Leicester ⁷1978.
COLLANGE, J.-F.: L'Épitre de Saint Paul à Philémon, Commentaire du Nouveau Testament 2. Serie, XIc, Genf 1987.
COUSAR, C.B.: Philippians and Philemon, The New Testament Library, Louisville 2009.
DIBELIUS, M./GREEVEN, H.: An die Kolosser, Epheser, an Philemon, HNT 12, Tübingen ³1953.
DUNN, J.D.G.: The Epistles to the Colossians and to Philemon. A Commentary on the Greek Text, The New International Greek Testament Commentary, Grand Rapids (MI)/Carlisle 1996.
ECKEY, W.: Die Briefe des Paulus an die Philipper und an Philemon. Ein Kommentar, Neukirchen-Vluyn 2006.
EGGER, W.: Galaterbrief. Philipperbrief. Philemonbrief, NEB 9.11.15, Würzburg ²1988.
ERNST, J.: Die Briefe an die Philipper, an Philemon, an die Kolosser, an die Epheser, RNT, Regensburg 1974.
FELDER, C.H.: The Letter to Philemon, NIB XI, Nashville 2000.
FITZMYER, J.A.: The Letter to Philemon. A New Translation with Introduction and Commentary, AncB 34C, New York/London 2000.
GETTY, M.A.: Philippians and Philemon, New Testament Message 14, Dublin 1980.
GNILKA, J.: Der Philemonbrief, HthKNT X/4, Freiburg/Basel/Wien 1982.
GORDAY, P. (Hg.): Colossians, 1-2 Thessalonians, 1-2 Timothy, Titus, Philemon, Ancient Christian Commentary on Scripture, NT IX, Downers Grove (ILL) 2000.
HARRINGTON, D.J.: Paul's Prison Letters, Spiritual Commentaries on Paul's Letters to Philemon, the Philippians, and the Colossians, Hyde Park (NY) 1997.
HARRIS, M.J.: Colossians & Philemon, Exegetical Guide to the Greek New Testament, Grand Rapids (MI) 1991.
HAUPT, E.: Die Gefangenschaftsbriefe des Paulus, Göttingen ⁶1897.
HAVENER, I.: First Thessalonians, Philippians, Philemon, Second Thessalonians, Colossians, Ephesians, Collegeville 1983.
HOULDEN, J.I.: Paul's Letters from Prison, Pelican Commentaries, Philadelphia 1970.
HÜBNER, H.: An Philemon. An die Kolosser. An die Epheser, HNT 12, Tübingen 1997.
KOENIG, J.: Galatians, Philippians, Philemon, Thessalonians, in: Krentz, E./Koenig, J./Juel, D.H., Augsburg Commentary on the New Testament, Minneapolis 1985.
KREITZER, L.J.: Philemon, Readings: A new Biblical Commentary, Sheffield 2008.
LIGHTFOOT, J.B.: Saint Paul's Epistles to the Colossians and to Philemon, Zondervan Commentary, Grand Rapids ¹⁶1981, Nachdruck der Auflage von 1879.
LOHMEYER, E.: Die Briefe an die Philipper, an die Kolosser und an Philemon, KEK IX, Göttingen ¹³1964.
LUCAS, D.: The Message of Colossians & Philemon, The Bible Speaks Today, Leicester/Downers Grove 1980.
MAYER, B.: Philipperbrief / Philemonbrief, SKK NT 11, Stuttgart 1986.
MEYER, H.A.W.: Die Gefangenschaftsbriefe (Kolosser und Philemon), Göttingen 1848.
MOULE, C.F.D.: The Epistles to the Colossians and to Philemon, The Cambridge Greek Testament Commentary, Cambridge 1958.
PATZIA, A.G.: Ephesians, Colossians, Philemon, New International Biblical Commentary, Peabody (MA) 1990.
REINMUTH, E.: Der Brief des Paulus an Philemon, ThHK 11/II, Leipzig 2006.

RUPPRECHT, A.A.: Philemon, The Expositor's Bible Commentary 11, Grand Rapids (MI) 1978, 451–464
RYAN, J.M., Philemon, in: Thurston, B.B./Ryan, J.M., Philippians and Philemon, SPS 10, Collegeville 2005
SCHLATTER, A.: Die Briefe an die Galater, Epheser, Kolosser und Philemon, Erläuterungen zum Neuen Testament 7, Stuttgart 1987 (Nachdruck der Ausgabe 1961–1965).
SCHNEIDER, O.: Der Brief an die Philipper – Der Brief an Philemon, Kleiner Kommentar – Neues Testament, Stuttgart ²1965.
TOLBERT, M.O.: Colossians, Philippians, 1&2 Thessalonians, 1&2 Timothy, Titus, Philemon, Layman's Bible Book Commentary 22, Nashville 1980.
VINCENT, M.R.: A Critical and Exegetical Commentay on the Epistles to the Philippians and to Philemon, ICC, Edinburgh 1985.
WENGST, K.: Der Brief an Philemon, ThKNT 16, Stuttgart 2005.
WILSON, R.McL.: Colossians and Philemon, ICC, London/New York 2005.
WITHERINGTON, B.: The Letters to Philemon, the Colossians and the Ephesians. A Socio-Rhetorical Commentary on the Captivity Epistles, Grand Rapids/Cambridge 2007.
WOLTER, M.: Der Brief an die Kolosser. Der Brief an Philemon, ÖTK 12, Gütersloh/Würzburg 1993.
WRIGHT, N.T.: Colossians and Philemon, Tyndale New Testament Commentary, Grand Rapids (MI) 1986.

Monographien und Aufsätze

AASGAARD, R.: „My beloved Brothers and Sisters!" Christian Siblingship in Paul, JSNT.S 265, Sheffield 2004.
ALBERTZ, R.: Persönliche Frömmigkeit und offizielle Religion. Religionsinterner Pluralismus in Israel und Babylon, CTM A9, Stuttgart 1978.
ALFÖLDY, G.: Die Freilassung von Sklaven und die Struktur der Sklaverei in der römischen Kaiserzeit, in: Schneider, H. (Hg.), Sozial- und Wirtschaftsgeschichte der römischen Kaiserzeit, WdF 552, Darmstadt 1981, 336–371.
– (Hg.): Antike Sklaverei. Widersprüche, Sonderformen, Grundstrukturen, Thyssen-Vorträge 7, Bamberg 1988.
ALLMEN, D. v., La famille de Dieu, OBO 41, Fribourg/Göttingen 1981.
AMLING, E.: Eine Konjektur im Philemonbrief, ZNW 10, 1909, 261–262.
ANDERSON, R.D.: Ancient Rhetorical Theory and Paul (Contribution to Biblical Exegesis and Theology 18), Leuven 1999.
ARBANDT, S./MACHEINER, W.: Gefangenschaft, RAC 9, 1976, 318–345 (Teil B IV, C I von C. Colpe).
ARNOLD, H.L./SINEMUS, V. (Hg.): Grundzüge der Literatur- und Sprachwissenschaft, Band 1, dtv 4226, München ¹⁰1992.
ARZT, P.: Brauchbare Sklaven. Ausgewählte Papyrusexte zum Philemonbrief, Protokolle zur Bibel 1, 1992, 44–58.
–: „... einst unbrauchbar, jetzt aber gut brauchbar" (Phlm 11). Das Problem der Sklaverei bei Paulus, in: Füssel, K./Segbers, F. (Hg.), „... so lernen die Völker des Erdkreises Gerechtigkeit". Ein Arbeitsbuch zu Bibel und Ökonomie, Luzern 1995, 132–138.
ATKINS, R.: Contextual Interpretation of the Letter to Philemon in the United States, in: Tolmie, Philemon, 205–221.

AUNE, D. E.: The New Testament in Its Literary Environment, Library of Early Christianity, Philadelphia 1987.
BAHR, G.J.: Paul and Letter Writing in the Fifth Century, in: CBQ 28, 1966, 465–477.
–: The Subscriptions in the Pauline Letters, JBL 87, 1968, 27–41.
BALZ, H.: ἅγιος κτλ., EWNT I, ²1992, 38–48.
BANKS, R.: Paul's Idea of Community. The Early House Churches in Their Historical Setting, Grand Rapids (Mi) 1980.
BARCLAY, J.M.G.: Paul, Philemon and the Dilemma of Christian Slave-Ownership, NTS 37, 1991, 161–186.
BARTCHY, S.S.: ΜΑΛΛΟΝ ΧΡΗΣΑΙ. First Century Slavery and the Interpretation of 1 Corinthians 7:21, SBLDS 11, Missoula 1973.
BASH, A.: Ambassadors for Christ. An Exploration of Ambassadorial Language in the New Testament, WUNT II/92, Tübingen 1997.
BASSLER, J.M. (Hg.): Pauline Theology. Volume I: Thessalonians, Philippians, Galatians, Philemon, Minneapolis 1991.
BAUDY, G., Agdistis, in: DNP I, 1996, 244f.
BAUERNFEIND, O., στρατεύομαι κτλ., in: ThWNT VII, 1964, 701–713.
BAUR, F.C.: Paulus der Apostel Jesu Christi, Band 2, Leipzig ²1867.
BECKER, J.: Paulus. Der Apostel der Völker, Tübingen 1989.
BELLEN, H.: Studien zur Sklavenflucht im römischen Kaiserreich, Wiesbaden 1971.
BERGER, K.: Apostelbrief und apostolische Rede. Zum Formular frühchristlicher Briefe, ZNW 65, 1974, 190–231.
–: Kirche, TRE 18, 2000, 198–218.
–: Hellenistische Gattungen im NT, ANRW II 25,2, 1984, 1031–1432.
–: Volksversammlung und Gemeinde Gottes, ZThK 73, 1976, 167–207.
BERGER, P.L./LUCKMANN, T.: Die gesellschaftliche Konstruktion der Wirklichkeit. Eine Theorie der Wissenssoziologie, Frankfurt/M. ²⁰2004.
BERTRAM, G.: ἐνεργέω κτλ., TWNT II, 1935, 649–651.
BETZ, H.D.: Der Galaterbrief. Ein Kommentar zum Brief des Apostels Paulus an die Gemeinden in Galatien, München 1988.
BIEBERSTEIN, S.: Der Brief an Philemon. Brieflektüre unter den kritischen Augen Aphias, in: Schottroff, L./Wacker, M.-T. (Hg.): Kompendium Feministische Bibelauslegung, Gütersloh 1998, 676–682.
–: Brüche in der Alltäglichkeit der Sklaverei. Eine feministische Lektüre des Philemonbriefs, in: Janssen, C./Schottroff, L./Wehn, B.: Paulus. Umstrittene Traditionen – lebendige Theologie. Eine feministische Lektüre, Gütersloh 2001, 116–128.
–: Disrupting the Normal Reality of Slavery: A Feminist Reading of the Letter to Philemon, JSNT 79, 2000, 105–116.
BIERITZ, K.-H./KÄHLER, C.: Haus III (Altes Testament / Neues Testament / Kirchengeschichtlich / Praktisch-theologisch), TRE 14, 1985, 478–492.
BINDER, G./SAIKO, M.: Lebensalter, DNP 6, 1999, 1207–1212.
BIRDSALL, J.N.: PRESBYTES in Philemon 9: A Study in Conjectural Emendation, NTS 39, 1993, 625–630.
BJERKELUND, C.J.: ΠΑΡΑΚΑΛΩ. Form, Funktion und Sinn der Parakalo-Sätze in den paulinischen Briefen, Oslo 1967.
BLACK, M.: Die Metapher, in: Haverkamp, A. (Hg.), Theorie der Metapher, WdF 389, Darmstadt 1983, 55–79.
BÖMER, F.: Untersuchungen über die Religion der Sklaven in Griechenland und Rom. Aka-

demie der Wissenschaften, Abhandlung der geistes- und sozialwissenschaftlichen Klasse, Band 1-4, Mainz 1957-1965.

BORMANN, L.: Philippi. Stadt- und Christengemeinde zur Zeit des Paulus, NT.S 78, Leiden/New York/Köln 1995.

BORNKAMM, G.: πρέσβυς κτλ., ThWNT VI, 1959, 651-683.

BOSENIUS, B.: Die Abwesenheit des Apostels als theologisches Programm. Der zweite Korintherbrief als Beispiel für die Brieflichkeit der paulinischen Theologie, TANZ 11, Tübingen 1994.

BOTHA, J.J.: Hierarchy and Obedience: The Legacy of the Letter to Philemon, ZNW 169, 2010, 251-272.

BRADLEY, K.R.: Slaves and Masters in the Roman Empire. A Study in Social Control, Oxford u.a. ²1987.

BRANDT, H.: Wie silbern auch mein Haar, München 2002.

–: „Die Krönung des Alters ist das Ansehen". Die Alten in der römischen Republik, in: Gutsfeld/Schmitz, Rand, 141-179.

BRANICK, V.P.: The House Church in the Writings of Paul, Zacchaeus Studies: New Testament, Wilmington (DE) 1989.

BROCKMEYER, N., Antike Sklaverei, EdF 116, Darmstadt 1979, 16-73.

BRUCE, F.F.: St. Paul in Rome. 2. The Epistle to Philemon, Bulletin of the John Rylands Library 48, Manchester 1965, 81-97.

BRUIT ZAIDMANN, L./SCHMITT PANTEL, P.: Die Religion der Griechen. Kult und Mythos, München 1994.

BUCK, C.S.: The Early Order of the Pauline Corpus, JBL 68, 1949, 351-357.

BUCKLAND, W.W.: The Roman Law of Slavery. The Condition of the Slave in Private Law from Augustus to Justinian, Cambridge 1970 (= Nachdruck der Ausgabe von 1908).

BÜCHSEL, F.: γεννάω κτλ., ThWNT I, 1933, 663-674.

BULTMANN, R.: γινώσκω κτλ., ThWNT I, 1933, 688-719

BURTCHAELL, J.T.: Philemon's Problem. A Theology of Grace, Grand Rapids/Cambridge 1998

BUZÓN, R.: Die Briefe der Ptolemäerzeit. Ihre Struktur und ihre Formeln, Diss. Heidelberg 1984.

CALLAHAN, A.D.: John Chrysosthom on Philemon: A Response to Margaret M. Mitchell, HThR 88, 1995, 149-156.

–: Embassy of Onesimus. The Letter of Paul to Philemon, The New Testament in Context, Valley Forge (PA) 1997.

–: Paul's Epistle to Philemon. Toward an Alternative Argumentum, HThR 86, 1993, 357-376.

–: The Letter to Philemon, The Bible and Postcolonialism 13, London/New York 2007, 329-337.

CANCIK, H.: Untersuchungen zu Senecas epistulae morales, Hildesheim 1967.

CLASSEN, C.J.: Paulus und die antike Rhetorik, ZNW 82, 1991, 1-33.

COLEMAN-NORTON, P.R., The Apostle Paul and the Roman Law of Slavery, in ders. (Hg.), Studies in Roman Economic and Social History in Honor of A. Ch. Johnson, Princeton 1951, 155-177.

COLLINS, L., Greek Slave Names, Baltimore 1969.

COLLINS, R.F.: The Power of Images in Paul, Collegeville (MI) 2008.

COMBES, I.A.H.: The Metaphor of Slavery in the Writings of the Early Church. From the New Testament to the Beginning of the Fifth Century, JSNT 156, Sheffield 1998.

CONZELMANN, H.: Die Apostelgeschichte, HNT 7, Tübingen ²1972.

–/Zimmerli, W.: χαίρω κτλ., ThWNT IX, 1973, 350–405.
–/Lindemann, A.: Arbeitsbuch Zum Neuen Testament, UTB 52, Tübignen ¹⁴2004.
Cotrozzi, S.: Exegetischer Führer zum Titus- und Philemonbrief. Ein Wort-für-Wort-Überblick über sämtliche Auslegungs- und Übersetzungsvarianten, Theologisches Lehr- und Studienmaterial 1, Bonn 1998.
Danz, C.: Einführung in die evangelische Dogmatik, Einführung Theologie, Darmstadt 2010.
Dassmann, E.: Hausgemeinde und Bischofsamt, JAC.E 11, 1984, 82–97.
–/Schöllgen, G.: Haus II (Hausgemeinschaft), RAC 13, 1986, 801–905.
Daube, D.: Dodges and Rackets in Roman Law, PCA 6, 1964, 28–30.
–: Onesimos, HTR 79, 1986, 40–43.
Davis, W.S. (Hg.): Readings in Ancient History: Illustrative Extracts from the Sources, 2 Bände, Boston 1912-1913.
Decock, P. B.: The Reception of the Letter to Philemon in the Early Church: Origen, Jerome, Chrysostom and Augustine, in: Tolmie, Philemon, 273–287.
Deissmann, A.: Licht vom Osten. Das Neue Testament und die neuentdeckten Texte der hellenistisch-römischen Welt, Tübingen ⁴1923.
Deininger, J., Neue Forschungen zur antiken Sklaverei (1970-1975), in: HZ 222, 1976, 359–374.
Delekat, L., Katoche, Hierodulie und Adoptionsfreilassung, MBPF 47, München 1964.
Delling, G.: λαμβάνω κτλ., ThWNT IV, 1942, 5–16.
–: τάσσω κτλ., ThWNT VIII, 1969, 27–49.
–: Zur Taufe von ‚Häusern' im Urchristentum, in ders., Studien zum Neuen Testament und zum hellenistischen Judentum, Göttingen 1970, 288–310.
Demke, C.: Verkündigung als Spracheroberung. Homiletische Aspekte in den Briefen des Paulus, WuPKG 67, 1978, 174-187.
Derrett, J.D.M.: The Functions of the Epistle to Philemon, ZNW 79, 1988, 63–91.
Di Marco, M.: Alter, DNP I, 1996, 556–559.
Dinkler, E.: Dura-Europos III, RGG³, Band II, 1958, 290–292.
Dobbeler, A. v.: Glaube als Teilhabe. Historische Grundlagen der paulinischen Theologie und Ekklesiologie des Glaubens, WUNT II/22, Tübingen 1987.
Dodd, C.H., The Mind of Paul II, Bulletin XVIII, 1934.
Dodds, E.R.: Die Griechen und das Irrationale. Übersetzung aus dem Englischen von H.-J. Dirksen, Darmstadt 1970 (Nachdruck der Ausgabe 1951)
Dormeyer, D.: Flucht, Bekehrung und Rückkehr des Sklaven Onesimos. Interatkionale Auslegung des Philemonbriefes, EvErz 35, 1983, 214–228.
Doty, W.G.: Letters in Primitive Christianity, Philadelphia 1973.
Düll, R.: Das Zwölftafelgesetz. Texte, Übersetzungen und Erläuterungen (Sammlung Tusculum), München/Zürich ⁷1995.
Duff, A.M.: Freedmen in the Early Roman Empire, Cambridge ²1958.
Duncan, G.S.: St. Paul's Ephesian Ministry, London 1929.
Du Toit, A.: Paulus Oeconomicus. Interculturality in the Shaping of Paul's Theology (Vortrag SNTS Lund), August 2008.
Eck, W./Heinrichs, J.: Sklaven und Freigelassene in der Gesellschaft der römischen Kaiserzeit, TdF 61, Darmstadt 1993.
Eder, W.: Gefängnisstrafe, DNP 4, 1998, 853.
Eger, O.: Rechtsgeschichtliches zum Neuen Testament, Basel 1919.

EGGEBRECHT, A. u.a.: Geschichte der Arbeit. Vom alten Ägypten bis zur Gegenwart, Köln 1980.
EISENHUTH, W.D. Die römische Gefängnisstrafe, ANRW I 2, 1972, 268-282.
ELIAS, N.: Über den Prozess der Zivilisation. Soziogenetische und psychogenetische Untersuchungen. Band 2, Basel 1939.
ELLIOT, J. H.: Philemon and House Churches, Bible Today 22, 1984, 145-150.
ELLIOTT, N.: Liberating Paul. The Justice of God and the Politics of the Apostle, The Biblical Seminar 27, Sheffield 1995.
ENGELS, F.: Herrn Eugen Dührings Umwälzung der Wissenschaft, in: Marx, K./Engels, F., Werke 20, Berlin 1962, 1-303.
ESSER, H.H.: Gnade, ThBgrLex 1, 1997, 817-824.
EVANGELISCHE KIRCHE IN DEUTSCHLAND (EKD): Das rechte Wort zur rechten Zeit. Eine Denkschrift des Rates der Evangelischen Kirche in Deutschland zum Öffentlichkeitsauftrag der Kirche, Gütersloh 2008.
EXLER, F.X.J.: The Form of the Ancient Greek Letter. A Study in Greek Epistolography, Washington 1923.
FALKNER, T.M./ LUCE, J. DE (Hg.): Old Age in Greek and Latin Literature, Albany (NY) 1989.
FRANK-BÖHRINGER, B.: Rhetorische Kommunikation, Quickborn/Hamburg 1963.
FEELEY-HARNIK, G.: Is Historical Anthropology Possible? The Case of a Runaway Slave, BSNA 6, 1982, 95-126.
FILSON, F.V.: The Significance of the Early House Churches, JBL 58, 1939, 105-112.
FINLEY, M.I.: Ancient Slavery and Modern Ideology, New York 1980.
–: Die Sklaverei in der Antike, München 1981.
–: Die antike Wirtschaft, dtv wissenschaft 4584, München ³1993.
FITZGERALD, J.T., Theodore of Mopsuestia on Paul's Letter to Philemon, in: Tolmie, Philemon, 333-363.
FLACH, D.: Das Zwölftafelgesetz. Leges XII tabularum, TzF 83, Darmstadt 2004.
FLUDERNIK, M.: Erzähltheorie. Eine Einführung, Einführung Literaturwissenschaft, Darmstadt ²2008.
FORSCHNER, M.: Die stoische Ethik, Darmstadt ²1995.
FREDRICKSON, D.E.: Parresia in the Pauline Epistles, in: J.T. Fitzgerald (Hg), Friendship, Flattery and Frankness of Speech. Studies on Friendship in the New Testament World, NT.S82, Leiden/New York/Köln 1996, 163-183.
FRIEDEL, E.: Der neutestamentliche Oikos-Begriff in seiner Bedeutung für den Gemeindeaufbau, in: Domine, dirige me in verbo tuo. FS M. Mitzenheim, Berlin 1961, 89-106.
FRIEDRICH, G.: Lohmeyers These über das paulinische Briefpräskript kritisch beleuchtet, ThLZ 81, 1956, 343-346.
FRIEDL, A.: St. Jerome's Dissertation on the Letter to Philemon, in: Tolmie, Philemon, 289-316.
FRILINGOS, C.: „For my child, Onesimus": Paul and Domestic Power in Philemon, JBL 119, 2000, 91-104.
FRIESEN, S.J.: Ungerechtigkeit oder Gottes Wille: Deutungen der Armut in frühchristlichen Texten, in: Horsley, Die ersten Christen, 271-292.
FRÖHLICH, T.: Lararien- und Fasadenbilder in den Vesuvstädten. Untersuchungen zur ‚volkstümlichen' pompejanischen Malerei, Mitteilungen des Deutschen Archäologischen Instituts. Römische Abteilung, 32. Ergänzungsheft, Mainz 1991.
FUHRMANN, M.: Die antike Rhetorik, München/Zürich 1984.

FUNK, R.W.: The Apostolic Parusia: Form and Significance, in: Christian History and Interpretation. FS J. Knox, Cambridge 1967.
GARNSEY, P.: Ideas of Slaverey from Aristotle to Augustine, Cambridge 1996.
GAYER, R.: Die Stellung des Sklaven in den paulinischen Gemeinden und bei Paulus, EHS.T 78, Bern/Frankfurt 1976.
GEHRKE, H.-J./DEISSMANN-MERTEN, M.-L.: Familie IV Griechenland und Rom, DNP 4, 1998, 408-418.
GENETTE, G.: Die Erzählung, übersetzt von A. Knop, München 1998.
GERBER, C.: Paulus und seine ‚Kinder'. Studien zur Beziehungsmetaphorik der paulinischen Briefe, BZNW 136, Berlin/New York 2005.
GIELEN, M.: Zur Interpretation der paulinischen Formel ἡ κατ' οἶκον ἐκκλησία, ZNW 77, 1986, 109-125.
-: Tradition und Theologie neutestamentlicher Haustafelethik, BBB 75, Frankfurt/M. 1990.
GIZEWSKI, C.: Cursus honorum, in: DNP 3, 1997, 243-245.
GLANCY, J.A.: Slavery in Early Christianity, Minneapolis 2006.
GNILKA, J.: Die neutestamentliche Hausgemeinde, in: Freude am Gottesdienst. FS J.G. Plöger, Stuttgart 1983, 229-242.
GNILKA, C.: Greisenalter, in: RAC 12, 1983, 995-1094.
GOLUBCOVA, E.S.: Sklaverei und Abhängigkeitsformen in Kleinasien, in: Marinovic, L.P./Golubcova, E.S./Sifman, I.S./Pavlovskaja, A.I., Die Sklaverei in den östlichen Provinzen des Römischen Reiches im 1.-3. Jahrhundert, Übersetzungen ausländischer Arbeiten zur antiken Sklaverei 5, Stuttgart 1992, 77-138.
GOODENOUGH, E.R., Paul and Onesimus, HThR XXII, 1929, 181-183.
GOODSPEED, E.J.: Introduction to the New Testament, Chicago 1937.
-: The Meaning of Ephesians, Chicago 1933.
-: The Key to Ephesians, Chicago 1956.
-: Ephesians and the First Edition of Paul, JBL 70, 1951, 285-291.
GRAF, F.: Hestia, in: DNP 5, 1998, 512-514.
GRABNER-HAIDER, A.: Paraklese und Eschatologie bei Paulus, NTA 4, Münster 1968.
GRANT, M.: Kunst und Leben in Pompeji und Herculaneum, München 1982.
GREEVEN, H.: Prüfung der Thesen von J. Knox zum Philemonbrief, ThLZ 79, 1954, 373-378.
GRIMM, B.: Untersuchungen zur sozialen Stellung der frühen Christen in der römischen Gesellschaft, Diss.Phil. München 1975.
GSCHNITZER, F.: Studien zur griechischen Terminologie der Sklaverei, AAWM 13, FASk 7, Wiesbaden ²1976.
GÜLZOW, H.: Christentum und Sklaverei in den ersten drei Jahrhunderten, Bonn 1969.
-: Die sozialen Gegebenheiten der altchristlichen Mission, in: Frohnes, H./Knorr, U. (Hg.), Kirchengeschichte als Missionsgeschichte, Band I, München 1974, 189-226.
GUNDLACH, T.: Die Glaubwürdigkeit der Kirche - aus kirchlicher Perspektive, http://www.ekd.de/vor-traege/gundlach/20110217_gundlach_glaubwuerdigkeit_kirche.html am 10.4.2011.
GUTSFELD, A.: „Das schwache Lebensalter". Die Alten in den Rechtsquellen der Prinzipatszeit, in: Gutsfeld/Schmitz, Rand, 161-179.
-/SCHMITZ, W. (Hg.): Am schlimmsten Rand des Lebens? Altersbilder in der Antike, Köln/Wien 2003.
GYOT, P./KLEIN, R. (Hg.): Das frühe Christentum bis zum Ende der Verfolgungen. Eine Dokumentation, Darmstadt 1993/1994.

HAHN, F.: Paulus und der Sklave Onesimus. Ein beachtenswerter Kommentar zum Philemonbrief (zu Stuhlmacher, Der Brief an Philemon), EvTh 37, 1977), 179–185.
HAINZ, J.: Ekklesia. Strukturen paulinischer Gemeinde-Theologie und Gemeindeordnung, BU 9, Regensburg 1972.
– (Hg.): Kirche im Werden, München 1976.
–: Koinonia. ‚Kirche' als Gemeinschaft bei Paulus, BU 16, Regensburg 1982.
–: Koinonia, EWNT II, 1981, 749–755.
–: Gemeinschaft zwischen Paulus und Jerusalem (Gal 2,9f), in: Müller, P.G./Stenger, W. (Hg.), Kontinuität und Einheit, FS F. Mußner, Freiburg 1981, 30–42.
–: ΚΟΙΝΩΝΙΑ bei Paulus, in: Bormann. L./Del Tredici, K./Standhartinger, A. (Hg.), Religious Propaganda and Missionary Competition in the New Testament World. Essays Honoring Dieter Georgi, Leiden/New York/Köln 1994, 375–391.
HANSE, H.: ἔχω κτλ., ThWNT II, 1981, 816–832.
HARRILL, J.A.: The Manumission of Slaves in Early Christianity, HUTh. 32, Tübingen 1995.
–: Slaves in the New Testament. Literary, Social, and Moral Dimensions, Minneapolis 2006.
HARRISON, P.N.: Onesimus and Philemon, ATR 32, 1950, 268–294.
HARTUNG, W.: Briefstrategien und Briefstrukturen – oder: Warum schreibt man Briefe, in: Rosengren, I. (Hg.), Sprache und Pragmatik, LGF 52, Stockholm 1983, 215–228.
HAUCK, F.: κοινός κτλ., ThWNT III, 1938, 789–810.
HAUSCHILD, W.-D.: Eustathius von Sebaste (vor 300 – nach 377), TRE 10, 1982, 547–550.
HAYS, R.B.: Crucified with Christ. A Synthesis of the Theology of 1 and 2 Thessalonians, Philemon, Philippians, and Galatians, in: Bassler, Pauline Theology I, 227–246.
HELLHOLM, D.: Die Gattung Haustafel im Kolosser- und Epheserbrief. Ihre Position innerhalb der Paränese-Abschnitte und ihr Hintergrund in der spätantiken Gesellschaft, in: Müller, P. (Hg.), Kolosser-Studien, BThSt 103, Neukirchen-Vluyn 2009.
HENGEL, M.: Die Synagogeninschrift von Stobi, ZNW 57, 1966, 145–183.
HERRMANN-OTTO, E.: Sklaverei und Freilassung in der griechisch-römischen Welt, Olms Studienbücher Antike 15, Hildesheim 2009.
–: Oberschicht und Unterschicht, NTAK 2, Neukirchen-Vluyn 2005, 91–95.
–: Reiche und Arme, NTAK 2, Neukirchen-Vluyn 2005, 86–90.
–: Sklaven und Freigelassene, NTAK 2, Neukirchen-Vluyn 2005, 95–99.
HEUSSI, K.: Kompendium der Kirchengeschichte, Tübingen ¹²1960.
HITZIG, H.: Carcer, Pauly III,2, Stuttgart 1899, 1576–1581.
HOCK, R.F.: A Support for His Old Age: Paul's Plea on Behalf of Onesimus, in: White, L.M./Yarborough, O.L. (Hg.): The Social World of the First Christians. Essays in Honor of W.A. Meeks, Minneapolis 1995, 67–81.
HOFFMANN, L.A.: Gebet III (Judentum), TRE 12, 1984, 42–47.
HOLMBERG, B.: Paul and Power. The Structure of Authority in the Primitive Church as Reflected in the Pauline Epistles, Philadelphia 1978.
HOLTZ, T.: Der erster Brief an die Thessalonicher, EKK XIII, Zürich/Einsiedeln/Köln und Neukirchen-Vluyn 1986.
HOLTZMANN, H.J.: Der Brief an Philemon, kritisch untersucht, ZwTh 16, 1873, 428–441.
HORSLEY, R.A. (Hg.): Die ersten Christen. Sozialgeschichte des Christentums 1, Gütersloh 2007.
–: Paul and Slavery: A Critical Alternative to Recent Readings, Semeia 83/84, 1998, 154–200.
–: The Slave System of Classical Antiquity and Their Reluctant Recognition by Modern Schoarls, Semeia 83/84, 1998, 19–66.

HUBER, W.: Kirche, Bibliothek Themen der Theologie. Ergänzungsband, Stuttgart/Berlin 1979.
JANG, L.K.: Der Philemonbrief im Zusammenhang mit dem theologischen Denken des Apostels Paulus, Diss. Bonn 1964.
JEGHER-BUCHER, V.: Der Galaterbrief auf dem Hintergrund antiker Epistolographie und Rhetorik. Ein anderes Paulusbild, AThANT 78, Zürich 1991.
JEREMIAS, G.: Der Lehrer der Gerechtigkeit, StUNT 2, Göttingen 1963.
JÓNSSON, J.: Humour and Irony in the New Testament, BZRG 28, Leiden 1985.
KÄSEMANN, E.: An die Römer (HNT 8a), Tübingen ³1974.
KASER, M.: Die Geschichte der Patronatsgewalt über Freigelassene, in: ZSRG.R 58, 1938, 88–89.
KEA, P.V.: Paul's Letter to Philemon: A Short Analysis of its Values, in: PRSt 23/1996, 223–232.
KEHNSCHERPER, G.: Die Stellung der Bibel und der alten christlichen Kirche zur Sklaverei, eine biblische und kirchengeschichtliche Untersuchung von den alttestamentlichen Propheten bis zum Ende des Römischen Reiches, Halle 1957.
KIM, Ch.-H.: Form and Structure of the Familiar Greek Letter of Recommendation, SBLDS 4, Misoula 1972.
KITTEL, G.: αἰχμάλωτος κτλ., THWNT I, 1933, 195-197.
–: δεσμός, δέσμιος, ThWNT II, 1935, 42.
KLAUCK, H.-J.: Die antike Briefliteratur und das Neue Testament. Ein Lehr- und Arbeitsbuch (UTB 2022), Paderborn u.a. 1998.
KLAUCK, H.-J.: Gemeinde zwischen Haus und Stadt. Kirche bei Paulus, Freiburg/Basel/Wien 1992.
–: Hausgemeinde und Hauskirche im frühen Christentum, SBS 103, Stuttgart 1981.
–: Neuere Literatur zur christlichen Hausgemeinde, BZ NF 26/1982, 288–294.
–: Die religiöse Umwelt des Urchristentums I. Stadt- und Hausreligion, Mysterienkulte, Volksglaube (Studienbücher Theologie 9,1), Stuttgart/Berlin/Köln 1995.
KLINGMÜLLER, F.: restitutio, Pauly-Wissowa 2. Reihe, Band 1, 676-685.
KNOCH, O.: γνώμη, EWNT I, ²1980, 616.
KNOX, J.: Philemon Among the Letters of Paul. A New View of its Place and Importance, New York/Nashville ²1959.
–: Philemon and the Authenticity of Colossians, JR 18, 1938, 144–160.
–: Marcion and the New Testament, New York 1942.
KOCH, E.W.: A Cameo of Koinonia. The Letter to Philemon, Interpretation 17, 1963, 183–187.
KÖRTNER, U.H.J.: Die Gemeinschaft des Heiligen Geistes. Zur Lehre vom Heiligen Geist und der Kirche, Neukirchen-Vluyn 1999.
KÖSTER, H.: σπλάγχνον κτλ., ThWNT VII, 1964, 548–559.
–: Einführung in das Neue Testament, de Gruyter Lehrbuch, Berlin/New York 1980.
KOSKENNIEMI, H.: Studien zur Idee und Phraseologie des griechischen Briefes bis 400 n. Chr., AASF B 102,2, Helsinki 1956.
KRAELING, C.H.: The Excavations at Dura-Europos, Final Report VIII,1: The Synagogue, New York 1956; VIII,2: The Christian Building, New York 1967.
KRASS, F.A.K.: Die Gefangenen und die Verbrecher unter dem Einflusse des Christenthums, Blätter für Gefängniskunde 25, 1889-90, 1–95.
KRAUSE, C.: Haus, LAW II, 1196-1208.
KRAUSE, J.-U.: Colonatus, DNP 3, 1997, 69-72.

–: Gefängnisse im römischen Reich, Heidelberger althistorische Beiträge und epigraphische Studien 23, Stuttgart 1996.
KREISSIG, H.: Die sozialen Zusammenhänge des judäischen Krieges, Berlin 1970.
KRUMEICH, R.: Würdevolle Greise und alte Geizkragen. Zur Bewertung des Alters im antiken Theater, in: Landschaftsverband Rheinland (Hg.), Alter in der Antike. Die Blüte des Alters aber ist die Weisheit. Katalog zur Austellung im LVR-LandesMuseum Bonn, Mainz 2009, 39–50.
KUDLIEN, F.: Sklaven-Mentalität im Spiegel antiker Wahrsagerei, FASk 23, Stuttgart 1991.
KUMITZ, C.: Der Brief als Medium der ἀγάπη. Eine Untersuchung zur rhetorischen und epistolographischen Gestalt des Philemonbriefes, EHS Reihe XXIII, 787, Frankfurt/M. u. a. 2004.
KÜMMEL, W.G.: Einleitung in das Neue Testament, Heidelberg ¹³1964.
LAMBERTZ, M.: Die griechischen Sklavennamen, Wien 1907.
LAMPE, P.: Zur gesellschaftlichen und kirchlichen Funktion der ‚Familie' in neutestamentlicher Zeit, Ref 31, 1982, 533–542.
–: Die stadtrömischen Christen, WUNT II/18, Tübingen 1987.
–: Keine „Sklavenflucht" des Onesimus, ZNW 76, 1985, 135–137.
LAUB, F.: Die Begegnung des frühen Christentums mit der antiken Sklaverei, SBS 107, Stuttgart 1982.
LAUFFER, S.: Die Sklaverei in der griechisch-römischen Welt, Gymn. 68, 1961, 370–395.
LAUSBERG, H.: Handbuch der literarischen Rhetorik, Stuttgart ³1990.
LE BONNIEC, H.: Penaten, LAW II, Darmstadt 1991, 2247.
LEUTZSCH, M.: Apphia, Schwester! In: D. Sölle (Hg.), Für Gerechtigkeit streiten. Theologie im Alltag einer bedrohten Welt (FS Luise Schottroff), Gütersloh 1994, 76–82.
–: Die Wahrnehmung sozialer Wirklichkeit im „Hirten des Hermas", FRLANT 150, Göttingen 1989.
LEVISON, J.R.: Paul's Letter to Philemon, in: D.E. Aune (Hg.), The Blackwell Companion to the New Testament, Chichester 2010, 526–536.
LIETZMANN, H.: An die Römer (HNT 8), Tübingen ⁵1971.
–: Das Muratorische Fragment und die Monarchianischen Prologe zu den Evangelien, Kleine Texte 1, Bonn 1902, Berlin ²1933
LINDEMANN, A.: Die Clemensbriefe, HNT 17. Die Apostolischen Väter I, Tübingen 1992.
LIPS, H. v.: Timotheus und Titus. Unterwegs für Paulus, Biblische Gestalten 19, Leipzig 2008.
LLEWELYN, S.: Paul's Letter to Philemon in the Light of the Documentary Papyri: The Pioneer Work in a New Project, BZ 49, 2005, 262–263.
LOHMEYER, E.: Briefliche Grußüberschriften, in ders., Probleme paulinischer Theologie, Stuttgart 1955, 7–29 (zuerst in ZNW 26, 1927, 158–173).
LORENZEN, T.: Die christliche Hauskirche, ThZ 43, 1987, 333–352.
LUCÁCS, G.: Geschichte und Klassenbewußtsein, Berlin 1923.
LUCKMANN, T.: Grundformen der gesellschaftlichen Vermittlung des Wissens: Kommunikative Gattungen, in: Kultur und Gesellschaft. KZS.S 27, 1986, 191–211.
LULL, D.J.: Salvation History. Theology in 1 Thesalonians, Philemon, Philippians, and Galatians: A Response to N.T. Wright, R.B. Hays, and R. Scroggs, in: Bassler, Pauline Theology I, 247–265.
LUND, N.W.: Chiasmus in the New Testament. A Study of the Form and Function of Chiastic Structures, Chapel Hill (NC) 1942.

LUTHER, M.: Werke. Kritische Gesamtausgabe, Weimar 1883–2009.
MACDONALD, M.Y.: The Pauline Churches. A Socio-historical Study of Institutionalization in the Pauline and Deutero-Pauline Writings, MSSNTS 60, Cambridge 1988.
MACH, D.: Feste und Feiertage III (Judentum), TRE 11, 1983, 107-115.
MALHERBE, A.J.: Paul and the Popular Philosophers, Minneapolis 1989.
–: Social Aspects of Early Christianity, Philadelphia ³1983.
–: Ancient Epistolary Theorists, OJRS 5, 1977, 3-77.
MANEN, W.C.v.: Philemon, Epistle to, Encyclopaedia Bibica III, London 1902, 3695.
MARKSCHIES, Ch.: Zwischen den Welten wandern. Strukturen des antiken Christentums, Europäische Geschichte, Fischer-TB 60101, Frankfurt/Main 1997.
MARQUARD, J.: Das Privatleben der Römer. Teil I.II, Darmstadt 1980 (Nachdruck der 2. Auflage Leipzig 1886).
MARSHALL, I.H.: The Theology of Philemon, in: Donfried, K.P./Marshall, I.H., The Theology of the Shorter Pauline Letters, Cambrige 1993, 175-191.
MARTIN, C.J.: The Haustafeln (Household Codes) in African American Biblical Interpretation: „Free Slaves" and „Subordinate Women", in: Felder, C.H. (Hg.), Stony the Road we trod. African American Bibical Interpretation, Minneapolis 1991, 206-231.
–: Es liegt im Blick – Sklaven in den Gemeinden der Christus-Gläubigen, in: Horsley, Die ersten Christen, 251-270.
–: The Rhetorical Function of Commercial Language in Paul's Letter to Philemon (Verse 18), in: Watson, D. (Hg.), Persuasive Artistry. Studies in New Testament Rhetoric in Honour of Gerorge A. Kennedy, JSNT Supplement Series 50, Sheffield 1991, 321-337.
MARTIN, D.B.: Slavery as Salvation: The Metaphor of Slavery in Pauline Christianity, New Haven 1990.
MARTIN, J.: Antike Rhetorik, München 1974.
MARTIN, T.W.: Investigating the Pauline Letter Body: Issues, Methods, and Approaches, in: Porter/ Adam, Paul and die Ancient Letter Form, 185-212.
MEEKS, W.A.: The First Urban Christian. The Social World of the Apostle Paul, New Haven 1983.
–: Urchristentum und Stadtkultur. Die soziale Welt der paulinischen Gemeinden, Gütersloh 1993.
MERK, O.: Handeln aus Glauben, MThSt 5, Marburg 1968.
MERKLEIN, H.: Das kirchliche Amt nach dem Epheserbrief, München/Stuttgart 1973.
MERKLEIN, H.: Die Ekklesia Gottes. Der Kirchenbegriff bei Paulus und in Jerusalem, BZ 23, 1979, 48–70 (abgedrukt in ders., Sudien zu Jesus und Paulus, WUNT 43, Tübingen 1987, 296-318).
–: Der erste Brief an die Korinther, ÖTK 7/2, Gütersloh 2000.
MERZ, A.: Die fiktive Selbstauslegung des Paulus. Intertextuelle Studien zur Intention und Rezeption der Pastoralbriefe, NTOA 52, Göttingen/Fribourg 2004.
METZGER, B.M., Der Kanon des Neuen Testaments. Entstehung, Entwicklung, Bedeutung, Düsseldorf 1993.
MICHEL, O.: οἶκος κτλ., in: ThWNT V, 1954, 122-161.
MILIK, J.T.: Discoveries in the Judean Desert II, Oxford 1961, 159-161.
MILLER, J.C., Slavery and Slaving in World History. A Bibliography, Milford (NY) 1990-1991.
–: Slavery. A Worldwide Bibliographie 1900-1982, White Plains (NY) 1985.
MOMMSEN, T.: Römisches Strafrecht, Aalen 1990 (2. Neudruck der Ausgabe Leipzig 1899).
MÜLLER, H.-P.: קהל, Versammlung, ThAT II, Darmstadt ⁶2004, 609-619.

Müller, P.: In der Mitte der Gemeinde. Kinder im Neuen Testament, Neukirchen-Vluyn 1992.
–: „Wie ich in jeder Gemeinde lehre ..." (1Kor 4,17). Didaktische Spurensuche bei Paulus, Glauben und Lernen 2/2008, 177–190.
Mullins, T.Y.: Disclosure. A Literary Form in the New Testament, NovTest 7, 1964, 44–50.
–: The Thanksgiving of Philemon and Colossians, NTS 30, 1984, 288–293.
Murphy-O'Connor, J.: St. Paul's Corinth. Texts and Archeology, Wilmington (DE) 1983.
Neckel, S.: Status und Scham. Zur symbolsichen Reproduktion sozialer Ungleichheit, Theorie und Gesellschaft 21, Frankfurt/New York 1991.
Nikisch, R.G.M.: Briefsteller, Historisches Wörterbuch der Rhetorik 2, 1994, 76–86.
Nilsson, M.: Geschichte der griechischen Religon, Handbuch der Altertumswissenschaft, Abteilung 5, Teil 2, Band 2, München 1950.
Nock, A.D.: Conversion, London 1933.
Norden, E.: Die antike Kunstprosa vom VI. Jahrhundert v. Chr. bis in die Zeit der Renaissance. Band 2, Leipzig [10]1995 (Neudruck der dritten Auflage 1915).
Nordling, J.G.: Onesimus fugitivus: A Defense of the Runaway Slave Hypothesis in Philemon, JSNT 41, 1991, 97–119.
O'Brien, P.T.: Thanksgivings and the Gospel in Paul, NTS 21, 1974, 144–155.
–: Introductory Thanksgivings in the Letters of Paul, Suppl. NovTest XLIX, Leiden 1977.
Oevermann, U./Allert, T./Konau, E./Krambeck, J., Die Methodologie einer „objektiven Hermeneutik" und ihre allgemeine forschungslogische Bedeutung in den Sozialwissenschaften, in: Soeffner, H.-G. (Hg.), Interpretative Verfahren in den Sozial- und Textwissenschaften, Stuttgart 1979, 352–434.
Ollrog, W.-H.: Paulus und seine Mitarbeiter. Untersuchungen zu Theorie und Praxis der paulinischen Mission, WMANT 50, Neukirchen-Vluyn 1979.
Olson, S.N.: Pauline Expressions of Confidence in his Adressees, CBQ 47, 1985, 282–295.
Osiek, C.: Familienangelegenheiten, in: Horsley, Die ersten Christen, 229–250.
Parking, T.G.: Old Age in the Roman World, Baltimore 2003.
Patterson, O.: Freedom. I. Freedom in the Making of Western Culture, London 1991.
–: Paul, Slavery, and Freedom: Personal and Socio-Historical Reflection, Semeia 83/84, 1998, 263–279.
Patterson, O.: Slavery and Social Death. A Comparative Study, Harvard 1982.
Petersen, N.R.: Rediscovering Paul: Philemon and the Sociology of Paul's Narative World, Philadelphia 1985.
–: Philemon, Harper Bible Commentary, San Francisco 1988, 1245–1248.
Peterson, J.M., House-Churches in Rome, VigChr 23, 1969, 264–272.
Peterson, E.: Zur Bedeutungsgeschichte von Παρρησία, in: Koepp, W. (Hg.), Zur Theorie des Christentum (FS R. Seeberg I), Leipzig 1929, 283–297.
Piekarski, D.: Portraits, in: Landschaftsverband Rheinland (Hg.), Alter in der Antike. Die Blüte des Alters aber ist die Weisheit. Katalog zur Ausstellung im LVR-LandesMuseum Bonn, Mainz 2009, 51–67.
Pommier, J.: Autour du Billet à Philémon, Revue d'Histoire et de Philosophie religieuses, Strasbourg Jan/Feb 1928, 180–181.
Pontzen, A./Preusser, H.-P. (Hg.), Schuld und Scham, Heidelberg 2008.
–: Ritualisierte Verarbeitungsformen von Fehlverhalten. Eine Einleitung zu Schuld und Scham, in dies., Schuld, 7–24.

POPKES, W.: κοινωνία, ThBegrLex I, Wuppertal 1997, 712–718.
PREISS, T.: Life in Christ, London 1954.
–: Vie en Christ et éthique social dans L'Épître à Philémon, in: Aux sources de la tradition chrétienne, FS Goguel, Neuchâtel/Paris 1950, 171–179.
PRESTON, P., Lexikon antiker Bildmotive, Darmstadt 1997.
PRIOR, M.: Paul the Letter Writer, JSNT Supplement Series 23, Sheffield 1989.
PROBST, H.: Paulus und der Brief. Die Rhetorik des antiken Briefes als Form der paulinischen Korintherkorrespondenz (1Kor 8–10), WUNT 2. Reihe, 45, Tübingen 1991.
PORTER, S.E.: A Functional Letter Persepctive: Towards a Grammar of Epistolary Form, in Porter/ Adams, Paul and the Ancient Letter Form, 9–31.
–/ADAMS, S.A. (Hg.), Paul and the Ancient Letter Form, Pauline Studies 6, Leiden/London 2010.
RAPSKE, B.M.: The Prisoner Paul in the Eyes of Onesimus, NTS 73, 1991, 187–203.
–: The Book of Acts and Paul in Roman Custody, Grand Rapids 1994, 315–321.
REIBNITZ, B.v., Freundschaft, DNP 4, 1998, 669–674.
REINMUTH, E. (Hg.): Politische Horizonte des Neuen Testaments, Darmstadt 2010.
REISER, M.: Sprache und literarische Formen des Neuen Testaments. Eine Einführung, UTB 2197, Paderborn u.a. 2001.
REITZENSTEIN, R.: Die hellenistischen Mysterienreligionen nach ihren Grundgedanken und Wirkungen, Darmstadt 1980 (Nachdruck der Ausgabe ³1927).
RENGSTORF, K.H.: γεννάω B, ThWNT I, 1933, 664–666.
REUTER, R.: Textvergleichende und synoptische Arbeit an den Briefen des Neuen Testaments, Arbeiten zur Religion und Geschichte des Urchristentums 13, Frankfurt 2003.
RICHARDOT, M.: LÉpitre A Philemon. Étude critique et exégétique, Paris 1894.
RICHTER, W., Seneca und die Sklaven, Gymn. 65, 1958, 196–218.
RIESENFELD, H.: Faith and Love Promoting Hope. An Interpretation of Philemon V. 6, in: Paul and Paulinism. FS C.K. Barrett, London 1982, 251–257.
RHODES, P.: Ekklesia, DNP 3, 1997, 934–936.
ROBERTS, J.H., Pauline Transitions to the Letter Body, in: L'Apotre Paul. Personnalité, Style et Conception du Ministère, hg. von A. Vanhoye, BEThL 73, Löwen 1986, 93–99.
ROBERTSON, E.H., The House-Church, in: Basileia. FS W. Freytag, Wuppertal 1959, 366–371.
ROLOFF, J.: ἐκκλησία, in: EWNT I, ²1992, 998–1011.
–: Die Kirche im Neuen Testament, NTD Ergänzungsreihe 10, Göttingen 1993.
–: Der erste Brief an Timotheus, EKK XV, Zürich und Neukirchen-Vluyn 1988.
ROLLER, O.: Das Briefformular der paulinischen Briefe. Ein Beitrag zur Lehre vom antiken Briefe, BWANT NF 6, Stuttgart 1933.
RORDORF, W., Was wissen wir über die christlichen Gottesdiensträume der vorkonstantinischen Zeit? ZNW 55, 1964, 110–128.
ROSE, M.: 5. Mose, Zürcher Bibelkommentare AT. 5/1, Zürich 1994.
RUSAM, D.: Die Gemeinschaft der Kinder Gottes. Das Motiv der Gotteskindschaft und die Gemeinden der johanneischen Briefe, BWANT 13 Stuttgart 1993.
SACHERS, E., Potestas patria, RE XXII, 1, 43. Halbband, 1046–1175.
SAMPLEY, J.P.: Pauline Partnership in Christ. Christian Communiy and Commitment in Light of Roman Law, Philadelphia 1980.
SANDERS, J.T.: The Transition from Opening Epistolary Thanksgiving to Body in the Letters of the Pauline Corpus, JBL 81, 1962, 348–362.

SANDNES, K.O.: A New Family. Conversion and Ecclesiology in the Early Church with Cross-Cultural Comparisons, SIGC 91, Bern u.a. 1994.
SASSE, H.: αἰών κτλ. ThWNT I, 1933, 197-209.
SCHÄFER, K.: Gemeinde als „Bruderschaft". Ein Beitrag zum Kirchenverständnis des Paulus, EHS 23.333, Fraunkfurt a.M. u.a. 1989.
SCHENK, W.: Der Brief des Paulus an Philemon in der neueren Forschung (1945-1987), ANRW II.25.4, Berlin/New York 1987, 3439-3495.
SCHENKE, L.: Zur sogenannten ‚Oikosformel' im Neuen Testament, Kairos NF 13, 1971, 226-243.
SCHIEMANN, G.: Carcer, DNP 2, 1997, 984.
–: Patronus, DNP 9, 2000, 421f.
SCHINDLER, A.: Afrika I, TRE I, 1977, 662-665.
SCHLATTER, A.: Die Briefe an die Galater, Epheser, Kolosser und Philemon, Stuttgart 1987 (Nachdruck der 1961-1965 neu durchgesehenen und sprachlich überarbeiteten Fassung).
SCHLIER, H.: καθῆκον, ThWNT III, 1938, 440-443.
–: παρρησία κτλ. TWNT V, 1954, 869-884.
SCHMIDT, K.L.: ἐκκλησία, ThWNT III, 1938, 502-539.
SCHMITZ, O.: παρακαλέω κτλ., ThWNT V, 1954, 790-798.
SCHMITZ, W.: Schwer lastet das Alter. Alte Menschen im archaischen und klassischen Griechenland, in: Landschaftsverband Rheinland (Hg.), Alter in der Antike. Die Blüte des Alters aber ist die Weisheit. Katalog zur Austellung im LVR-LandesMuseum Bonn, Mainz 2009, 23-27.
SCHNEIDER, J.: Brief, RAC 2, 1954, 564-585.
SCHNELLE, U.: Paulus. Leben und Denken, de Gruyter Lehrbuch, Berlin/New York 2003.
SCHNIDER, F./STENGER, W.: Studien zum neutestamentlichen Briefformular, NTTS XI, Leiden u.a., 1987.
SCHÖLLGEN, G., Hausgemeinden, Oikos-Ekklesiologie und monarchischer Episkopat, JAC 31, 1988, 74-90.
SCHRAGE, W.: Der erste Brief an die Korinther, EKK VII/1, Zürich/Braunschweig und Neukirchen-Vluyn 1991.
–: συναγωγή κτλ, ThWNT VII, 1964, 798-850.
SCHUBERT, P.: Form and Function of the Pauline Thanksgivings, BZNW 20, Berlin 1939.
SCHWEIZER, E.: πνεῦμα κτλ., ThWNT VI, 1959, 387-453.
–: Gemeinde und Gemeindeordnung im Neuen Testament, AThANT 35, Zürich ²1974.
SEIDENSTICKER, P., Lebendiges Opfer, NtAbh XX, 1-3, Münster 1954.
SCROGGS, R.: Salvation History: The Theological Structure of Paul's Thought, in: Basser, Pauline Theology I, 212-226.
SIGISMUND, M., Über das Alter. Eine historisch-kritische Analyse der Schriften Über das Alter / περὶ γήρως von Musonius, Favorinus und Iuncus, Prismata, Beiträge zur Altertumswissenschaft 14, Frankfurt/M. 2003.
SILVA, D.A. DE: Honor, Patronage, Kinship, and Purity: Unlocking New Testament Culture, Downers Grove (Ill) 2000.
SILVA, M.: Philippians, WEC, Chicago 1988.
STACHOWIAK, L.R.: Chrestotes. Ihre biblisch-theologische Entwicklung und Eigenart, Studia Friburgensia 17, Freiburg 1957.
STÄHLIN, G.: φιλέω κτλ., ThWNT IX, 1973, 112-169.

STANTON, G.R.: ‚Τέκνον, παῖς, and Related Words in Koine Greek', in: Proceedings of the XVIII International Congress of Papyrology, ed. Basil G. Mandilaras, Athens, Greek Papyrological Society, 1988, 1, 470-480.
STEGEMANN, E.W./STEGEMANN, W.: Urchristliche Sozialgeschichte. Die Anfänge im Judentum und die Christusgemeinden in der mediterranen Welt, Stuttgart/Berlin/Köln 1995.
STIREWALT, M.L.Jr.: Paul, The Letter Writer, Grand RApids/Cambridge 2003.
STOCK, A.: Überlegungen zur Methode eines theologischen Kommentars, EKK Vorarbeiten 4, Neukirchen-Vluyn/Zürich 1972, 75-96.
STÖGER, A.: Der Brief an Philemon, in: Mußner, F./Stöger, A., Der Brief an die Kolosser. Der Brief an Philemon, Geistliche Schriftlesung 12/1.2, Düsseldorf 1964.
STOWERS, S.K.: Letter Writing in Greco-Roman Antiquity, Philadelphia 1986.
STRECKER, G.: Literaturgeschichte des Neuen Testaments, UTB 1682, Göttingen 1992.
STROBEL, A.: Der Begriff des Hauses im griechischen und römischen Privatrecht, ZNW 56, 1965, 91-100.
STUHLMACHER, P.: Gerechtigkeit Gottes bei Paulus, FRLANT 87, Göttingen 1965.
TAATZ, I., Frühjüdische Briefe. Die paulinischen Briefe im Rahmen der offiziellen religiösen Briefe des Frühjudentums, NTOA 16, Fribourg/Göttingen 1991.
TACHAU, P., „Einst" und „Jetzt" im Neuen Testament, FRLANT 105, Göttingen 1972.
THEISSEN, G.: Die Religion der ersten Christen. Eine Theorie des Urchristentums, Gütersloh 2000.
–: Studien zur Soziologie des Urchristentums, WUNT 19, Tübingen ³1989.
–: Wert und Status des Menschen im Urchristentum, Humanistische Bildung 12, 1988, 63-93.
THOMPSON, F.H.: The archeology of Greek and Roman Slavery, London 2003.
THORNTON, C.-J.: Der Zeuge der Zeugen. Lukas als Historiker der Paulusreisen, WUNT 56, Tübingen 1991.
THRAEDE, K.: Grundzüge griechisch-römischer Brieftopik, München 1970
THÜR, G.: Desmoterion, DNP 3, 1997, 486f.
TIMMER, J.: Die Alten im antiken Rom, in: Landschaftsverband Rheinland (Hg.), Alter in der Antike. Die Blüte des Alters aber ist die Weisheit. Katalog zur Ausstellung im LVR-LandesMuseum Bonn, Mainz 2009, 135-140.
TOLMIE, D.F. (Hg.): Philemon in Perspective. Interpreting a Pauline Letter, BZWN 169, Berlin/New York 2010.
–: Tendencies in the Research on the Letter to Philemon since 1980, in: ders. (Hg.), Philemon, 1-27.
VEYNE, P.: Brot und Spiele. Gesellschaftliche Macht und politische Herrschaft in der Antike, Theorie und Gesellschaft 11, Frankfurt 1988.
VERNER, C.D., The Household of God. The Social World of the Pastoral Epistles, Chico (CA) 1983.
VIELHAUER, P.: Geschichte der urchristlichen Literatur. Einleitung in das Neue Testament, die Apokryphen und die Apostolischen Väter, de Gruyter Lehrbuch, Berlin/New York 1975.
VILLIERS, P.G.R. DE, Love in the Letter to Philemon, in: Tolmie, Letter, 181-203.
VOGLER, W.: Die Bedeutung der urchristlichen Hausgemeinden für die Ausbreitung des Evangeliums, ThLZ 107, 1982, 786-794.
VOGT, J./BELLEN, H. (Hg.), Bibliographie zur antiken Sklaverei. Neu bearbeitet von D. Schäfer und J. Deißler auf Grundlage der von E. Herrmann in Verbindung mit N. Brockmeyer erstellten Ausgabe Bochum 1983.

VOLLENWEIDER, S.: δοῦλος, ThBegrLex I, 1997, 494-499.
VOS, C.S. DE, Once a Slave, Always a slave? Slavery, Manumission and Relational Patterns in Paul's Letter to Philemon, JSNT 82, 2001, 89-105.
WACHSMUTH, D.: Aspekte des antiken mediterranen Hauskultes, in: Numen 27, 1980, 34-75.
WALDE, C.: Rhetorik, DNP 10, 2001, 958-978.
WALL, R.: The Nature of Obedience in the Ethics of Paul, ThDiss, Dallas Theological Seminary, 1979.
WALTER, N.: σπλάγχνον, EWNT 3, ²1992, 635-636.
WALTZING, J.: Etudes historiques sur les corporations professionelles chez les Romains, Band 1-4, Louvain 1895-1900.
WANSINK, C.S.: Chained in Christ. The Experience and Rhetoric of Paul's Imprisonments, JSNT 130, Sheffield 1996.
WATSON, D.F./HAUSER, A.J.: Rhetorical Criticism of the Bible. A Comprehensive Bibliography with Notes on History and Method, Biblical Interpretation Series 4, Leiden/New York/Köln 1994.
WEBER, M.: Gesammelte Aufsätze zur Religionssoziologie I, Tübingen 1920, Neuauflage 1988.
–: Wirtschaft und Gesellschaft. Grundriß der verstehenden Soziologie, in ders., Gesammelte Werke, Digitale Bibliothek 58, Berlin 2001.
WEGNER, M.: Untersuchungen zu den lateinischen Begriffen socius und societas, Hypomnemata 21, Göttingen 1969.
WEIGANDT, P.: Zur sog. ‚Oikosformel', NT 6, 1963, 49-74.
–: οἶκος, in: EWNT 2, ²1992, 1222-1229.
WEIMA, J.A.D.: Neglected Endings. The Significance of the Pauline Letter Closings, JSNTS 101, Sheffield 1994.
WEINREICH, O.: Stiftung und Kultsatzungen eines Privatheiligtums in Philadelphia in Lydien, SAH phil. Hist. Klasse 1919, Abhandlung 16.
WEISS, K.: χρηστός κτλ., ThWNT IX, 1973, 472-481.
WEISS, J., Das Urchristentum, Göttingen 1914-1917.
WEIZSÄCKER, C.: Das apostolische Zeitalter der christlichen Kirche, ²1898.
WELWEI, K.-W.: Gerusia, DNP 4, 1998, 979-980.
WENGST, K.: Demut – Solidarität der Gedemütigten. Wandlungen eines Begriffs und seines sozialen Bezugs in griechisch-römischer, alttestamentlich-jüdischer und urchristlicher Tradition, München 1987.
WERNER, F.: Haus II (Judentum), TRE 14, 1985, 476-477.
WERNET, A.: Einführung in die Interpretationstechnik der Objektiven Hermeneutik, Opladen 2000.
WESSELS, G.F.: The Letter to Philemon in the Context of Slavery in Early Christianity, in: Tolmie, Philemon, 143-168.
WESTERMANN, C.: Der Psalter, Stuttgart ⁴1980.
WESTERMANN, W.L.: The Slave Systems of Greek and Roman Antiquity, Philadelphia ³1964.
WET, C.L. DE: Honour Discourse in John Chrysostom's Exegesis to the Letter to Philemon, in: Tolmie, Philemon, 317-331.
WIEDEMANN, T. E. J., Greek and Roman Slavery, London 1981.
WHITE, J.L.: Introductory Formulae in the Body of the Pauline Letter, JBL 90, 1971, 91-97.

–: The New Testament Epistolary Literature in the Framework of Ancient Epistolography, in: ANRW II/25.2, 1984, 1730–1756.
–: The Form and Structure oft he Official Petition: A Sudy in Greek Epistolography, SBL Dissertation Series 5, Missoula 1972.
WICKERT, U., Der Philemonbrief – Privatbrief oder apostolisches Schreiben? ZNW 52, 1961, 230–238.
WIEDEMANN, T.: Greek and Roman Slavery, London 1981.
WILCKENS, U.: Der Brief an die Römer, EKK VI/3, Zürich/Einsiedeln/Köln/Neukirchen-Vluyn 1982.
WILES, G. P.: Paul's Intercessory Prayers, Cambridge 1974.
WILLIAMS, D.J.: Paul's Metaphors. Their Context and Character, Peabody 1999.
WILLS, L.M.: The Depiction of Slavery in the Ancient Novel, in: Semeia 83/84, 1998, 113–132.
WILSON, W.T.: Pauine Parallels. A Comprehensive Guide, Louisville (KY), 2009.
WILSON, A.: The Pragmatics of Politeness and Pauline Epistolography: A Case Study oft he Letter to Philemon, JSNT 48, 1992, 107–119.
WINTER, S.C., Methodological Observations on a New Interpretation of Paul's Letter to Philemon, USQR 39, 1984, 203–212.
–: Paul's Letter to Philemon, NTS 33, 1987, 1–15.
–: Philemon, in: Schüssler Fiorenza, Elisabeth (Hg.), Searching the Scriptures. Volume II: A Feminist Commentary, New York 1994, 301–312.
WISCHMEYER, O.: Das Adjektiv ΑΓΑΠΗΤΟΣ in den paulinischen Briefen. Eine traditionsgeschichtliche Miszelle, NTS 32, 1986, 476–480.
WRIGHT, B.G. III: Ebed/Doulos: Terms and Social Status in the Meeting of Hebrew Bibical and Hellenistic Roman Culture, Semeia 83/84, 1998, 83–132.
WOLFF, C.: Der zweite Brief des Paulus an die Korinther, ThHK 8, Berlin 1989.
WOLTER, M.: Leiden III. Neues Testament, TRE 20, 1990, 677–688.
–: Die Entwicklung des paulinischen Christentums von einer Bekehrungsreligion zu einer Traditionsreligion, in: Early Christianity 1, 2010, 15–40.
–: The Letter to Philemon as Ethical Counterpart of Paul's Doctrine of Justification, in: Tolmie, Philemon, 169–179.
–: Die Pastoralbriefe als Paulustradition, FRLANT 146, Göttingen 1988.
Wright, N.T.: Putting Paul Together Again: Toward a Synthesis of Pauline Theology, in: Bassler, Pauline Theology I, 183–211.
ZAHN, T.: Einleitung in das Neue Testament. Band 1, Leipzig ³1906.
ZELLER, D.: Charis bei Philon und Paulus, SBS 142, Stuttgart 1990.
ZMIJEWSKI, J.: Beobachtungen zur Struktur des Philemonsbriefes, BiLe 15, Heft 1, 1974, 273–296.

Abkürzungen und Zitierweise

Im Literaturverzeichnis sind alle verwendeten Titel verzeichnet. Am Beginn der Einzelabschnitte wird deshalb auf die Angabe von Spezialliteratur verzichtet.

Kommentare zum Philemonbrief werden mit dem Verfassernamen und dem Kürzel Phlm zitiert, auch wenn in dem jeweiligen Band noch weitere Briefe kommentiert werden. Alle übrige Literatur wird in der Regel mit dem ersten Substantiv des Titels zitiert.

Die Abkürzungen für Allgemeines, für Altes und Neues Testament, für außerkanonische Literatur, für Josephus, Philo und das rabbinische Schrifttum, für die Apostolischen Väter sowie für Lexika, Reihen und Zeitschriften richten sich nach Betz, H.D. u.a. (Hg.): Religion Geschichte und Gegenwart, 4. Aufl., Band 1, Tübingen 1998, XX–XXVIII.

Bei den antiken Schriftstellern werden die Autorennamen ausgeschrieben; die Abkürzung der Werke richtet sich nach Cancik, H./Schneider, H. (Hg.): Der Neue Pauly. Enzyklopädie der Antike, Band 3, Stuttgart/Weimar 1997, XXXVI–XLIV, und, wo dies nicht ausreicht, nach dem Lexikon der Alten Welt, Band 3, Darmstadt 1991 (Nachdruck der Ausgabe von 1965), 3439–3464.

Inschriften und Papyri werden zitiert nach Bauer, W./Aland, K./Aland, B.: Griechisch-deutsches Wörterbuch zu den Schriften des Neuen Testaments und der frühchristlichen Literatur, Berlin/New York⁶1988, XVIII–XX.

Einführung

Zur Anlage des Kommentars

Dass der Philemonbrief als eigenständiger Band erscheint, ist im „Kritisch-Exegetischen Kommentar" ein Novum.

Von Beginn der Kommentarreihe an bilden der Philipper-, Kolosser und Philemonbrief die IX. Abteilung, die zunächst in zwei Teile unterteilt war: Der Philipper-Kommentar von H.A.W. Meyer erschien zuerst 1847, der zu Kolosser und Philemon 1848. Ab der zweiten Auflage 1859 wurden diese Kommentare in einem Band als Erklärung der Gefangenschaftsbriefe herausgegeben; die Kommentierung von E. Haupt (⁶1897) und auch die von E. Lohmeyer bearbeitete 8.–13. Auflage (ab der 9. Auflage von W. Schmauch herausgegeben) hielten daran fest. Mit der Neubearbeitung von E. Lohse (¹⁴1968) kommt es wieder zu einer Trennung. „Die Briefe an die Kolosser und an Philemon" erscheinen als zweiter Band der Neunten Abteilung, der Philipperbrief wird ab der Kommentierung von E. Lohmeyer 1974 als Band IX/1 geführt. Von Anfang an wird der Epheserbrief als Abteilung VIII eigenständig kommentiert.

Dieser Wandel deutet inhaltliche Fragen an: Wie lassen sich die „kleineren Briefe" des Apostels Paulus zusammenstellen und in einen Band integrieren? Ein Blick auf andere Kommentarreihen zeigt die Vielfalt der Lösungsversuche.[1] In etlichen Reihen wird der Philemonbrief selbstständig kommentiert.[2]

Wichtiger ist die Frage, die sich speziell bei der gemeinsamen Kommentierung des Philemon- und des Kolosserbriefs stellt. Wenn Kolosser, wie die jüngere Forschung mit großer Wahrscheinlichkeit gezeigt hat und es auch hier vorausgesetzt wird, als nachpaulinisch anzusehen ist, wären ein paulinischer und ein nachpaulinischer Brief in einem Band zu bearbeiten. Die Differenz in der Autorschaft bei gleichzeitiger, zum Teil großer Nähe beider Briefe (Gefangenschaftsmotiv, Grußlisten) wirft dann nicht unerhebliche Probleme bei der Kommentierung vor allem des Kolosserbriefs auf. Hübner geht auf dieses Problem ein und versteht die gemeinsame Kommentierung beider Briefe (und des Epheserbriefs) als Chance, weil nirgendwo im Neuen Testament der Schritt von Paulus zum theologischen Denken der Paulusschule so greifbar werde wie auf dem Weg vom Philemon- zum Kolosserbrief.[3] Nun spielt die Nähe beider Briefe für die Kommentierung des Kolosserbriefs zweifellos eine wichtige Rolle. Der Brief an Philemon dagegen muss als

---

[1] Phlm/Kol u.a. noch bei Harris, Martin, Wolter; Kol/Phlm/Eph u.a. bei Bruce, Dibelius, Hübner; Phlm/Phil bei Thurston, Cousar; Phil/Kol/Phlm bei Ash; Phlm/Phil/Gal bei Egger.
[2] In deutschsprachigen Reihen von Stuhlmacher, Gnilka, Binder, Suhl, Wengst, Reinmuth.
[3] Hübner, Phlm, 10.

Paulusbrief zunächst für sich und dann im Rahmen der übrigen Paulusbriefe kommentiert werden. Für eine eigenständige Kommentierung spricht auch, dass der im Brief verhandelte Sachverhalt – das Verhältnis von Herr und Sklave, wenn einer von ihnen oder beide Christ geworden sind – für das Selbstverständnis und die Außenwahrnehmung des frühen Christentums von großer Bedeutung ist. Hinzu kommt, dass Kürze und Überschaubarkeit das Schreiben zu einem gut geeigneten „Experimentierfeld" für grundsätzliche Auslegungsfragen und -optionen machen.[4] Einige neuere Kommentare lassen dies deutlich erkennen.[5] Die dabei festzustellenden Wandlungen in der Gattung Kommentar gehen mit der Entwicklung der Exegese einher und sind deshalb unvermeidlich. Der vorliegende Kommentar setzt dies voraus und steht damit „auf den Schultern" vieler vorangehender, teilweise sehr unterschiedlicher Lektüren des Briefes. Einen eigenen Akzent setzt er auf den Nachvollzug seitens der Leserinnen und Leser. Dies zeigt sich in der Anlage des Kommentars: Vorausgesetzt wird die eigene Lektüre des Briefes. Sie führt bereits zu einer Reihe von Beobachtungen, die für das Verstehen des Textes wichtig sind und die im folgenden Abschnitt gesammelt werden (z. B. Beobachtungen zu den handelnden Personen und ihren Beziehungen, zu Gliederungsmerkmalen etc.). Sie führt aber auch zu einer Reihe von Fragen, die sich allein aus dem Text nicht beantworten lassen (zur Sklaverei in der Antike, zur Hausgemeinde etc.). Diese Fragen werden in einem eigenen Kapitel „Hintergründe" aufgegriffen. Danach schließt sich die Einzelauslegung an (in der dann auf größere Exkurse verzichtet werden kann). Erst im Anschluss daran lassen sich die theologischen Grundaussagen des Briefes im Zusammenhang darstellen. Die abschließenden Hinweise auf die Auslegungsgeschichte zeigen, welche Akzente bei der Interpretation des Philemonbriefs gesetzt wurden und bis in die Gegenwart hinein gesetzt werden. Durch dieses Vorgehen soll die Interpretation als Prozess erkennbar werden, der unterschiedliche Lektüren in Geschichte und Gegenwart voraussetzt und zur eigenen Auslegung anleitet.

Beobachtungen und Fragen bei der ersten Lektüre

Eingangs- und Schlussabschnitt weisen den Text als Brief aus. Als Absender werden Paulus und Timotheus genannt, Adressaten sind Philemon, Apphia, Archippus und die Gemeinde im Haus Philemons (V.1f.). Der Gnadenwunsch V.3.25 und

---

[4] Kreitzer, Phlm, 4–18, zeigt, wie die formkritische, die linguistische und rhetorische Analyse ebenso wie Fragen der paulinischen Ethik, kanonische Auslegung und die Entstehung des Corpus Paulinum sich gerade am Beispiel des Philemonbriefs entwickelt haben: „it is amazing how many paths of contemporary New Testament scholarship do indeed converge in the short epistle of Paul to Philemon."

[5] Man kann dies gut an der wirkungsgeschichtlichen Interpretation von STUHLMACHER erkennen, an den vielen Hinweisen auf die Leserlenkung bei EGGER, an den psychologischen Fragestellungen bei LAMPE oder an dem Vergleich mit den Papyrusbriefen bei ARZT-GRABNER.

die Grüße (V.23f.) unterstreichen den Briefcharakter. Zu den genannten Personen lassen sich die folgenden Beobachtungen machen.

Personen

Paulus
Von Paulus erfahren wir folgendes: Er betet für die Adressaten (V.4ff.), freut sich über das, was er von Philemon hört (V.7) und sieht sich als dessen Bruder (V.7.20), aber auch als sein „Teilhaber" (V.17) und „Gläubiger" (V.19); er könnte Philemon gebieten (V.8), verzichtet aber darauf und bittet ihn (V.9.11). Diese Bezeichnungen weisen auf ein komplexes, teils symmetrisches (Bruder, Teilhaber), teils asymmetrisches Verhältnis (gebieten, Schuldner) zwischen Paulus und Philemon hin, das eine genauere Analyse erforderlich macht. Paulus versteht sich außerdem als „Vater" des Onesimus (V.10f.).

Weiterhin ist Paulus „gefangen" (V.1.9.10.13.22). Die Hinweise auf die Gefangenschaft, besonders die Selbstbezeichnung „Gefangener Christi Jesu" V.1 und die „Fesseln des Evangeliums" V.13, könnten metaphorisch verstanden sein. Aber die wiederholten Hinweise und die Aussage V.10, dass Paulus Onesimus „in den Fesseln" gezeugt/geboren habe, sprechen eher für eine tatsächliche Gefangenschaft. Auch der „Mitgefangene" Epaphras (V.23) lässt sich so am einfachsten verstehen. Damit stellen sich aber Fragen über den Text hinaus: Wo und warum ist Paulus in Haft und wie sind die Haftbedingungen, wenn er nicht nur Onesimus, sondern auch Mitarbeiter (V.24) empfangen kann?

In V.9 bezeichnet Paulus sich als „alt". Er will nichts anordnen, sondern als Gefangener Christi Jesu und „alter Mann" Philemon um etwas bitten. In V.20 weist er allerdings darauf hin, dass Philemon selbst sich ihm schulde. Paulus verzichtet demnach keineswegs auf Autorität. Hier stellen sich verschiedene Fragen: Können die Hinweise auf Gefangenschaft und Alter die Autorität des Paulus möglicherweise stützen? Wie hat man in der Antike über das Alter gedacht? Lässt der Hinweis auf das Alter Rückschlüsse auf die Entstehungszeit des Briefes zu? Und um was für eine Art Brief handelt es sich?

Timotheus
Timotheus wird als „der Bruder" bezeichnet. Der bestimmte Artikel weist auf eine Bekanntheit des Timotheus hin und zeigt, dass es sich nicht um einen leiblichen Bruder handelt. Auffällig ist, dass Timotheus außer in V.1 nicht mehr erwähnt wird. Unklar bleibt auch, welche Rolle er im Vergleich mit den in V.24 Genannten spielt. Hat es eine besondere Bedeutung, dass er als Mitverfasser genannt ist? Hier sind vergleichbare Texte zur weiteren Klärung heranzuziehen.

Philemon
Zu Philemon, dem „Liebenswürdigen, Freundlichen", macht der Text einige Angaben, ohne Details zu nennen. Philemon steht einem Haus vor (V.2). Wenn sich

darin eine christliche Gemeinde treffen kann, muss es eine gewisse Größe gehabt haben, ohne dass Genaueres dazu gesagt ist.[6] Vermutet werden kann, dass Philemon in der Hausgemeinde eine wichtige Position hat.

Phlm 2.19.22 weisen auf eine persönliche Bekanntschaft von Paulus und Philemon hin. Auch hier fehlen nähere Angaben. V.19 „dass du dich selbst mir schuldest" deutet im Vergleich mit V.10 darauf hin, dass Philemon von Paulus den Christusglauben vermittelt bekam. Unter welchen Umständen dies geschah, wird nicht gesagt. Die Bezeichnungen „Geliebter", „Mitarbeiter" (V.1) und „Partner" (V.17) sowie die entgegenkommenden Formulierungen V.7-20 lassen auf Wertschätzung schließen und zeigen an, dass Philemon nach seiner Bekehrung Funktionen in der Gemeinde übernommen hat. Darüber hinaus hat er Christen Gutes getan und sie „erquickt" (V.5-7). Angesichts der Adressierung des Briefes an die „Gemeinde in deinem Haus" ist davon auszugehen, dass Philemons Verhalten konkret und in der Gemeinde bekannt ist.

Der Brief lässt Philemon als Besitzer eines Sklaven namens Onesimus erkennen. Dies wird ab V.10, vor allem in V.16 deutlich (οὐκέτι ὡς δοῦλον ...). Ob er daneben noch andere Sklaven besessen hat, bleibt offen. Philemon hat Onesimus aber nicht gezwungen Christ zu werden. Dies führt zu der Frage, wie das Verhältnis zwischen Christen und Nichtchristen in einer Hausgemeinschaft gestaltet wurde. Was wissen wir über christliche Häuser und die Organisation früher christlicher Gemeinden? Hinzu kommen Fragen zum Umgang zwischen Herren und Sklaven, die sich offenbar auch in christlichen Häusern stellten. Keine Aussage macht der Text dazu, wo sich Philemons Haus befunden hat. Gibt es außerhalb des Textes Hinweise, die eine Lokalisierung ermöglichen?

Apphia und Archippus
Weitere Adressaten sind Apphia und Archippus. Apphia ist ἀδελφή und damit Mitchristin. Ihre Nennung in der Adresse deutet darauf hin, dass sie in Haus und/oder Hausgemeinde eine bedeutende Position hat. Lässt dies Rückschlüsse zu auf die Stellung von Frauen im frühen Christentum? Wie bei Apphia wird auch bei Archippus Genaueres nicht erkennbar. Die Näherbezeichnung τῷ συστρατιώτῃ ἡμῶν rückt ihn in enge Nähe zu Paulus und Timotheus.

Onesimus
Onesimus ist Philemons Sklave. Sein Name ermöglicht ein Wortspiel (unnütz - nützlich V.11), das auf eine Vorgeschichte zwischen Onesimus und Philemon hinweist, das aber auch das Verhältnis zwischen Paulus und Onesimus und das künftige Verhältnis zwischen Sklave und Herrn zu beschreiben hilft. Onesimus ist bei und durch Paulus Christ geworden (V.10). Sein Aufenthalt bei Paulus scheint mit Philemon nicht abgesprochen gewesen zu sein; und dass Paulus ihm die brüder-

---

[6] Aussagen hierzu können nur indirekt aus der Bemerkung erschlossen werden, dass sich eine christliche Gemeinde in Philemons Haus trifft und dass er (mindestens einen) Sklaven besitzt. Nach FRIESEN, Ungerechtigkeit, 274.285, hat Philemon einen gemäßigten Überschuss zur Verfügung.

liche Aufnahme des Onesimus ans Herz legt (V.16f.), deutet wie das Wortspiel mit dem Namen auf ein Zerwürfnis zwischen beiden hin. Der Text hat somit eine Vorgeschichte, die jedoch nur in Umrissen erkennbar wird. Zu dieser Vorgeschichte gehört auch V.18. Dass Onesimus ein Unrecht getan hat oder etwas schuldet, wird nicht ausdrücklich gesagt, ist aber angesichts der klaren Absicht des Paulus, Philemon einen „neuen Onesimus" (V.16) vorzustellen, denkbar. Lässt sich die Vorgeschichte noch genauer rekonstruieren?

Grüßende
In V.23f. werden weitere fünf Personen mit Namen genannt. Sie lassen Grüße an die Adressaten ausrichten und befinden sich demnach in der Nähe des Paulus. Epaphras ist „mein Mitgefangener in Christus Jesus". Das Personalpronomen bindet die Gefangenschaft des Epaphras mit der des Paulus zusammen, und die Näherbestimmung ἐν Χριστῷ Ἰησοῦ ordnet beider Gefangenschaft ihrer Christusverkündigung zu. Auch bei Epaphras ist die Gefangenschaft am ehesten wörtlich zu verstehen. Die vier Letztgenannten – Markus, Aristarchos, Demas und Lukas – werden gemeinsam als συνεργοί μου bezeichnet. Sie sind nicht Mitgefangene, scheinen aber Zutritt zu Paulus zu haben. Auch in seiner Gefangenschaft kann Paulus offenbar Kontakt nach außen halten, was sich ja auch daran zeigt, dass Onesimus selbst Zugang zu Paulus gefunden hat.

Die Hausgemeinde
Ausdrücklich wird auch die Gemeinde in Philemons Haus als Adressat genannt. Wer genau dazu gehört, ist nicht zu erkennen; neben Philemon wahrscheinlich Apphia und Archippus und darüber hinaus vermutlich noch weitere Personen (möglicherweise auch die „Heiligen" V.4.7). Dies können weitere Mitglieder des Hauses sein, nicht jedoch alle; denn Onesimus wird erst während des Besuchs bei Paulus im Gefängnis Christ. Die Adressierung an Einzelpersonen und zugleich eine Gemeinde ist auffällig. Wie muss man sich die Kommunikation zwischen den Einzelpersonen und der Gemeinde denken? Welche Rolle spielen die Mitadressaten bei der Bitte des Paulus um die Aufnahme des Onesimus als Bruder und bei dem Wunsch des Paulus, Onesimus bei sich zu haben?

Sinnlinien

Im Philemonbrief lassen sich bestimmte, teilweise mehrfach wiederkehrende Elemente identifizieren, die für die Sinnkonstitution des Briefes grundlegende Bedeutung haben.

Beziehungen
Zwischen den im Brief genannten Personen bestehen Querverbindungen, die mit Hilfe formaler und inhaltlicher Elemente zum Ausdruck gebracht werden. Im ganzen Brief ist eine erstaunliche Dichte von Personal- und Possessivpronomina fest-

zustellen. In V.1-3 überwiegen „wir" und „ihr", in V.4-7 ist Philemon in der zweiten Person Singular angesprochen, V.8-21 wechseln ständig zwischen Pronomina in der ersten und zweiten Person Singular. Offenbar wird hier die Angelegenheit des Onesimus verhandelt, die zugleich in eine intensive Beziehung zwischen Paulus und Philemon hinein gehört. Erst ab V.22 finden sich wieder Pronomina im Plural, wobei die letzten Verse schwanken: In V.23f. wird Philemon gegrüßt, der Segenswunsch am Schluss gilt aber einer Mehrzahl, die nur mit der in V.1f. genannten Personengruppe übereinstimmen kann. V.22 erbittet Gastfreundschaft von Philemon, die durch „eure Gebete" möglich wird. V.1-3.22.24 stellt die Beziehung des Paulus zu allen Adressaten dar, in V.4-8 (7) sind Aussagen über Philemon gemacht, in V.7-20 (21f.) wird die Angelegenheit des Onesimus zwischen Paulus und Philemon verhandelt.

Auch verschiedene Begriffe weisen auf enge Beziehungen zwischen Paulus und den Empfängern hin, vor allem dem Wortfeld „Familie" zuzuordnende Substantive (ἀδελφός, ἀδελφή, τέκνον, τὰ σπλάγχνα und das Verb γεννάω)[7], zu denen möglicherweise auch πρεσβύτης (V.9) gehört. Ohne unmittelbar zum Wortfeld „Familie" zu zählen, müssen auch κοινωνία und κοινωνός einerseits, ἀγάπη und ἀγαπητός andererseits (V.1.5.7.9.16) genannt werden; sie deuten ebenfalls enge Beziehungen zwischen den genannten Personen an. Dagegen verweisen die Verben ἀδικέω, ὀφείλω, ἐλλογέω, ἀποτίνω, προσοφείλω[8] V.18f. auf einen rechtlich-geschäftlichen Zusammenhang. Wie hängen dieser Komplex und die Substantive aus dem familiären Bereich zusammen?

Die Empfänger sind mit Paulus und Timotheus durch ein Netz gemeinsamen Tuns und Ergehens verbunden. Philemon ist nach V.1 „unser Geliebter und Mitarbeiter", Archippos V.2 ist „Mitstreiter", Epaphras V.23 „Mitgefangener in Christus Jesus" und Markus, Aristarchus, Demas und Lukas V.24 sind Mitarbeiter. Im Blick auf Philemon wird dies noch unterstrichen: Nach V.5-7 ist er durch Liebe und Glaube gegenüber Jesus und allen Heiligen ausgezeichnet, in V.9 gibt seine Liebe den Grund für das Bitten anstelle des Gebietens (V.8). V.6.17 sprechen von Partnerschaft, wobei V.17 stärker Philemons Beziehung zu Paulus, V.6 stärker die zu allen Heiligen anspricht. Bei dieser Beziehung geht es nicht um Äußeres, sondern um τὰ σπλάγχνα, wie V.7 im Blick auf alle Heiligen, V.20 im Blick auf Paulus selbst hervorhebt. Außerdem steht Philemon in der Schuld des Paulus (V.19), und V.13 spricht von einem Dienst des Onesimus für Paulus an Philemons Stelle. Gemeinsam ergeben diese Aussagen eine Sinnlinie der Beziehung, die den Text in starkem Maß prägt und innerhalb derer unterschiedliche Aspekte hervortreten: Die Tätigkeit am gemeinsamen Werk, die herzliche Gemeinschaft, Verpflichtung und Gehorsam.

Diese Sinnlinie wird durch zwei weitere Komponenten ergänzt. Auch die Beziehung zwischen Paulus und Onesimus wird als außerordentlich eng beschrieben,

---

[7] Vgl. LOUW/NIDA, Lexicon, 10,49f. mit 11,23f.; 10,36; 23,53.58; 25,49.
[8] LOUW/NIDA, Lexicon, ordnen die Begriffe dem Wortfeld „Possess, Transfer, Exchange" bzw. „Moral and ethical qualities and related behaviour" (ἀδικέω) zu.

bis hin zur Identifikation (V.10.12.17). Die Nähe zwischen Paulus und Onesimus soll offenbar auf Philemon ausgedehnt werden, wobei sich zwischen ihm und Onesimus eine Änderung ergeben wird. Sie ist in V.11 durch den Wechsel von ἄχρηστον zu εὔχρηστον und in V.16 zeitlich (οὐκέτι ... ἀλλά), und inhaltlich qualifiziert (ἀδελφὸν ἀγαπητόν).

Die zweite Komponente erweitert alle bisher genannten Aussagen um die Beziehung zu Gott und Christus. Von Gnade und Frieden Gottes ist in V.3 die Rede. Ungleich häufiger kommt Christus vor: Paulus ist „Gefangener Christi Jesu" (V.1), Gnade und Frieden kommen vom „Herrn Jesus Christus" (V.3), Paulus hört von Philemons Glaube an und Liebe zu Christus (V.5), es geht um Erkenntnis alles Guten unter uns „auf Christus hin" (V.6), Paulus empfindet großen Freimut „in Christus" (V.8), bezeichnet sich erneut als „Gefangenen Christi Jesu" (V.9), spricht von Onesimus als geliebtem Bruder im Fleisch und „im Herrn" (V.16), möchte von Philemon froh gemacht werden „im Herrn" und erbittet die Erquickung seines Innersten „in Christus" (V.20), um schließlich den Adressaten die „Gnade des Herrn Jesus Christus" zu wünschen (V.25). Die Christusaussagen zeigen, dass das Verhältnis der genannten Personen untereinander ohne ihren gemeinsamen Bezug auf Christus nicht verstanden werden kann. Auch das neue Verhältnis mit Onesimus setzt die Christusbeziehung voraus und soll in die Christusbeziehung der Adressaten eingeordnet werden.

Gebieten und Bitten
In V.8f. stehen ἐπιτάσσειν und παρακαλεῖν nebeneinander. Im weiteren Verlauf des Textes werden die Verben in verschiedener Weise aufgenommen, durch die Wiederholung von παρακαλῶ (V.10) und durch verschiedene Aufforderungen in V.17-20. Eine Sinnlinie der „Handlungsanweisung" lässt sich erkennen:

ἐπιτάσσειν σοι τὸ ἀνῆκον (V.8) – παρακαλῶ (V.9) – παρακαλῶ σε (V.10)
   ἵνα ὑπὲρ σοῦ μοι διακονῇ (V.13)
   μὴ ὡς κατὰ ἀνάγκην τὸ ἀγαθόν σου ᾖ ἀλλὰ κατὰ ἑκούσιον (V.14)
   ἵνα αἰώνιον αὐτὸν ἀπέχῃς (V.15)
προσλαβοῦ αὐτὸν ὡς ἐμέ (V.17)
   ἵνα μὴ λέγω σοι ὅτι καὶ σεαυτόν μοι προσοφείλεις (V.19)
ἐγώ σου ὀναίμην ἐν κυρίῳ· ἀνάπαυσόν μου τὰ σπλάγχνα ἐν Χριστῷ (V.20)
πεποιθὼς τῇ ὑπακοῇ σου ἔγραψά σοι, εἰδὼς ὅτι καὶ ὑπὲρ ἃ λέγω ποιήσεις (V.21)

Auffällig ist der Wechsel zwischen Bitten und Gebieten. Dem entsprechen die Bemerkungen V.14.21: Philemon soll nicht aus Zwang handeln (der anscheinend denkbar wäre), sondern aus eigenem Antrieb; umgekehrt geht Paulus V.21 davon aus, dass Philemon nicht nur aus Gehorsam tut, was er von ihm erwartet, sondern darüber hinaus handeln wird. In diesem Zusammenhang stehen auch die Äußerungen, die Philemon an etwas Verpflichtendes erinnern: dies ist in V.8 der Fall (das, was recht ist), in V.13 (Philemon hätte anstelle des Onesimus dem Paulus dienen sollen/müssen) und V.19. Philemon steht anscheinend in der Schuld des Paulus. Die Sinnlinie der Handlungsanweisung ist in V.7-20 konzentriert. Wie lassen sich die zuvorkommende Beschreibung Philemons und das Bitten/Gebieten in diesem kurzen Schreiben vereinbaren?

Verschränkung der Zeitebenen
Im Brief sind drei Zeitebenen miteinander verschränkt. In die *Gegenwart* bei der Abfassung des Briefes gehören folgende Aussagen: Paulus ist gefangen (V.1.9.13); er betet beständig für Philemon (V.4), mit dem er den Glauben an Christus teilt (V.6); mit verschiedenen Personen kann er Kontakt halten (V.23f.); Onesimus hält sich bei Paulus auf, er ist „Sohn" des Paulus (V.10), sein „Herz" (V.12) und ihm nützlich (V.11f.); Paulus möchte Onesimus bei sich behalten, schickt ihn aber gleichwohl zu Philemon zurück (V.12f.).

Andere Aussagen beziehen sich auf Ereignisse in der *Vergangenheit*. Philemon wurde durch Paulus Christ (V.19); er hat in der Folge sein Haus für die christliche Gemeinde geöffnet (V.2); er hat sich für „alle Heiligen" eingesetzt und Paulus hat davon gehört (V.5.7); Onesimus war früher für Philemon unnütz (V.11); möglicherweise hat er Philemon geschadet oder schuldet ihm etwas (V.18); Paulus hat Onesimus in der Gefangenschaft für den Glauben gewonnen (V.10); dass Philemon Paulus gegenüber in der Schuld steht (V.19), liegt weiter in der Vergangenheit zurück als die Bekehrung des Onesimus.

In die *Zukunft* verweisen folgende Aussagen: Philemon soll Onesimus wieder haben, und zwar „auf ewig" (V.15); Philemon soll Onesimus als „geliebten Bruder" aufnehmen (V.16) und sogar wie Paulus selbst (V.17); sollte Onesimus dem Philemon Schaden zugefügt haben, verspricht Paulus dies auszugleichen (V.19); Paulus möchte sich am Handeln Philemons freuen (V.20) und geht davon aus, dass Philemon über das unmittelbar Gesagte hinaus handeln wird (V.21); Paulus kündigt einen Besuch bei Philemon an (V.22).

Diese Zeitebenen sind nicht chronologisch angeordnet, sondern ineinander verschränkt.[9] V.11 (Onesimus war für Philemon unnütz) liegt zeitlich vor V.10 (Bekeh-

---

[9] Zur Verschränkung der Zeitebenen in Erzählungen vgl. FLUDERNIK, Erzähltheorie, 44–46; zum Verhältnis von Fabel, Plot, Diskurs und Story ebd., 4–16.40–42.171.173. Grundlegend ist GENETTES Unterscheidung von narration (Erzählakt des Erzählers), discours (Erzählung als Text bzw. Äußerung) und histoire (Geschichte, die der Erzähler in seiner Erzählung erzählt). Sie hat Vorgänger in der Antike. In seiner Poetik hält Aristoteles fest (1450a): „Die Nachahmung von Handlung ist der Mythos", wobei er unter Mythos ein bestimmtes Arrangement von Geschehnissen, also Handlungsstruktur bzw. Plot versteht (FUHRMANN in der Poetik-Ausgabe, 110). Als Brief ist Phlm insgesamt keine Erzählung, weist aber erzählende Elemente auf und ist damit der Diskursanalyse zugänglich.
PETERSEN, Rediscovering Paul, 65–78, rekonstruiert als chronologische Abfolge: (1) Philemon wird von Paulus bekehrt und steht in seiner Schuld, (2) Paulus ist gefangen, (3) Onesimus verlässt Philemon und verursacht eine Schuld ihm gegenüber, (4) Onesimus wird im Gefängnis von Paulus bekehrt. (5) Paulus hört von Philemons Glaube und Liebe, (6) Paulus schickt Onesimus zurück, (7) Paulus schreibt an Philemon und bietet die Erstattung der Schuld des Onesimus an, (8) Onesimus und der Brief kommen bei Philemon an, (9) Philemon reagiert, (10) Paulus beabsichtigt einen Besuch bei Philemon. Die Abfolge einzelner Punkte kann man hinterfragen. Mit Recht hebt PETERSEN aber die Differenz zwischen chronologischer und literarischer Abfolge hervor und zeigt, dass Änderungen der zeitlichen Abfolge auf der literarischen Ebene bedeutsam sein können. Zu PETERSENS Akzentuierung der Schuldproblematik vgl. unten, 122.

rung des Onesimus), während V.10 wahrscheinlich mit dem Hinweis auf eine eventuelle Schuld des Onesimus in V.18 zu kombinieren ist; diese Schuld liegt zeitlich nach der Schuld Philemons gegenüber Paulus (V.19), obwohl sie vorher genannt wird; und dass Paulus in der Vergangenheit Freude und Trost durch Philemon erfuhr (V.7), verweist auf die Bitte V.20, dass er durch ihn wiederum Freude erfahren möge, beides aber steht im Brief weit auseinander. Der Philemonbrief stellt demnach eine „Momentaufnahme" dar, in die Ereignisse der Vergangenheit und der Zukunft eingeblendet werden.[10] Die Gegenwart des Paulus, d.h. sein mit Philemon geteilter Glaube und sein Verhältnis zu Onesimus, soll dabei auf das Verständnis der Vergangenheit von Philemon und Onesimus zurückwirken und ihr künftiges Verhältnis bestimmen. Das Verhältnis von Paulus und Philemon dient dabei als Klammer und als Modell.

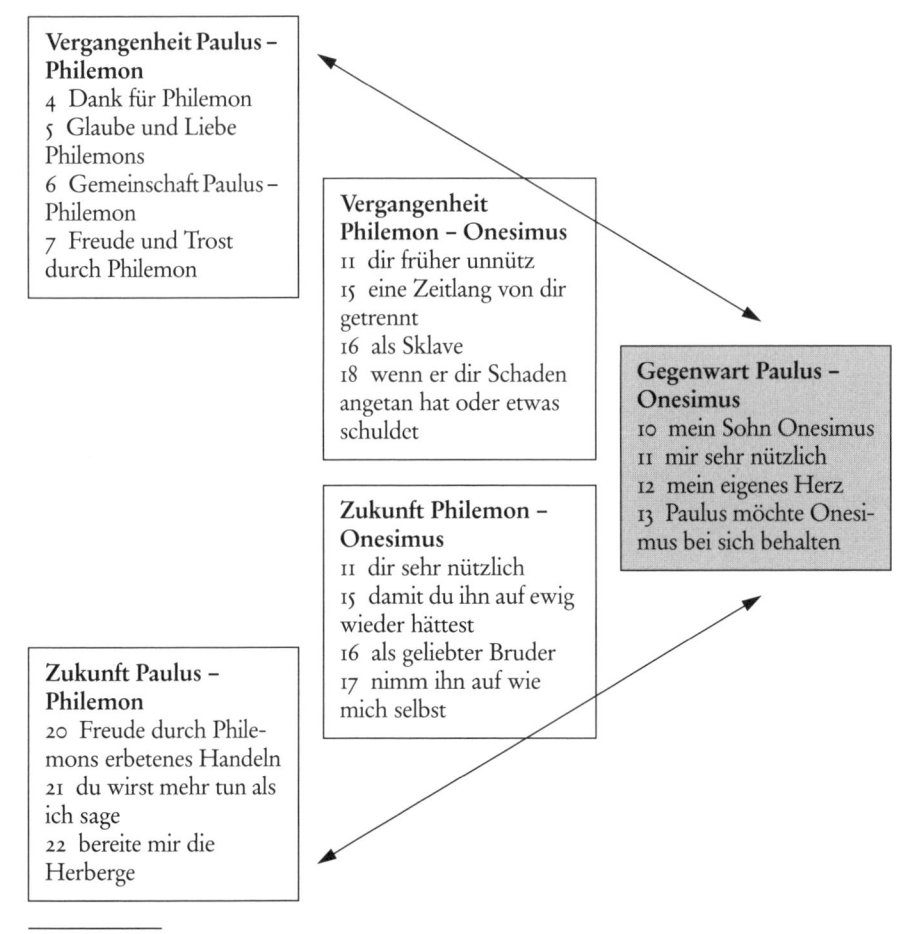

Vergangenheit Paulus – Philemon
4 Dank für Philemon
5 Glaube und Liebe Philemons
6 Gemeinschaft Paulus – Philemon
7 Freude und Trost durch Philemon

Vergangenheit Philemon – Onesimus
11 dir früher unnütz
15 eine Zeitlang von dir getrennt
16 als Sklave
18 wenn er dir Schaden angetan hat oder etwas schuldet

Zukunft Philemon – Onesimus
11 dir sehr nützlich
15 damit du ihn auf ewig wieder hättest
16 als geliebter Bruder
17 nimm ihn auf wie mich selbst

Gegenwart Paulus – Onesimus
10 mein Sohn Onesimus
11 mir sehr nützlich
12 mein eigenes Herz
13 Paulus möchte Onesimus bei sich behalten

Zukunft Paulus – Philemon
20 Freude durch Philemons erbetenes Handeln
21 du wirst mehr tun als ich sage
22 bereite mir die Herberge

---

[10] SCROGGS, Salvation History, versucht der paulinischen Theologie insgesamt mit Hilfe der Zeitstruktur auf die Spur zu kommen, geht dabei aber nicht auf Phlm ein.

Manches bleibt im Brief ungesagt. Dass Onesimus aus Philemons Sicht unnütz war, seinem Herrn etwas schuldet oder ihm Schaden zugefügt hat (V.11.18), weist auf einen Konflikt in der Vergangenheit hin, der aber nur angedeutet wird, da Philemon und Paulus die Hintergründe kennen. Was Paulus genau von Philemon erhofft (V.21), bleibt ebenfalls offen; aber er hegt eine Erwartung, von der er glaubt, dass Philemon sie versteht. Die Einzelauslegung muss zeigen, ob über die Andeutungen hinaus weitere Erkenntnisse möglich sind.

Gliederung

Die bisherigen Beobachtungen ermöglichen eine erste Gliederung des Textes.

V.1–3 sind klar als Eingangsabschnitt, die Grüße in V.23f. und der Wunsch in V.25 als Schlussabschnitt zu erkennen. In V.1–3.25 fehlen die Verben. In V.23f. werden in Korrespondenz zur Adresse in V.1f. Grüße an die Empfänger ausgerichtet. V.4–6 sind durch das Verb εὐχαριστῶ bestimmt und bilden einen zusammenhängenden Satz. V.7 setzt syntaktisch neu ein, nimmt aber mit γάρ und dem Hinweis auf die Liebe Philemons den Heiligen gegenüber inhaltlich auf V.3–6 Bezug. Andererseits schließt V.8 mit dem folgenden διό an V.7 an, sodass V.7 auch mit V.8 kombiniert werden kann.

Ab V.8 stehen Verben des Gebietens bzw. Bittens im Vordergrund, und zwar eindeutig bis V.20. V.22 setzt mit der Bitte um Gastfreundschaft einen neuen Akzent. Unklar ist V.21, der sich inhaltlich auf die Angelegenheit des Onesimus bezieht, wegen ἔγραψά σοι und dem folgenden ἅμα δέ aber auch zu V.22 genommen werden könnte.[11] Das Stichwort τῇ ὑπακοῇ σου in V.21 bezieht sich ohne Zweifel auf das Vorangehende, fasst es aber mit dem in V.7–20 nicht vorkommenden Begriff zusammen.

V.7 und V.20 sind in dreifacher Hinsicht miteinander verknüpft: Durch die Anrede ἀδελφέ, das Substantiv τὰ σπλάγχνα und das Verb ἀναπαύω. Diese Parallelität rät dazu, V.7–20 als in sich abgeschlossene Einheit zu betrachten. Dass Onesimus als „geliebter Bruder" angenommen werden soll V.16, gibt der Bruderanrede Philemons am Anfang und Schluss der Einheit besonderes Gewicht. Unterstützt wird diese Einteilung dadurch, dass V.4–6 mit εἰς Χριστόν und V.20 mit ἐν Χριστῷ abschließen. V.7 und V.21 fassen den jeweils voran gehenden Abschnitt zusammen und haben somit eine Überleitungsfunktion.

Handelt es sich bei V.7–20 um eine geschlossene Einheit oder muss noch weiter untergliedert werden?[12] Die syntaktischen Verknüpfungen mit διό V.8, χωρὶς δέ

---

[11] Die Schlussverse werden unterschiedlich gegliedert: Eine Zäsur zwischen V.20 und V.21 (DUNN, Phlm, 309; Ernst, Phlm, 137); V.20f. als „zusammenfassender Appell" (u.a. WOLTER, Phlm, 277); V.17–22 (WRIGHT, Phlm, 186–191); V.21–25 (STUHLMACHER, Phlm, 51; vgl. MARTIN, Phlm, 168; SUHL, Phlm, 36; LOHSE, Phlm, 286); V.8–21 (HÜBNER, PHlm); V.19–25 (WEIMA, Endings, 231f.). Vgl. auch die Gliederung bei KUMITZ, Brief, 123f. (V.1–3.4–7.8–12.13–14.15–19.20–22.23–25).

[12] Neben Exegeten, die V.7–20 (bzw. 8–20 oder auch 8–21 bzw. 22) nicht weiter unterteilen (z.B. EGGER, LOHSE, MARTIN, SUHL, STUHLMACHER, WOLTER), gliedern BRUCE und WENGST in 8–14.15–20

V.14, γάρ V.15, εἰ οὖν V.17 und εἰ δέ V.18 weisen auf einen schlüssigen Gedankengang hin, der verschiedene Elemente aufweist:

V.7–9   Rückgriff auf die bisherigen Erfahrungen mit Philemon in V.4–6
        Direkte Anrede Philemons als Bruder
        Hinweis auf die Autorität des Paulus
V.10–13 Bitte um/für Onesimus, Erläuterung der Bitte
        Paulus schickt Onesimus (zurück), obwohl er ihn lieber bei sich behalten hätte
V.14   Paulus will nicht ohne Einverständnis des Onesimus handeln
        Das Gute soll aus freien Stücken geschehen
V.15–16 Philemon kann Onesimus als geliebten Bruder empfangen
V.17   Bitte, dass Philemon Onesimus wie Paulus selbst aufnimmt
V.18–19 Paulus kommt für einen eventuellen Schaden durch Onesimus auf; Philemon schuldet sich dem Paulus
V.20   Bekräftigung der Bitte, direkte Anrede Philemons als Bruder.

Die Einzelaussagen in V.7–20 gehören als Gedankengang zusammen. Die Bruderanrede Philemons in V.7.20 rahmt den Abschnitt ein und zielt auf die Bezeichnung des Onesimus als geliebter Bruder in V.16. Eine Unterteilung von V.7–20 empfiehlt sich nicht. Als Gliederung ergibt sich somit:

V.1–3   Eingangsteil: Absender, Adressaten und Wunsch
V.4–6   Rückblick, Erfahrungen
V.7–20 Die Angelegenheit des Onesimus
        (mit V.7 als zusammenfassender Überleitung)
V.21–22 Besuchsankündigung
        (mit V.21 als zusammenfassender Überleitung)
V.23–25 Abschluss: Grüße und Wunsch.

Die erste Lektüre führt somit bereits zu einer Fülle von formalen und inhaltlichen Erkenntnissen bis hin zu einer Gliederung des Textes. Auf der anderen Seite ergeben sich weiterführende Fragen:

(vgl. auch Scott), HARRIS und GNILKA erkennen eine Zäsur nach V.16, LIGHTFOOT nach V.17. WALL, Phlm, 192, gliedert im Blick auf die Verhältnisse zwischen den Personen (8–9.10–11.12–16.17–22). ALLEN, Discourse, findet im Brief 22 Sätze, die er auf 6 Paragraphen (V.1–2.3–5.6–11.12–16.17–20.21–22. 23–25) mit V.17–20 als „peak of the letter" (90.93) aufteilt. V.8–16 versteht er als „amplification paragraph" und Phlm insgesamt als „hortatory discourse". Nach WEIMA, Endings, gehört bereits V.19 zum Briefschluss, den er in V.19a (Autograph Formula), 19b (Parenthetical Comment), 20 (Hortatory Section), 21 (Confidence Formula), 22 (Apostolic Parousia), 23–24 (Greetings) und 25 (Benediction) aufteilt. CHURCH, Structure, und C. MARTIN, Language, unterteilen nach dem rhetorischen Schema in V.4–7 (exordium), 8–16 (main body, or proof), 17–22. WELCH, Chiasmus, 225, und HEIL, Structure, finden im ganzen Brief eine Ringkomposition, bei der die folgenden Abschnitte zusammen gehören: A 1–3.23–25, B 4–7.20–22, C 8–11.18–19, D 12–13.15–17, E 14 (vgl. LUND, Chiasmus, 219f. und STUART, 170, der darin „the perfection of the Word of God inpired by the Holy Spirit" sieht). Zu den chiastischen Modellen ausführlich KREITZER, Phlm, 8–11.

- Zu klären sind das Verhältnis der Einzelpersonen und der Hausgemeinde und die Kommunikation zwischen ihnen. Die komplexe Adresse des Briefes führt zu der Frage nach seinem brieflichen Charakter. Allgemein ist zu fragen, welche Rolle christliche Häuser im frühen Christentum spielen.
- Die Argumentation des Paulus schwankt zwischen Gebieten und Bitten. Zugleich werden intensive Beziehungen zwischen Paulus und verschiedenen Mitarbeitern deutlich. Wie kann man sich dieses Verhältnis genauer vorstellen, das sowohl Bitten als auch Gebieten einschließen kann?
- Die Gefangenschaft des Paulus lässt offenbar Besuche und Kommunikationsmöglichkeiten zu. Die Haftbedingungen in der Antike sind ebenso zu klären wie Ort und Grund der Haft.
- Paulus weist ausdrücklich auf sein Alter hin. Wie wird dies in zeitgenössischen Texten gesehen? Lassen sich auf Grund dieses Arguments nähere Erkenntnisse zu Phlm 9 gewinnen?
- Grundlegend für das Verständnis des Briefes ist die Frage nach dem Verhältnis von Sklaven und Herren im Allgemeinen und besonders in einer Hausgemeinschaft. Der Brief setzt voraus, dass Onesimus „früher" für seinen Herrn nicht nützlich war. Kann man über die „Momentaufnahme" des Briefes hinaus dessen Vorgeschichte genauer rekonstruieren? Wie ging man üblicherweise mit Konflikten zwischen Herren und Sklaven um? Hat sich dieser übliche Umgang mit Sklaven in christlichen Häusern geändert und wenn ja, wie?

Vor der Detailanalyse sollen zunächst diese Fragen näher behandelt werden, um damit den Hintergrund des Briefs näher auszuleuchten.

Hintergründe

Hausgemeinden

In der Wendung ἡ κατ' οἶκόν σου ἐκκλησία (Phlm 2) kommen zwei für das frühe Christentum wichtige Begriffe zusammen.

Im Stichwort ἐκκλησία sind verschiedene Traditionsströme verbunden: Die überwiegend politisch verstandene Volksversammlung aus der griechischen Sprachtradition[1] und die Vorstellung vom Volk Gottes (ἐκκλησία κυρίου in LXX – קהל יהוה in Dtn 23,2ff; 1Chr 28,8; Neh 13,1; Mi 2,5) sowie deren Zuspitzung auf das eschatologische Aufgebot in Qumran (קהל אל in 1QM 4,10; vgl. 1 QS^a 1,25 und קהלה in 1 QM 1,10). In der eschatologischen Zuspitzung können die frühchristlichen Gemeinden ihr eigenes Selbstverständnis wiederfinden und sich als ἐκκλησία τοῦ θεοῦ verstehen.[2] Die frühesten Belege hierfür sind bei Paulus zu finden, der mehrfach erwähnt, dass er die „Gemeinde Gottes" verfolgt habe (Gal 1,13; 1Kor 15,9; vgl. Phil 3,6). Paulus übernimmt die Kennzeichnung lokaler Gruppen von Jesusanhängern als ἐκκλησίαι τοῦ θεοῦ und bezeichnet damit die von ihm gegründeten Gemeinden (1Kor 1,2; 10,32; 11,16.22; 2Kor 1,1; 1Thess 2,14). Eindeutig wird die Bezeichnung durch die Ergänzung καὶ κυρίῳ Ἰησοῦ Χριστῷ (1Thess 1,1). Dieser Bezug zum gegenwärtigen κύριος[3] führt dazu, dass ἐκκλησία bei Paulus sowohl den lokalen Zusammenschluss von Christen (1Kor 1,1f; 2Kor 1,1) als auch die Gesamtheit der Christen an allen Orten (1Kor 4,17; 11,16; 12,28; 14,33f.) umfasst. In erster Linie ist ἐκκλησία für Paulus eine theologische Größe.[4] Sie löst sich nicht auf, wenn ein konkreter Versammlungszweck erfüllt ist, sondern bleibt ein Zusammenschluss der in der Gemeinde Gottes zusammen Gehörenden.[5]

οἶκος/οἰκία bezeichnen den „Haushalt", und zwar im Blick auf diejenigen, die zum Haus gehören, und auf alles, was zur Haushaltsführung notwendig ist. Der

---

[1] Vgl. RHODES, Ekklesia, 934–936; zur Geschichte des Begriffes BERGER, Volksversammlung, 168ff.; STEGEMANN/STEGEMANN, Sozialgeschichte, 238f.

[2] Eine ältere Auffassung nimmt die direkte Übernahme von ἐκκλησία aus LXX an, die damit קהל übersetze. קהל wird dort aber auch mit συναγωγή wiedergegeben; außerdem erscheint קהל יהוה in LXX als ἐκκλησία bzw. συναγωγή κυρίου, während im NT von συναγωγή τοῦ θεοῦ die Rede ist (ROLOFF, ἐκκλησία, 1000f.).

[3] Paulus verknüpft noch andere christologische Vorstellungen mit der Gemeinde, z.B. in der Wendung ἐκκλησία τοῦ Χριστοῦ (Gal 1,22; Röm 16,16) oder der Leib-Christi-Vorstellung (1Kor 11,12–28; Röm 12). 1Thess 2,14 zeigt den vollen Zusammenhang: Die Gemeinde in Thessalonich hat ihren Grund im eschatologischen Handeln Gottes in Christus Jesus.

[4] GOPPELT, Theologie 2, 473. Paulus kann deshalb von der Kirche als von Gottes Tempel (1Kor 3,16), Pflanzung (1Kor 3,5–9), Herde (1Kor 9,7) oder Hauswesen (1Kor 9,17) sprechen.

[5] BERGER, Volksversammlung, 187f.

Akzent liegt bei οἶκος etwas stärker auf dem Dinglichen, bei οἰκία auf den persönlichen Beziehungen innerhalb einer Hausgemeinschaft, die neben der Familie im engeren Sinn auch Verwandtschaft, Sklaven und eine Klientel aus freien bzw. freigelassenen Abhängigen einschließen können. Sklavenbesitz und die Versorgung einer Klientel setzen aber gute wirtschaftliche Verhältnisse voraus, was für die Mehrheit der Häuser nicht angenommen werden kann. Die Werke der ökonomischen Literatur[6] befassen sich allerdings vorwiegend mit Häusern, für die ein gewisser Wohlstand vorauszusetzen ist. Dass dieses Schrifttum nicht auf bestimmte philosophische Richtungen beschränkt ist und sich von den Sophisten bis zu neupythagoreischen Schriften erstreckt, weist auf die Bedeutung des Hauses als grundlegende soziale Einheit der antiken Gesellschaften hin.[7] In wirtschaftlicher Hinsicht ist das Haus ein Ort relativer Autarkie (Artistoteles, Pol 1252b: ἡ δ' αὐτάρκεια καί τέλος καὶ βέλιστον). Darüber hinaus ist es Ort der Erziehung und Sozialisation der Kinder[8], Ausgangspunkt des Rechts (das vom Hausherrn gesetzt wird) sowie der Beziehungen zu Verwandtschaft und Öffentlichkeit. Der Begriff der Oikos-Gesellschaft nimmt die umfassende Bedeutung des antiken Hauses mit einem synchronen Begriff zutreffend auf.[9]

Nicht zuletzt ist das Haus Ort der Religion. Ein Beleg für die Bedeutung der religio domestica (Cicero, dom 132; Sueton, Claud 12,1) findet sich in Ciceros Rede De domo sua 109: „Was ist heiliger, was in jeder Religion geschützter als das Haus eines jeden einzelnen Bürgers?" Er fährt fort: „Hier sind der Altar, hier der Herd, hier die Familiengötter, hier sind Heiligtum, Gottesdienst und aller Kult vereint. Dieser Zufluchtsort ist aller Welt so heilig, dass es für Frevel gilt, jemand von dort wegzureißen."[10]

---

[6] Vor allem Hesiod, Werke und Tage, 338.617; Platon, Prot 318e.f; Menon 91a; Pol 600c.d; Xenophon, Οἰκονομικός; Aristoteles, Pol 1253b 1ff; Ps. Aristoteles, Oikonomika; das verlorene Werk des Stoikers Hierokles (das Stobaeus exzerpiert; vgl. PRAECHTER, Hierokles, 311ff.); verschiedene neupythagoreische Traktate, vor allem Bryson und Kallikratidas (ebenfalls bei Stobaeus); aus dem lateinischen Bereich Cato, De agricultura; Varro, Libri tres rerum rusticarum; Columella, rei rusticae libri.

[7] Aristoteles, Pol I 13,1 (1253b 1ff.): „Wer im Familienkreis rechtschaffen sich bewährt, erweist sich auch als guter Bürger seines Staates." Plutarch, Lykurg 19,3; Sophokles, Antigone 661f.

[8] KRAUSE, Haus, 1207.

[9] Vgl. LÜHRMANN, Haustafeln, 89; PLÜMACHER, Identitätsverlust, 31f.

[10] Zum politischen Hintergrund der Rede KLAUCK, Umwelt I, 60f. Die verbreitesten Hausgötter waren Hestia/Vesta, die Göttin des Herdes (zum Herd als Kultort vgl. z.B. Pindar, N 11,5; Pausanias V 14,5), der die Grenzen des Hauses hütende Zeus Herkaios und der den Besitz hütende Zeus Ktesios. Kleine Altäre und Schreine waren für die religiöse Verehrung der Hausgötter bestimmt, zu denen die Römer den an den Person gebundenen Genius sowie die stärker ans Haus gebundenden Penaten und Laren zählten (NILSSON, Geschichte I, 187f.; WACHSMUTH, Aspekte, 48ff.; LE BONNIEC, Artikel Penaten; Fröhlich, Lararienbilder, 21-26). Dem täglichen Mahl kam besondere Bedeutung zu (Ovid, Fast 6,305f.; Plutarch, Gastmahl 15 [158 C]): der Tisch ist „Altar der Götter der Freundschaft und der Gastlichkeit"). Die häusliche Religiosität spielte im alltäglichen Leben eine wichtige Rolle und darf gegenüber den öffentlichen religiösen Zeremonien nicht unterschätzt werden (WACHSMUTH, Aspekte, 42ff.50; KLAUCK, Hausgemeinde, 85). Die folgende Abbildung zeigt den Genius, flankiert von Laren, in der Casa dei Vettii, Pompeji, großes Wohnhaus, Westwand des Atriums V, aus Fröhlich, Lararien- und Fassadenbilder, 279, Tafel 7.

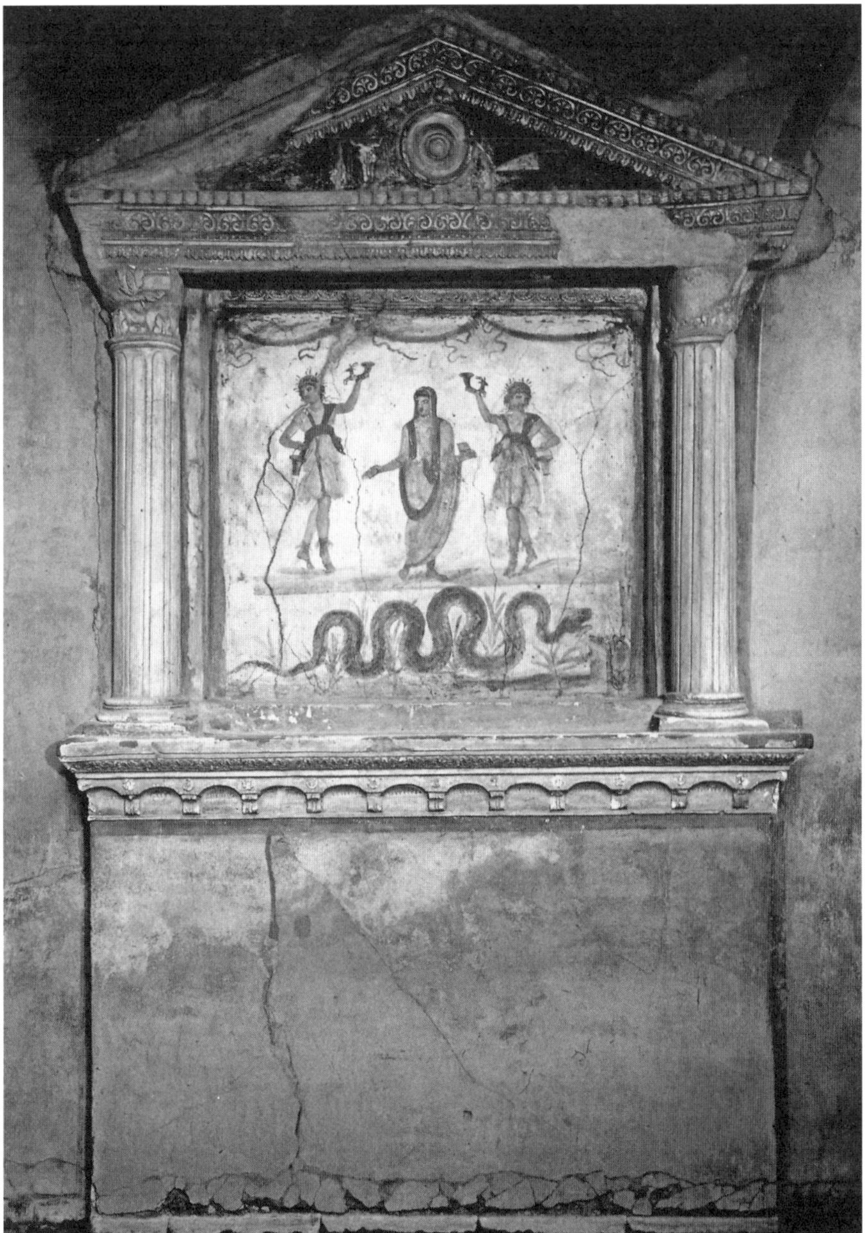

Eine an Häuser gebundene Form religiöser Äußerungen stellten die Privatkulte dar. Sie sind auf Häuser angewiesen, aber nicht auf sie beschränkt. Pausanias schildert die Verehrung des Szepters von Zeus durch die Bewohner von Chaironea (IX 40,10-12). Durch eine Sakralinschrift bekannt ist der Privatkult von Philadelphia in Lydien aus dem 1. Jahrhundert v. Chr.[11], in dem ein Haus mit Bildern von Hausgöttern ausgestattet und Agdistis[12] geweiht ist. Für den hierauf bezogenen Kult wird ein Kultgesetz erlassen, das den Zutritt zum Kultort regelt und an strenge moralische Forderungen knüpft. Auch Vereine können als Privatkulte organisiert sein, wie überhaupt die meisten Vereine in einem (z. T. oberflächlichen) Bezug zu einer Gottheit stehen und dies oft schon in der Namensgebung dokumentieren (Dionysiasten, Sarapiasten etc.).[13] Im Mittelpunkt des Vereinslebens steht das für Versammlungen aller Art und für Opferfeiern unentbehrliche Vereinshaus.[14] Hauskulte und Vereine stehen deshalb zwischen dem privaten Raum des Hauses und der Öffentlichkeit.[15] Aus diesem Grund haben sie das Interesse der Mächtigen auf sich gezogen. Livius schildert den „Wahn exotischer Religionsausübung" in Privathäusern bereits für die Frühzeit Roms (IV 30,9-11). Und während Plinius, epist X 33, zur Feuerüberwachung in Nicomedia von Traian die Einrichtung einer Handwerkergilde erbittet, lehnt Traian dieses Ansinnen ab, da er offenbar in solchen privaten Vereinen nichts Gutes vermutet.

Ein zentrales Thema der antiken Ökonomie ist das Verhältnis der Angehörigen des Hauses zueinander. Dabei werden vor allem Rechte und Pflichten der einzelnen Angehörigen beschrieben mit dem Ziel, ein gutes „Funktionieren" des Hauswesens zu erreichen. Im Mittelpunkt steht der Hausherr, dem nach Aristoteles (pol I 7, 1255b) die οἰκονομικὴ μοναρχία zukommt. Im Blick auf die Sklaven wird er als δεσπότης, im Blick auf seine rechtliche Stellung als κύριος und im Blick auf die Verwaltung als οἰκονόμος bezeichnet. Die Rechte und Pflichten der übrigen Angehörigen sind durchgängig auf ihn bezogen. Im römischen Recht ist diese Gewalt des Hausherrn am deutlichsten herausgearbeitet und in der Vorstellung der patria potestas ausgebildet.[16] Allein der Hausherr ist rechtlich selbstständig, während alle anderen Hausmitglieder als alieno iuri subiecti seiner Gewalt unterworfen sind.[17]

Im Alten Testament und im Judentum weist das Haus im Wesentlichen dieselbe Bedeutung und Binnenstruktur auf wie in der nichtjüdischen Umwelt.[18] Auf dem Haus als grundlegender sozialer Einheit baut sich die Gesellschaft auf (Jos 7,14-18 mit der Gliederung in Volk, Stamm, Geschlecht/Sippe, Haus; Gen 36,6; 13,1; 14,12.14.16 und die häufige Formel „ich und

---

[11] Vgl. SIG³ 985 = LSAM 20 (bei BERGER/COLPE, Textbuch, 274-276); KLAUCK, Umwelt I, 65-68.

[12] Zwitterwesen aus dem Attismythos, vgl. BAUDY, Agdistis; NILSSON, Geschichte II, 290f.

[13] KLAUCK, Umwelt I, 50. Die Mitgliederversammlung konnte συναγωγή genannt werden, während ἐκκλησία als Bezeichnung für die Versammlung nur selten begegnet.

[14] KLAUCK, Hausgemeinde, 86f. Im Sarapiskult sind Mahlfeiern im Heiligtum, aber auch in Privathäusern belegt, vgl. POslo III 157; PYale 85 (Belege bei KLAUCK, Umwelt II, 88).

[15] Vgl. das „collegium quod est in domu Paullinae" (CIL 6.9148 und weitere Belege bei WALTZING, Etudes). Der dionysische Kultverein in Tusculum mit fast vierhundert Mitgliedern (MEEKS, Urchristentum, 68f.) zeigt, welche Mitgliederzahlen erreicht werden konnten.

[16] Vgl. MARQUARD, Privatleben I, 81; SCHMID, Geschichte, 275; GIELEN, Tradition, 146-148.

[17] MARQUARD, Privatleben I, 1-6.

[18] BIERITZ/KÄHLER, Haus III, 479f.

mein Haus"). Das Haus stellt auch hier eine Lebens- und Produktionsgemeinschaft dar, ist Ort der Solidarität, der Erziehung und Sozialisation der Kinder, der Beziehung zu Verwandtschaft und Öffentlichkeit und Ort der Religionsausübung. Wegen des monotheistischen Glaubens spielen Hausgötter keine Rolle (vgl. aber Ri 17,15f.). Dass dem Haus in der jüdischen Frömmigkeit gleichwohl eine wichtige Rolle zukommt, zeigt schon die am Türpfosten angebrachte Mezuza mit dem *Schema Israel* (Dtn 6,4-9; 11,13-21). Darüber hinaus ist das Haus Ort des Kultes und der Hausvater ist für die entsprechenden Handlungen verantwortlich (vgl. die Zeremonien bei Sabbatbeginn und -ende, beim Purim- und Tempelweihfest, das Anfertigen einer Laubhütte und die damit verbundenen Feierlichkeiten beim Laubhüttenfest).[19] Vor allem das Passafest hat in der häuslichen Religionsausübung eine herausragende Bedeutung: „Jedes Haus erhält zu dieser Zeit den Charakter und die Weihe eines Heiligtums" (Philo, spec 2, 148). Dabei spielt die Hineinnahme der Jungen in die Traditionen des Bundesvolkes eine zentrale Rolle (Dtn 6,4ff., Spr 4,3f.; Ps 78,5ff. u. ö.). Auf diese Weise ist das Haus „als Ort jüdischer Frömmigkeit ebenso wichtig wie die Synagoge".[20]

Vor diesem Hintergrund werden Begriffe aus dem sozialen Erfahrungsbereich des Hauses zur Beschreibung der christlichen Gemeinden und ihres missionarischen Dienstes herangezogen: Paulus spricht in Gal 6,10 von den „Hausgenossen des Glaubens" und bezeichnet nach 1Kor 9,17 seine Verkündigung als οἰκονομία. In der nachpaulinischen Tradition werden diese Vorstellungen weitergeführt: 1Tim 3,15 bezeichnet die Gemeinde als „Haus(halt) Gottes", und Eph 2,19 sieht in den Gemeindegliedern συμπολῖται τῶν ἁγίων καὶ οἰκεῖοι τοῦ θεοῦ.

Die sogenannten „Oikos-Wendungen"[21] zeigen, dass die Taufe eines Hausherrn (einer Hausherrin Apg 16,15) auch die Taufe der übrigen Angehörigen des Hauses nach sich ziehen konnte (Apg 11,14; 16,15.31ff.; 18,8; 1Kor 1,16; 16,15; Joh 4,53). Sie geben damit Hinweise auf die Entstehung von Gemeinden.[22] Allerdings war die Bekehrung ganzer Häuser keine unumstößliche Regel (1Kor 7,14).[23] Der nichtchristliche Sklave Onesimus in der Hausgemeinde Philemons ist ein Beispiel dafür; umgekehrt nahmen Sklaven oder die Frau des Hausherrn als einzige (oder mit wenigen) im Haus den christlichen Glauben an; Röm 16,10f. setzt eine solche Konstellation voraus. 1Tim 6,1f. spricht Sklaven an, die nichtchristliche, und solche, die christliche Herren haben. Dabei waren Konflikte nicht auszuschließen, vor allem

---

[19] Vgl. die Zusammenfassung bei MACH, Feste, 107ff.
[20] HOFFMANN, Gebet III, 45.
[21] Zu den Wendungen gehören eine Form von οἶκος oder οἰκία, meist mit dem Artikel, ein Possessivpronomen, eine Form von πᾶς oder ὅλος und eine verbindende Präposition/Konjunktion. Die Häuser stehen regelmäßig in Beziehung zu einer sie repräsentierenden Person; vgl. MÜLLER, Mitte, 348ff.
[22] KLAUCK, Hausgemeinden, 16; MÜLLER, Mitte, 354f.
[23] Zwar übernahmen untergeordnete Mitglieder eines Hauses, besonders Sklaven, üblicherweise die Religion ihres Herrn. Dies hatte für bestimmte kultische Aktivitäten, z.B. die Verehrung der Laren des traditionellen römischen Haushalts, mehr Relevanz als etwa für Stadtkulte, deren Dienst dem Familienoberhaupt gelegentlich oblag. Einheitlichkeit in religiösen Fragen war in kleineren Haushalten vermutlich eher durchzusetzen als in großen. In der Kaiserzeit wurde allmählich üblich, dass verschiedene Mitglieder eines Hauses in religiösen Fragen ihre eigenen Wege gingen. Vgl. BÖMER, Untersuchungen.

dann nicht, wenn der Übertritt zum christlichen Glauben eine Abkehr von der bisher praktizierten häuslichen Religionsausübung zur Folge hatte.[24]

Längst nicht alle Christen waren in der Lage, das Haus, in dem sie lebten, in eine Hausgemeinde zu verwandeln. Die Häuser, die sich als Versammlungsort für die Mitchristen zur Verfügung stellten, haben jedoch eine unüberschätzbare Bedeutung als „Basiselemente" und „Keimzellen"[25] der frühchristlichen Mission. „Das Haus ist „Gründungszentrum und Baustein der Ortsgemeinde, Stützpunkt der Mission, Versammlungsstätte für das Herrenmahl, Raum des Gebetes, Ort der katechetischen Unterweisung, Ernstfall der christlichen Brüderlichkeit. Die Kirche des Anfangs hat sich ‚hausweise' konstituiert."[26] Dass eine Hausgemeinde alle Christen in einer Stadt umfasste, ist für größere Städte eher unwahrscheinlich, für kleinere Städte gut möglich.[27] Generell ist zu berücksichtigen, dass die neue christliche Gruppe „in ein bereits existierendes Netz von internen und externen Beziehungen – Verwandtschaft, clientela und häusliche Hierarchie, aber auch Freundschaftsbande und Arbeitsverhältnisse – eingefügt" wurde.[28] Damit aber deutet sich ein Konfliktpotenzial an: Wie kann das Verhältnis von christlichen Brüdern und Schwestern in der herkömmlichen Hierarchie des Hauswesens gelebt werden? Und wie sollen und können in einem christlichen Haus nichtchristliche Mitglieder des Hauses behandelt werden?

Gefangenschaft

Die Haft ist als eigene Strafform weder im griechischen noch im römischen Recht fest verankert: Carcer enim ad continendos homines, non ad puniendos haberi debet (Ulpian, dig 48,19,8,9), d.h. die Inhaftierung dient in der Regel als Sicherung des Angeklagten und als „Sicherstellung des Strafverfahrens bis zum Urteil in irgendeiner Form"[29] (z.B. Zwangsarbeit, Körperstrafen, Verbannung, Tod). Dennoch konnte Gefangenschaft faktisch in verschiedener Form und Dauer angeordnet werden.[30]

---

[24] Vgl. DASSMANN/SCHÖLLGEN, Haus II, 881.
[25] LAUB, Begegnung, 50; GÜLZOW, Gegebenheiten, 198; VOGLER, Bedeutung, 790; vgl. GIELEN, Tradition, 84f.; BRANICK, Church, 47
[26] KLAUCK, Hausgemeinde, 102.
[27] Nach GIELEN, Interpretation, 112, bezeichnet ἐκκλησία als Vollversammlung immer alle Christen einer Stadt. Dies lässt sich mit 1Kor 1,16; 16,15 in Einklang bringen, wo ἐκκλησία fehlt, aber von verschiedenen Gruppierungen in Korinth die Rede ist. Ob dies auch für kleinere Städte wie beispielsweise Kolossä gelten kann, muss offen bleiben. KUMITZ, Brief, 72.98, denkt an eine Ortsgemeinde.
[28] MEEKS, Urchristentum, 162.
[29] ARBANDT/MACHEINER, Gefangenschaft, 324. Trotz des Fehlens juristischer Belege gibt es Hinweise auf die faktische Verhängung einer Strafhaft (z.B. Livius 24,45; Sallust, Catil 51,43).
[30] Die Belege bei WANSINK, Christ, 29–40, vor allem 27–32, zeigen, dass die Haft verfügt werden konnte, obwohl die Rechtsgrundlagen dafür spärlich waren. Die präskriptiven Texte der römischen Rechtstheoretiker stellen nicht notwendig eine exakte Beschreibung der tatsächlichen Verhältnisse dar.

In den Gefängnissen wurde zwischen dem inneren und dem äußeren Kerker unterschieden; im inneren Kerker trugen die Gefangenen häufig Ketten (vincula, δεσμός) oder Fesseln, im äußeren Kerker gab es verschiedene Erleichterungen. Im Gefängnis wurden Körperstrafen und sogar die Todesstrafe vollzogen (Livius 29,19; Sallust, Catil 55,1; Cicero, Catil 2,27)[31], auch Folter war nicht selten.[32] Die Unterbringung in den oft überfüllten Gefängnissen war überwiegend schlecht, die Ernährung mangelhaft, die hygienischen Verhältnisse unzureichend, es fehlte an Licht und Lüftung.[33] Dass verschiedentlich die Gefangenschaft gegenüber dem Tod als die härtere Strafe dargestellt wird (Sallust, Jug, 14; Sueton, Tib 61,5[34]), zeigt, dass die Haft keineswegs nur als „Untersuchungshaft" verstanden werden darf. Eine Vorstellung von den Verhältnissen bietet die recht genaue Beschreibung des carcer Tullianus, des römischen Staatsgefängnisses, in dem u. a. die Mitverschwörer Catilinas, Vertingetorix und Jughurta, hingerichtet wurden sowie Petrus und Paulus getötet worden sein sollen. Die in eine Kapelle zu Petrus' Ehren umgewandelte Gefangenenbehausung lässt die Unterbringungsverhältnisse bis heute erahnen.[35]

Auf der anderen Seite wurde die Besuchsregelung vergleichsweise großzügig gehandhabt. Verwandte und Freunde konnten die Gefangenen mit Nahrungsmit-

---

[31] MOMMSEN, Strafrecht, 302f. WANSINK, Christ, 44–46. Sallust, Catil 55,1, berichtet vom Inneren des tullianischen Gefängnisses als einem Raum etwa zwölf Fuß unter der Erde und „durch Schmutz, Finsternis und Gestank ganz entsetzlich."

[32] Belege bei WANSINK, Christ, 46–55.

[33] Ausführlich KRAUSE, Gefängnisse, 271–304; ARBANDT/MACHEINER, Gefangenschaft, 321; WANSINK, Christ, 33–40. ARZT-GRABNER, Phlm, 75f., führt mehrere Bittschriften um Hilfeleistungen für Inhaftierte an. Die luxuriösen Bedingungen der Gefangenschaft des Herodesenkels Agrippa (Josephus, Ant 18,203–204) trafen sicher nicht auf andere Gefangene zu. Anders als bei Agrippa galten Gefängniswächter üblicherweise als hart und korrupt (KRAUSE, Gefängnisse, 305–308).

[34] Dio Cassius 58,6f., berichtet, dass Tiberius die Nachricht vom Tod gefolterter Gefangener mit den bedauernden Worten kommentiert habe, er habe mit ihnen noch keinen Frieden gemacht.

[35] Carcer Mamertinum, Rom; http://wikipedia.org/w/index.php?title=Datei:Mamertine_Pris on.jpg &filetime_stamp (Foto: Chris 73), 25. 7. 2011.

teln, Kleidern und Nachrichten versorgen. Zum Teil wurde dies von den Behörden sogar vorausgesetzt, und es litt Not, wer keine Unterstützung bekam. Häufig war dabei die Bestechung der Gefängnisaufseher erforderlich (z.B. Cicero, Verr 5,177f.).[36] Ähnliches galt für die Möglichkeit Kontakt zur Außenwelt aufrecht zu erhalten, Besuch zu empfangen, Briefe zu erhalten und zu schreiben. Wichtigstes literarisches Beispiel hierfür ist Sokrates, der auch im Gefängnis mit seinen Besuchern philosophische Gespräche führte (Platon, Phaid 60a-d; Cicero, Tusc I, 96f.; Diogenes Laertius 2,24).

Neben der Gefangenschaft in Gefängnissen gab es die libera custodia, eine leichtere Form der Untersuchungshaft, die nicht in einem Gefängnis vollzogen wurde, sondern in den Wohnungen der Magistrate oder der eigenen Wohnung (Livius, 24,45,8; 39,14,9; Sallust, Catil 47,2; Tacitus, ann 6,3; Dio Cassius 58,3,4). Bei der militaris custodia wurde der Angeklagte einem oder zwei Soldaten zur Überwachung übergeben, die dafür zu sorgen hatten, dass er dem Gericht jederzeit zur Verfügung stand, sich ansonsten aber relativ frei bewegen konnte (Ulpian, dig 4,6,10; Apg 28,30).[37] Bei Privatdelikten konnte eine Kettenstrafe verhängt werden, die nicht an einen besonderen Ort gebunden war.[38]

Generell ist mit einer solchen Bestrafung und noch mehr mit einem Gefängnisaufenthalt ein Verlust an Ehre verbunden. Sehr deutlich wird dies bei Josephus, Bell 4,628f., wo Titus sich bei Vespasian für Josephus einsetzt: „Vater, die Gerechtigkeit erfordert es, dass mit den Ketten auch die Schmach von Josephus genommen wird. Er ist nämlich, wenn wir seine Fesseln nicht nur lösen, sondern zerschlagen, einem Mann gleichgestellt, der überhaupt nicht gefangen war."[39] Im römischen Recht bedeutete die restitutio die Wiedereinsetzung in die früheren Rechte (dig XXII 5,3,5; III 1,1,10), beispielsweise durch eine erneute Gerichtsverhandlung oder eine entsprechende kaiserliche Verfügung.[40]

Die Befugnis zur Einweisung ins Gefängnis lag während der Republik bei den tresviri capitales (Cicero, leg 3,6; Livius 32,26,17; Plautus, Amph 155), ansonsten bei den Magistraten (Ulpian, dig 2,4,2) bzw. dem Präfekt.[41] Die coercitio, d.h. das Recht, die öffentliche Ordnung herzustellen und Unruhestifter in Haft zu setzen[42],

---

[36] KRAUSE, Gefängnisse, 276.288ff.; WANSINK, Christ, 78-94, und vor allem Cicero, Verr, 2,5,44. Die Unterstützung von Gefangenen wird bereits im Neuen Testament anempfohlen (Mt 25,43; Hebr 10,34) und ist darüber hinaus vielfach belegt, vgl. im einzelnen KRAUSE, Gefängnisse, 122-131.

[37] Ulpian, dig 48,3,1 spricht von vier verschiedenen Formen der Gefangenschaft: in carcerem recipienda sit persona an militi tradenda; vel fideiussoribus commitenda vel etiam sibi.

[38] Schon das Zwölftafelgesetz, Tafel 3,1-3 regelt: Bei einer Schuld kann der Gläubiger den Schuldner „mit sich führen, fesseln, entweder mit einem Strick oder mit Fußfesseln im Gewicht von 15 Pfund, nicht mit stärkeren, wenn er aber will, mit leichteren" (Übersetzung nach DÜLL, Zwölftafelgesetz).

[39] Nach Josephus, Ant 18,237; 19,294f., bekommt Agrippa anstelle der eisernen Kette der Gefangenschaft eine gleich schwere goldene als Zeichen der Wiedereinsetzung in den vorherigen Status.

[40] Vgl. KLINGMÜLLER, Restitutio, 685; MOMMSEN, Strafrecht, 478-487.

[41] Ausführlich MOMMSEN, Strafrecht, 142ff.

[42] Als Grund der Inhaftierungen des Paulus ist am ehesten die Störung der öffentlichen Ordnung wegen seiner Verkündigungstätigkeit anzusehen (STEGEMANN/STEGEMANN, Sozialgeschichte, 273).

wurde z. T. recht großzügig ausgelegt.[43] Für die Dauer dieser Haft gab es keine gesetzlichen Regelungen.[44]

In der Philosophie wird die Gefangenschaft immer wieder als Metapher für verschiedene Abhängigkeiten des menschlichen Lebens verwendet. Exemplarisch hierfür ist Dio Chrysosthomus, or 80,7 (vgl. 30,11–19):

„Nein, viel mehr wundere ich mich über euch, und es erbarmt mich eure harte, gesetzlose Unfreiheit, unter deren Joch ihr euch selbst gespannt habt, indem ihr euch nicht nur eine Fessel umlegt oder zwei, sondern unzählige. Von ihnen werdet ihr noch viel mehr gewürgt und gequält als Gefangene, die sich in Ketten, Halseisen und Fesseln fortschleppen. Denn sie haben noch die Möglichkeit, freizukommen und zu fliehen, wenn sie ihre Fesseln gesprengt haben, ihr aber zieht sie immer enger zu und macht sie noch zahlreicher und fester."

Bei Seneca (epist 24,17), Plutarch (mor 601D) und vielen anderen finden sich vergleichbare Aussagen, die sich immer wieder auf die Befreiung der Seele vom Leib beziehen, wie Plato sie verstanden hat (Phaid 67D; vgl. Plutarch, Mor 607D). Nach Philostrat, Ap 7,26, befinden sich alle Menschen während ihres ganzen Lebens in einem Gefängnis, und wer ein Leben in Luxus führen kann, befindet sich lediglich in einem etwas größeren Gefängnis, aus dem nur die Götter Befreiung schaffen können.

Alter

Dem Alter brachte man in der Antike intensives Interesse entgegen. Die Hochschätzung des Alters[45] zieht sich nicht nur durch die literarischen Zeugnisse (beispielhaft Cicero, Cato 67: „Denn bei den Greisen findet sich Verstand, Vernunft und Klugheit"), sondern lässt sich z. B. auch am Zugangsalter für öffentliche Ämter ablesen.[46] Im Lateinischen ist senex der Inbegriff des gereiften Mannes[47], dem Autorität und Würde zukommen und der mit Achtung und Respekt behandelt

---

[43] Belege bei KRAUSE, Gefängnisse, 97ff. MOMMSEN, Strafrecht, 299f.: Bei der coercitio steht der Anlass im Vordergrund, nicht jedoch der Rechtsgrund. Bindende Zeitbegrenzungen gibt es nicht. Die Festsetzung wird immer „bis auf weiteres" verfügt und kann lange ausgedehnt werden, obwohl die coercitio „regelmäßig transitorisch und provisorisch auftritt."

[44] MOMMSEN, Strafrecht, 309; ARBANDT/MACHEINER, Gefangenschaft, 323. Die Inhaftierten konnten für den Prozess in die jeweilige Provinzhauptstadt überführt werden oder man wartete einen Aufenthalt des Präfekten vor Ort ab (vgl. KRAUSE, Gefängnisse, 257).

[45] Vgl. bereits Homer (Od 2,24; 4,203ff; 24,52); Platon, Tim 34c; rep 328d.e. Das Gesicht Catos des Älteren (Hellencia http://www.hellenica.de/Rom/Biographie/MarcusPorciusCatoDer Aeltere.html 25.07.2011) zeigt die Spuren des Alters, gleichzeitig aber Entschlossenheit und Durchsetzungskraft.

[46] Platon, polit 539e; Zugang zur spartanischen Gerusie ab einem Mindestalter von 60 Jahren (WELWEI, Gerusia, 979–980); der römische cursus honorum mit vorgesehenen Mindestaltern (vgl. GIZEWSKI, Cursus honorum).

[47] GEORGES, Handwörterbuch II, 2600.

wird (Cicero, Cato 37f.[48]). Dementsprechend leitet Cicero (Cato 19) den Senat etymologisch von senex her.[49] Ebenso bezeichnen πρεσβύτης und πρεσβύτερος „das positive Moment des ehrenvollen Ansehens" des älteren Mannes.[50] Der alte Mann ist als Lehrer, Führer oder Freund vielfach dargestellt in Literatur und Kunst.[51] Auch in der alttestamentlich-jüdischen Tradition werden Weisheit und Erfahrung des Alters gepriesen (Spr 20,29; Sir 6,34f; 25,6.8; 32,4), und wiederholt findet sich die Forderung, sich des Alters anzunehmen und es zu ehren (vgl. Lev 19,32; Sir 3,14; 8,11).[52]

---

[48] Nach BRANDT, Haar, 127, gilt Cato als „eine Art altrömischer Mustergreis", der von Cicero ein literarisches Denkmal gesetzt bekommt. Cicero bemüht sich ausführlich um die Widerlegung der Auffassung, dass das Alter beklagenswert sei. In den Schwächen des Alters erkennt er Disziplinlosigkeit und mangelndes Bemühen, die aber keineswegs auf das Alter begrenzt seien (z.B. 21.29 und besonders 65); vgl. auch Plutarch, mor 783b–797f; Seneca, epist 12; Musonius Rufus 17.

[49] Ausführlich hierzu und zum Ansehen der Alten in der römischen Republik BRANDT, Krönung.

[50] BORNKAMM, πρέσβυς, 652. Herodot V 63; Platon, symp 218d; Thucydides, IV 61, bezeichnen mit πρέσβυς das, was bedeutsamer ist und höheren Wert besitzt. Abnehmende Körperkraft und andere Eigenheiten des Alters werden meist mit γέρων oder παλαιός zum Ausdruck gebracht. Die Pflichten gegenüber dem Alter (Gehorsam, Anstand) werden in den Pflichtenkatalogen eingeschärft: Inschrift von Priene 117,55f. (v. GAERTRINGEN, Inschriften); Platon, apol 31b; Jamblichus, v P 8,40.

[51] PRESTON, Lexikon; Timmer, Die Alten.

[52] Aber auch Last und Torheit des Alters werden erwähnt (Koh 4 13; Sir 41,1–3).

Vor allem in der römischen Republik ist die Achtung des Alters eng mit den politischen, gesellschaftlichen und ökonomischen Rahmenbedingungen verknüpft. Der paterfamilias ist rechtlich der alleinige Besitzer des Famlienvermögens und das politische System begünstigt Politiker mit größerer Lebenserfahrung, wobei dies eben vor allem auf vermögende ältere Männer zutrifft. In der Kaiserzeit kommt es jedoch zu einem kontinuierlichen Machtverlust der Älteren, die als erfahrene Konkurrenten des Princeps nicht mehr gebraucht werden.[53]

Dass das Alter Schwächen, Eigentümlichkeiten und Unsicherheiten bei der Versorgung mit sich brachte, wurde bei aller Achtung freilich nicht übersehen, sondern von Hesiod an[54] immer wieder thematisiert, bis hin etwa zu Horaz, der dem Dichter die genaue Kenntnis der Eigentümlichkeiten des Alters anempfiehlt.[55] Alte Menschen sehen und hören schlecht, wie Plutarch in seinen Tischgesprächen vermerkt[56], und leiden an verschiedenen Krankheiten: Atembeschwerden, Katarrhe, Blasenschwäche, Gelenkbeschwerden, Nierenerkrankungen, Schwindel, Schlaganfall.[57] Mit dem Alter verbunden sind aber auch bestimmte Charaktereigenschaften, die schon bei Aristoteles zusammengefasst sind: Die Alten seien zögerlich, misstrauisch, kleinlich, feige, geizig, schamlos.[58] In der griechischen Komödie wurden solche Charakterzüge übertrieben dargestellt, auf Weingefäßen aus vorchristlicher Zeit bisweilen verspottet[59], in der römischen Komödie wird der liebestolle Alte aufs Korn genommen.[60] Neben der nicht zuletzt aus der ökonomischen Stellung des paterfamilias resultierenden Achtung des Alters steht in der römischen Gesellschaft auch eine bisweilen schonungslose Darstellung der Altersbeschwerden und der damit verbundenen Hilfsbedürftigkeit.

Das von der Natur gesetzte Höchstmaß an Lebensjahren wird verschiedentlich mit 120 Jahren angegeben (Tacitus, dial 17,3; cens 17,4 u.a.). Die Analyse von Grabinschriften zeigt aber, dass nur wenige Menschen über 80 Jahre alt wurden. Und die Angaben zum Durchschnittsalter schwanken zwischen knapp 23 (für Rom) und 52–60 Jahren in den nordafrikanischen Provinzen.[61]

---

53 GUTSFELD, Lebensalter. Charakteristisch ist die von Augustus eingeführte Altersgrenze (ab 60 oder 65 Jahren), ab der Senatoren nicht mehr an den Senatssitzungen teilnehmen mussten. Auf den ersten Blick rücksichtsvoll, führte die Regelung faktisch zu einer Einschränkung der senatorischen Macht (TIMMER, Die Alten, 139). Die Ehegesetzgebung ab der augusteischen Zeit bewirkte eine zunehmende vermögensrechtliche Autonomie der erwachsenen Söhne gegenüber dem Vater.
54 Erg 88–95.109-135.175-190.
55 Horaz, ars. 169-174.
56 Symp. 625c-626e.
57 Hippokrates, Aphorismen 3,31. Bei Galen findet sich so etwas wie ein Grundkonsens antiker Medizin zur Behandlung von Alterbeschwerden: „Denn was alle Menschen in eigentlichem Sinne Alter nennen, ist die trockene und kalte Säftemischung im Körper, die als Folge der langen Reihe von Jahren entsteht" (Galen, san tuenda V 9,18-21). Deshalb ist ein Arzt für Greise gut geeignet, „wenn er den feucht machenden und erwärmenden Schatz der Heilmittel genau kennt" (V 10,1-3).
58 Aristoteles, rhet II,13.
59 KRUMEICH, Greise, 42f. Vgl. zu alten Männern und Frauen in der Kunst auch PRESTON, Lexikon.
60 Belege bei BRANDT, Krönung, 154-157; DERS., Haar, 132-136.
61 GNILKA, Greisenalter, 1002.

Eine Rekonstruktion des genauen Alters des Paulus zur Zeit der Abfassung des Philemonbriefs erlaubt Phlm 9 nicht, obwohl sie vielfach versucht wurde, da bei der Einteilung der Lebensaltersstufen und der Festlegung des Beginns der einzelnen Stufen die Quellenangaben differieren.[62] Hippokrates hat mit seiner Einteilung in Siebenerschritte starke Wirkung gehabt, bis hin zu Philo, der ihn in opif 105 referiert: „Im Leben des Menschen gibt es sieben Zeitabschnitte (zu sieben Jahren), die man Lebensalter nennt: das Kind, der Knabe, der Jüngling, der junge Mann, der Mann, der Alte, der Greis" (παιδίον, παῖς, μειράκιον, νεανίσκος, ἀνήρ, πρεσβύτης, γέρων)."[63] Demnach ist der Mann „ein junger Mann, bis der ganze Körper ausgewachsen ist, bis zu 4x7, ein Mann bis zu 49 Jahren, bis zu 7x7, ein Alter bis zu 56, bis zu 7x8 Jahren, von da an ein Greis." Auf Pythagoras geht in Analogie zu den Jahreszeiten die Unterteilung in vier Stufen zu je zwanzig Jahren zurück (vgl. Dio Chrysosthomus, or 74,10, παῖς, μειράκιον, νεανίσκος und πρεσβύτης; Ovid, met. 15,199–213); das 60. Lebensjahr stellt in Rom die Grenze der Leistungen des Einzelnen für den Staat dar (vgl. Seneca, brev vit 20,4), während andere fünf Stufen zu fünfzehn Jahren annehmen (Varro, bei Censorinus, de die natali 14,2; Seneca, epist 49,3; Aristoxenus, frgm 35: νήπιος, παῖς, νεανίσκος, ἀνήρ, πρεσβύτης). Das mit πρεσβύτης angegebene Alter des Paulus in Phlm 9 lässt sich demnach nicht genauer angeben als dass er wahrscheinlich über fünfzig ist.

Sklaverei

Die Sklaverei in den antiken Gesellschaften ist ein vielschichtiges Phänomen.[64] Sklaven, die bei ihren Herren höchst angesehen waren und deren Geschäfte führten, gehörten ebenso zum Sklavenstand wie Bergwerkssklaven, die unter erbärmlichen Umständen zu harter körperlicher Arbeit gezwungen wurden.[65] Das Stadt-Land-Gefälle spielte generell in der Antike und auch im Blick auf die Sklaverei eine wichtige Rolle.[66] Durch Kriegsgefangenschaft konnte man in Sklaverei

---

[62] BIEDER/SAIKO, Lebensalter; DI MARCO, Alter. Umfassend FALKNER/LUCE, Old Age; GNILKA, Greisenalter. Die Übersicht bei PARKIN, Age, 279, zeigt, dass der Beginn des Alters in den verschiedenen Stufensystemen zwischen 42 und 77 Jahren variieren kann. Auf die individuell-biographischen Aspekte der Einordnung macht SIGISMUND, Alter, 241–243, aufmerksam.

[63] Detailliert informiert GNILKA, Greisenalter, 996–1001.

[64] Ausführliche Sammlungen zur Sklaverei in der Antike bieten ECK/HEINRICHS, Sklaven; Wiedemann, Slavery; Davis, Readings; Williams, Paul's Metaphors, 111–140.

[65] Zur Unterschiedlichkeit von Sklaventätigkeiten vgl. auch die Abbildungen auf den folgenden Seiten: Vier Bedienstete assistieren bei der Toilette einer römischen Dame, Frisierszene von der Nebenseite des sog. Elternpaarpfeiles, Trier, Rheinisches Landesmuseum (Foto: H. Thörnig); Fessel aus Kamariza, Laurion-Gebiet, Bergbaugeschichtliche Sammlung der Technischen Universität Bergakademie Freiberg (Inv.-Nr. VIII B 79) (Foto W. Rabich), aus: Heinen, Antike Sklaverei Tafel V, Tafel XXX.

[66] ALFÖLDY, Sklaverei, 16. Seneca spricht von Sklaven, die „aus dem Müßiggang des Sklavenlebens in der Stadt versetzt zu harter Arbeit" auf dem Land kaum fähig sind (de ira III 29,1; vgl. Columella, I 8,1f.). Zwar sind auch in den Städten die ökonomischen Interessen der Sklavenbesitzer ausschlaggebend, sie

geraten⁶⁷, durch wirtschaftliche Not oder durch Geburt; Kinder von Sklavinnen waren wiederum Sklaven. Bisweilen wird sogar berichtet, dass Freie sich selbst in die Sklaverei begaben.⁶⁸

---

beziehen sich hier aber in stärkerem Maß auf urbane Berufszweige im Bereich des Handwerks, des Handels und der geistigen Berufe, zu deren Ausübung neben der Loyalität der Sklaven die Fähigkeit zu selbständigem Denken und Handeln hinzukommen. Plutarch, Crass 2, erwähnt die Tätigkeiten des Vorlesers, Schreibers, Münzschlägers, Hausverwalters, Tafeldeckers oder auch Spezialkennntisse in Bildung und Wissenschaft. Vgl. auch Seneca, epist 27,6f.; Petronius, sat 74,8; Seneca, brev vit XII,5, und die Belege bei HERRMANN-OTTO, Sklaverei, 166f.

⁶⁷ Die Militäraktionen der mittleren römischen Republik mit einer großen Zahl an Gefangenen wirkten sich auf das Verständnis der Sklaverei ebenso aus wie die Abnahme der kriegerischen Auseinandersetzungen in der Kaiserzeit (vgl. HERRMANN-OTTO, Sklaven, 97). Die damit einher gehenden politischen und sozialen Veränderungen wie auch der technologische Wandel hatten ebenfalls Auswirkungen auf die Sklaverei (STEGEMANN/STEGEMANN, Sozialgeschichte, 21).

⁶⁸ Ausschlaggebend war in der Regel wirtschaftliche Not (vgl. Dio Chrysosthomus, or 15,22f.). Gleichwohl war der Selbstverkauf zu keiner Zeit eine wesentliche Versorgungsquelle für die Sklaverei (HARRILL, Manumission, 30). 1Klem 55,2 zeigt das „besondere Bemühen insbesondere der römischen Christen um die Freilassung von christlichen Sklaven bzw. um die Verbesserung von deren Los" (LINDEMANN, Clemensbriefe, 155).

Der soziale Status von Sklaven konnte variieren; ein Sklave, der das Gut seines Herrn verwaltete oder über ein peculium verfügte (einen wie auch immer gearteten Besitz zur Nutzung, Verwaltung oder freien Verfügung[69]), konnte sich dem rechtlich freien, wirtschaftlich aber teilweise extrem abhängigen Kleinbauern (colonus[70]), der auf demselben Gut eine Parzelle gepachtet hatte, sozial weit überlegen fühlen.[71] Daneben spielt die Frage der Wirtschaftlichkeit eine Rolle; die Beschäftigung freier Saisonarbeiter konnte ökonomisch attraktiver sein als die dauernde Unterhaltung von Sklaven.[72] Die Sklavengesetzgebung wandelte sich im Lauf der Zeit ebenso wie die philosophische Betrachtung von Freiheit und Unfreiheit, und bereits die gebräuchlichen Bezeichnungen für Sklaven lassen unterschiedliche Wertungen erkennen.[73] Die Sklaverei in der Antike ist deshalb alles andere als ein einheitliches Phänomen.

---

[69] KASER, Privatrecht, 79.
[70] KRAUSE, Colonatus, 69–72. Vgl. zur unsicheren Rechtsstellung der coloni die Definitionen wie „servus quasi colonus" oder „liber homo bona fide serviens" (und FINLEY, Wirtschaft, 68).
[71] Zum gesellschaftlichen Aufstieg früherer Sklaven Martial, epigr V,13; Tacitus, ann XII 53,2f.
[72] Dabei spielen wirtschaftliche Erwägungen eine wichtige Rolle, vgl. Columella, 1,7,4; Cato, agr 4,7; Varro, rust 1,17,2. Varro empfiehlt, bei gefährlichen Landarbeiten Tagelöhner einzusetzen, da deren Verletzung oder möglicher Tod ökonomisch leichter zu verkraften sei.
[73] Neben δοῦλος finden οἰκέτης, θεράπων, παῖς Verwendung, aber auch ἀνδράποδον, eine Analogiebildung zu dem auf dem Markt verkauften Vieh. Im Lateinischen sind neben servus auch mancipium, puer und famulus gebräuchlich. Verna ist der hausgeborene Sklave (im Griechischen οἰκογενεῖς).

1.) Theorieentwürfe zur antiken Sklaverei sind danach zu beurteilen, ob sie dieser Vielfalt gerecht werden. Bei der aus der marxistischen Philosophie stammenden Vorstellung einer Sklavenhaltergesellschaft wird die Sklaverei zum zentralen Merkmal der griechisch-römischen Antike.[74] Die Vorstellung fest definierter Klassen ist der Realität von Sklaven und Sklavenhaltern jedoch nicht angemessen. Denn zwar leben alle Sklaven in rechtlicher Hinsicht in Unfreiheit[75], sie gehören aber nicht einer einheitlichen Klasse an, sondern definieren sich – nach Selbst- und Fremdeinschätzung – stärker über ihren sozialen Status, der erheblich differieren kann.[76] Der lateinische ordo legt zwar rechtliche und wirtschaftliche Eckwerte für bestimmte Stände fest und beschreibt ihre Position im Verhältnis zu anderen Ständen, jedoch ohne den Anspruch präziser Definition. Der eigene Status lässt sich deshalb nicht von dem Stand her beschreiben, dem man angehört, sondern nur im Vergleich mit anderen Ständen. Dies gilt für die Oberschicht[77] und für die Basis der sozialen Pyramide gleichermaßen. Die verschiedenen Formen abhängiger Arbeit machen deutlich, dass die Sklaverei als Produktionsfaktor für die antiken Gesellschaften als zwar wichtiger, aber keineswegs allein bestimmender Faktor angesehen werden kann.[78] Die aus heutiger Sicht geringe Zahl von Sklavenaufständen[79] in der fraglichen Zeit wird vor diesem Hintergrund verständlich: Die Erhöhung des eigenen sozialen Status war offenbar für die Mehrzahl der Sklaven ein wichtigeres Ziel als die grundsätzliche Veränderung der bestehenden Ordnung.

Andere Erklärungsansätze gehen vom Eigentumsrecht[80] oder von der Sozialanthropologie aus und erklären die Sklaverei dementsprechend vor allem mit Hilfe der Aspekte Besitz und Verfügungsgewalt auf der einen, Entwurzelung und soziale Beziehungslosigkeit auf der anderen Seite. Zwar ist die Unfreiheit juristisch betrachtet ein alle Sklaven gleichermaßen verbindendes Merkmal. Unterschiedliche Realisierungen führen jedoch dazu, dass dieses Grundmerkmal hinter andere soziale oder ökonomische Aspekte in den Hintergrund treten kann. Vergleichbares gilt auch für die Interpretation der Sklaverei als sozialem Tod, der sich durch die zwangsweise Verpflanzung in eine andere Gesellschaft, Sprache und Kultur manifestiert und den Sklaven als „den Anderen" versteht. Machtlosigkeit, Entfremdung und Ehrlosigkeit führen deshalb bei PATTERSON zur Definition der Sklaverei als einer „permanent, violent domination of natally alienated and generally dishono-

---

[74] Vgl. z.B. KREISSIG, Zusammenhänge; Engels, Umwälzung 168: „Ohne Sklaverei kein griechischer Staat, keine griechische Kunst und Wissenschaft; ohne Sklaverei kein Römerreich." Vgl. auch FINLEY, Wirtschaft; WEBER, Gesammelte Aufsätze, 296.
[75] Was manche Sklaven oder Freigelassene allerdings nicht daran hinderte, ihrerseits Sklaven zu besitzen, vgl. z.B. Martial, epigr 2,18; 3,36; 3,38, 3,46.
[76] HARRILL, Manumission, 48.
[77] FINLEY, Wirtschaft, 51, zeigt dies am Beispiel des Trimalchion aus den Satyrica des Petronius.
[78] HERRMANN-OTTO, Sklaverei, 13, plädiert dafür, den Begriff „Sklaven(halter)gesellschaft" generell durch „Gesellschaft mit Sklaven" zu ersetzen. Anders Horsley, Slave System, 59.
[79] Vgl. zusammenfassend BARTH/BLANKE, Phlm, 32f.; anders CALLAHAN/HORSLEY, Resistance.
[80] So besonders FINLEY, Wirtschaft, 65ff. (Besitzsklaverei = chattel slavery).

red persons."[81] Entwurzelung und soziale Entfremdung beschreiben zwar ohne Zweifel das Los insbesondere von Kriegsgefangenen, die in die Sklaverei gezwungen sind. Auf der anderen Seite sind enge persönliche Beziehungen von Sklaven und Herren und damit die soziale Verwurzelung von Sklaven in einer Hausgemeinschaft vielfach belegt, nicht zuletzt durch Grabinschriften und Gedenktafeln[82], sodass die Interpretation der Sklaverei als eines sozialen Todes wiederum einen für viele Sklaven wesentlichen Aspekt ihres Schicksals beschreibt, aber nicht die antike Sklaverei in ihrer Gesamtheit. Die verschiedenen Erklärungsversuche ergänzen sich und ermöglichen nur in ihrer Kombination eine angemessene Sicht des vielfältigen Phänomens der antiken Sklaverei. Rechtliche Unfreiheit und Diskriminierung sind als Grundelemente der antiken Sklaverei so miteinander zu verbinden, dass dadurch ihre verschiedenen Sonderformen nicht ausgeschlossen werden.[83]

2.) Zur Beschreibung der Sklaverei in der griechisch-römischen Antike ist deshalb vor allem auf antike Zeugnisse selbst zurückzugreifen. Dabei muss die Eigenart der jeweiligen Schrift berücksichtigt werden.[84] Rechtssammlungen (wie die Digesten oder die Institutionen des Gaius) stellen als präskriptive Texte nicht notwendigerweise exakte Beschreibungen einer bestimmten sozialen Realität dar.[85] Dies gilt ebenso für ökonomische Handbücher, die vornehmlich auf einen Sollzustand hin formuliert sind. Auch bei poetischen, dramatischen oder satirischen Texten stellt sich das Problem des sozialgeschichtlichen Hintergrunds[86]: Weder der (fiktive) schwerreiche Trimalchio in den Satyrica des Petronius (76,1f.) noch die (ebenso fiktive) herrische Ehefrau bei Iuvenal (sat 6,218ff.), die einen Sklaven ans Kreuz schlagen lassen will[87], treffen die soziale und rechtliche Realität von Sklaven im allgemeinen; mit ihrer Zuspitzung machen sie jedoch deutlich, dass es solche Fälle

---

[81] PATTERSON, Slavery and Social Death, 13; PATTERSON, Slavery, 5.7.10.13. Die sozialanthropologische Argumentation Pattersons leidet darunter, dass er wiederholt Eigenschaften der Sklaverei in den Vereinigten Staaten für die griechisch-römische Antike geltend macht. GLANCY, Slavery, 11f., spricht von Sklaven als „bodies" oder „body doubles", aber nicht als „somebodies."
[82] Belege bei ECK/HEINRICHS, Sklaven, 125f. Vgl. auch den Befund, dass in römischen Häusern in der Regel keine freistehenden Sklavenquartiere gefunden wurden (HARRILL, Manumission, 21).
[83] ALFÖLDY, Sklaverei, 14ff., versucht, die Sonderformen der antiken Sklaverei im Verhältnis zu deren wirtschaftlichen und gesellschaftlichen Grundstrukturen zu beschreiben. Zu anderen Versuchen, verschiedene Interpretationszugänge miteinander zu verbinden, vgl. COMBES, Metaphor, 24.
[84] HARRILL, Manumission, 23ff.
[85] Kompilation und Redaktion der Rechtstexte haben oft erst später stattgefunden und spiegeln nicht notwendigerweise die Situation im ersten Jahrhundert wider; außerdem ist nicht immer klar, ob die Vorschriften in den Provinzen voll zum Tragen kamen (WESSELS, Letter, 144).
[86] HERRMANN-OTTO, Sklaverei, 161.163: Solche Texte dienen nicht der Darstellung der Sklaverei, sondern der Unterhaltung, Gesellschaftskritik oder der satirischen Überzeichnung.
[87] „Lass für den Sklaven ein Kreuz errichten!" „Mit welchem Verbrechen verdiente der Sklave denn seine Hinrichtung? Welchen Zeugen gibt es? Wer hat ihn denunziert? Höre: Geht es um den Tod eines Menschen, ist kein Zögern zu lang". „Du Trottel, also ist der Sklave ein Mensch? Nichts mag er verbrochen haben, gleich viel: Ich will es so, befehle es, mein Wille sei dir Grund genug". Also befiehlt sie ihrem Mann." Zu drastischen Strafen vgl. auch Apuleius, met VIII 22,2; Seneca, de ira III 40, 2–5.

geben konnte. Die notwendige Konsequenz aus der Beschaffenheit der uns zugänglichen Literatur ist deshalb der „cross-check" von Informationen aus unterschiedlichen Quellen.

Zu bedenken ist auch, dass die überkommenen Zeugnisse im Wesentlichen aus der Feder der Herren auf uns gekommen sind.[88] Die weit überwiegende Zahl antiker Autoren gehörte selbst zu den Sklavenbesitzern und ihre Literatur reflektiert vor allem deren Sicht der Dinge.[89] Eine Beschreibung der Sklavenarbeit aus der Sicht eines der Mühlensklaven, von denen Apuleius (met 9,12) berichtet, existiert nicht. Es gibt allerdings Belege, die die Befindlichkeit von privilegierteren Abhängigen schildern. Juvenal beschreibt mit bissigen Worten, wie alle in Rom nur auf das Vermögen achten und sich über Arme lustig machen (sat 3,151f): „Das grausamste an solch unseliger Armut ist, dass sie den Menschen lächerlich macht. ... Nur schwer kommt einer empor, dessen Fähigkeiten die Beschränkung seiner Mittel im Wege steht, aber in Rom ist der Versuch noch schwieriger." Martial pflichtet bei: „Das ist von allem das drückendste Leid der beschwerlichen Armut, dass den Menschen sie lächerlich macht" (epigr 2,53; vgl. 2,55). Gegenüber dem freien Armen hat der Sklave bei dem von Juvenal beschriebenen Gastmahl (5,65ff) einen definierten Status, der es ihm erlaubt, auf den armen Klienten herabzusehen. Weniger Armut als solche war deshalb Motor der Unzufriedenheit als soziale Ungleichheit, die besonders von abhängigen Klienten, von Soldaten, Lehrern und kleinen Bauern als drückend empfunden wurde.

3.) In der Antike werden verschiedene Theorieansätze zur Sklaverei diskutiert. Eine Begründung von der „Natur" aus findet sich bereits bei Aristoteles (pol 1252b). Sklaven werden als „belebtes, beseeltes Besitztum" bezeichnet (καὶ ὁ δοῦλος κτῆμά τι ἔμψυχον); die Möglichkeit, Menschen zu besitzen, wird auf die Natur zurückgeführt, die Freien und Unfreien bereits einen je verschiedenen Körperbau (kräftig gedrungen für körperliche Arbeit, hoch aufgerichtet für ein staatsbürgerliches Leben) gegeben habe.

Eine eher pragmatisch orientierte Begründung geht von der Tatsache der Sklaverei aus und behandelt vor diesem Hintergrund die Frage, wie man nun am besten mit den Sklaven umgeht (z.B. Platon, leg 777b–778a). Bei Dio Chrysosthomus werden in or 14f. verschiedene Vorschläge zur Definition eines Sklaven vorgetragen, die aber defizitär bleiben. Denn „einfach tun, was einem gefällt" kann weder ein Musiker im Orchester noch ein Kranker, ein Schiffspassagier oder ein Soldat, auch wenn sie alle frei sind. Die eigene Auffassung Dios kommt in 15,29ff. (vgl. 14,17) zum Ausdruck, wo er Wesen, Gesinnung und Tüchtigkeit des Menschen als diejenige Instanz bezeichnet, die über Freiheit oder Unfreiheit entscheidet: Ist ein Mensch „edel", dann ist er, unabhängig von seiner tatsächlichen Herkunft, auch „edelgeboren", und der „Unedle" ist ein Sklave (der Begierden, Stimmungen, Un-

---

[88] COMBES, Metaphor, 25; MARTIN, Blick, 252f. Zur Selbsteinschätzung von Sklaven vgl. BARTH/BLANKE, Phlm, 23–26.
[89] HARRILL, Manumission, 19.

beherrschtheit), auch wenn er aus vornehmsten Kreisen stammt. Interessant ist aber nicht nur die eigene Lösung Dios, sondern auch die Passage, in der die Menge die verschiedenen Definitionsversuche beiseite wischt und vorträgt, was man allgemein darüber denkt: „Und man einigte sich, dass der zu Recht ein Sklave genannt werde und Sklave seines Besitzers sei, den sein Herr wie ein anderes Stück seines Eigentums oder Viehs rechtmäßig erworben habe, sodass er mit ihm machen könne, was er wolle" (15,24). Offenbar gab es unterschiedliche Versuche, Sklaverei zu definieren, wobei gesellschaftliche und philosophische Elemente ebenso eine Rolle spielten wie juristische und pragmatische Beschreibungen des Phänomens.

4.) Bei einigen, vor allem in der Tradition der Stoa stehenden Autoren ist eine Humanisierungstendenz innerhalb des bestehenden Systems unverkennbar, besonders bei Seneca und Epiktet. Epiktet, selbst ehemaliger Sklave, sieht im Sklaven kein „lebendiges Werkzeug", sondern einen mit Vernunft begabten Menschen. Als Mensch aber kann auch der Sklave Freiheit erlangen, und zwar innerhalb des Systems der Sklaverei. Denn frei ist nach Epiktet nicht der, der von äußeren Zwängen, sondern der von sich selbst und den Begierden frei ist.[90] Gleichmut ($\dot{\alpha}\pi\dot{\alpha}\theta\epsilon\iota\alpha$), Gelassenheit ($\dot{\alpha}\tau\alpha\rho\alpha\xi\acute{\iota}\alpha$) und Heiterkeit ($\dot{\alpha}\lambda\upsilon\pi\acute{\iota}\alpha$) sind Umschreibungen für diese Freiheit[91], die im Inneren ihren wahren Ort hat. Sie ist unabhängig von Stand, Ansehen, Ämtern oder Besitz. Dies führt, ohne das System der Sklaverei als solches in Frage zu stellen, zu einer Humanisierung im Umgang mit Sklaven. Seneca betont dies noch stärker.[92] Während es dem vornehmen Herrn unmöglich erscheint gemeinsam mit seinen Sklaven zu essen („nichts schimpflicher als das!")[93], empfiehlt Seneca einen Umgang mit den Sklaven, den er als familiariter, clementer und comiter umschreibt – milde, besonnen und so, wie es sich in einer Hausgemeinschaft gehört. Mit manchen Sklaven wird man gemeinsam essen, weil sie es verdienen, mit anderen, damit sie es künftig verdienen.[94] „Lebe mit einem Menschen von niedrigerem Rang, wie du willst, dass einer von höherem Rang mit dir lebe"[95] – diese „Goldene Regel" der Ständegesellschaft bringt beides prägnant zum Ausdruck, die Anerkennung der gesellschaftlichen Strukturen und deren Humanisierung.[96] Grund für die Humanisierungstendenz ist zum einen die Erkenntnis, dass das Schicksal nicht vorhersehbar ist (epist 47,10–13), zum anderen die philosophische Bewertung der Freiheit als Möglichkeit zur inneren Distanzierung.

---

[90] Ausführlich WENGST, 86ff.
[91] Vgl. Diss II 1,21.24; III 5,7; 15,12;22,48; IV 6,8,16; II 23,42; III 22,84.
[92] Ausführlich WENGST, 78ff.; vgl. die Zusammenfassung bei BARTH/BLANKE, Phlm, 93f.
[93] Seneca, epist 47.
[94] Seneca, epist 47,12f.15.
[95] Seneca, epist 47,11.
[96] WENGST, Phlm, 82. WESSELS, Letter, weist darauf hin, dass dieses relativ freundliche Erscheinungsbild das System der Sklaverei flexibler machte und damit faktisch stärkte.

5.) ALFÖLDY hat auf viele Grabinschriften hingewiesen, die belegen, dass in der römischen Kaiserzeit zumindest Haussklaven bis zum Alter von etwa 30 Jahren häufig mit ihrer Freilassung rechnen konnten. Die facilitas manumittendi wird von Plinius (epist 8,16,1) hervorgehoben; Tacitus spricht von der großen Zahl der Freigelassenen[97], von denen sich manche gegen ihre Patrone wenden würden, so dass die Diskussion entstanden sei, ob Patrone nicht das Recht haben sollten, eine Freilassung zu widerrufen (ann 13,26). In juristischen Quellen werden die Formen der Freilassung und die Rechtsstellung der Freigelassenen eingehend behandelt.[98] Dass die Freilassung von Sklaven in städtisch geprägten Umgebungen in der römischen Kaiserzeit vielfach vorkam, hatte neben der genannten Humanisierungstendenz vor allem wirtschaftliche Gründe[99], da die Produktionsleistung auf Freilassung hoffender Sklaven höher war als die anderer Sklaven[100], zumal sie sich durch ihre Arbeit (oder durch „Nebenjobs") das notwendige peculium erwirtschaften mussten, mit dessen Hilfe sie sich freikauften. Dass der Preis für die Freilassung in der Regel höher lag als der Kaufpreis, machte die Freilassung für den Besitzer wirtschaftlich attraktiv.[101]

Nach der Freilassung blieb der ehemalige Sklave aber an seinen Herrn gebunden, und zwar in verschiedener, nicht zuletzt wirtschaftlicher Hinsicht: Der Freigelassene blieb dem Patron zu Dienstleistungen verpflichtet (operae libertorum), der Patron blieb der Rechtsvormund über weibliche und noch nicht volljährige Freigelassene und nach dem Tod von Freigelassenen war der Patron (zumindest teilweise) erbberechtigt.[102] Die gewährte Freiheit konnte sich beziehen auf die Erlaubnis, sich in Rechtsfragen selbst zu vertreten, auf das Eigentumsrecht, die Wahl des Lebens- und Aufenthaltsortes und auf die Möglichkeit des eigenständi-

---

[97] „Aus ihm bestände großenteils die Tribus, die Decurien, die Diener der Staatsbeamten und Priester, auch die in der Stadt ausgehobenen Kohorten, ja, die meisten Ritter, viele Senatoren stammten nicht anderswoher. Sonderte man die Freigelassenen aus, so würde der Mangel an Freigeborenen offenkundig werden" (ann 13,27).

[98] Dig 40,9,1ff. behandeln Einschränkungen, die vor allem verhindern sollen, dass zu viele Freigelassene das römische Bürgerrecht erhalten; sie belegen zugleich, dass die Freilassung von Sklaven bis zum 30. Lebensjahr eher die Regel war (ALFÖLDY, Freilassung, 346.355). Die Bedingungen für Sklaven auf dem Land oder in den Bergwerken waren freilich andere (vgl. Columella, 1,8,19).

[99] ALFÖLDY, Freilassung, 260ff. Aber auch Dankbarkeit für erwiesene Dienste war eine Motivation für die Freilassung. Vgl. auch BARTH/BLANKE, Phlm, 41–53.

[100] DUFF, Freedmen, 14: „Good service was the road to liberty." WESSELS, Letter, 149, bezeichnet Feiertage, die Duldung eheähnlicher Verhältnisse und die Aussicht auf Freilassung als „Schmiermitteln" der Sklaverei. Der Besitzer konnte den Freigelassenen durch Paramone-Bestimmungen oder durch vertraglich festgelegte Pflichten (operae, vgl. HERMANN-OTTO, Sklaven, 97; DIES., Sklaverei, 201) an sich binden und die Kosten des täglichen Lebens gleichwohl dem Freigelassenen übertragen (BARTCHY, ΜΑΛΛΟΝ ΧΡΗΣΑΙ, 88).

[101] Die Freilassug konnte testamentarisch verfügt werden (manumissio testamento), durch einen beurkundeten Rechtsakt (manumissio vindicta) oder durch eine mehr oder weniger öffentliche Willensbekundung des Besitzers (manumission inter amicos) erfolgen (ausführlich HERRMANN-OTTO, Sklaverei, 199f.; BARTCHY, ΜΑΛΛΟΝ ΧΗΡΣΑΙ, 92ff.). Zur sakralen Freilassung (der Überstellung von Sklaven zum Tempeldienst) BARTH/BLANKE, Phlm, 47.

[102] Dieser Sachverhalt wird in rechtlicher Hinsicht in Dig 38,1,1ff. ausführlich behandelt; vgl. auch KASER, Geschichte, 88f.; SCHIEMANN, Patronus.

gen Lebensunterhalts. Dies alles konnte vertraglich abgesichert werden.[103] Die Freilassung hob die Abhängigkeit des Sklaven vom Herrn also nicht gänzlich auf, sondern verschob sie hin zu einer rechtlich abgesicherten Verpflichtung des ehemaligen Sklaven, nun als Klient dem Patron gegenüber.[104]

6.) Die Humanisierungstendenzen der stoischen Denktradition heben nicht auf, dass bereits leichtere Vergehen von Sklaven mit z.T. drastischen Strafen geahndet werden konnten. Wenn Tacitus, Germ 25, betont, dass das Auspeitschen von Sklaven bei den Germanen selten sei, lässt dies umgekehrt Rückschlüsse auf römische Gepflogenheiten zu. Verschiedene literarische Belege (Plautus, Aul 48 ff.; Plutarch, Cato mai 5,1; 21,3; Seneca, epist 47)[105] zeigen, dass das Schlagen oder Peitschen als gängige Form der Bestrafung angesehen wurde. In großen Häusern gab es bisweilen eigene Prügelsklaven (lorarius), die u.a. Iuvenal, sat 6,470 ff., nennt[106] und dabei die Willkür beschreibt, die bei der Bestrafung walten konnte. Körperliche Züchtigung wurde als Mittel der Erniedrigung verstanden.[107] Die „exzessive Handhabung der dominica poestas"[108], besonders saevitia (Wut, Härte, Strenge) und avaritia (Geiz, d.h. unzureichende Versorgung), konnten deshalb zum Auslöser der Flucht werden.[109] Im Blick auf entflohene Sklaven galt prinzipiell: Sklaven sind an ihre Herren zurückzugeben.[110] Wohlhabende Sklavenbesitzer konnten mit Hilfe von Freunden nach einem entlaufenen Sklaven forschen oder ihn von berufsmäßigen Sklavenfängern (fugitivarius) aufspüren lassen.[111] Auch staatliche Maßnahmen zur Ergreifung flüchtiger Sklaven sind bekannt, beispielsweise aus der Zeit Mark Aurels.[112] Ein instruktives Beispiel für einen Steckbrief eines entlaufenen Sklaven stammt aus dem Jahr 156 v. Chr.[113]:

Am 16. Epeiph. des 25. Jahres ist ein Sklave des Gesandten Aristogenes, des Sohnes des Chrysippis, aus Alabanda, in Alexandrien entlaufen, dessen Name Hermon ist, auch Neilos genannt, von der Herkunft aus Bambyke, ca. 18 Jahre alt, von Statur mittelgroß, bartlos, mit

---

[103] Vgl. BARTCHY, ΜΑΛΛΟΝ ΧΡΗΣΑΙ, 88 ff.; DUNN, 335; WIEDEMANN, Slavery, 46–49.
[104] Vgl. BARTH/BLANKE, Phlm, 49 f.
[105] Vgl. ausführlich WILLS, Depiction.
[106] Vgl. auch Seneca, epist 66,18–29; Petronius, sat 49.
[107] Vgl. HORSLEY, Slave Systems, 42 f. HERRMANN-OTTO, Sklaverei, 176, zeigt, wo auf beiden Seiten die Grenze lag: „für die Sklaven, wenn Herrengewalt grenzenlos wurde, für die römischen Herren, wenn sie sich in ihrer Sicherheit grundlegend bedroht fühlten."
[108] BELLEN, Studien, 129.
[109] Tacitus, Ann 14,44,3 gibt die Auffassung wieder, dass man Sklaven nur durch Furcht im Zaum halten könne. Vgl. auch das von Seneca, epist 47,5 überlieferte Sprichwort „wie viele Sklaven, so viele Feinde". Johannes Chrysosthomus, ep ad Eph 20,2 (PG 62,137) warnt: Durch Furcht könne man Sklaven nicht fesseln, da sie dann so schnell wie möglich flüchteten.
[110] Fugitivi ... dominis reddendi sunt (Callistratus, dig 11,4,2; vgl. Tryphoninus, dig 11,4,5).
[111] BELLEN, Studien, 5 ff. NORDLING, Onesimus fugitivus, 104 f., geht im Anschluss an Daube davon aus, dass Sklavenfänger wiederholt Sklaven mit einem eigenen peculium zur Flucht überredeten, um sie an einen besseren Herrn weiter zu verkaufen oder auf eigene Faust freizulassen.
[112] Alle römischen Bürger hatten die Pflicht, flüchtige Sklaven festzunehmen, zu bewachen und den Munizipalorganen zu übergeben (vgl. Ulpian, dig 11,4,1; 1,15,1; BELLEN, Studien, 12).
[113] UPZ I 121, bei HENGSTL, Papyri, 298 f.

festen Waden, einem Grübchen am Kinn, einem Mal links neben der Nase, einer Narbe über dem linken Mundwinkel, auf dem rechten Handgelenk mit zwei nichtgriechischen Buchstaben gezeichnet; mit sich führend 3 Minenstücke in Gold, 10 Perlen, einen eisernen (Hals-) Ring, auf welchem ein Ölfläschchen und Schabeisen (abgebildet sind), und um den Leib ein Unterkleid und einen Schurz. Wer diesen zurückbringt, wird 2 (3) Kupfertalente erhalten, wer ihn in einem Heiligtum nachweist 1 (2) Talente, bei einem zahlungskräftigen und belangbaren Mann 3 (5) Talente. Wer will, soll Anzeige bei den Untergebenen des Strategen erstatten. Ferner ist da der mit ihm entlaufene Bion, Sklave des Kallikrates, eines der Archihyperéten bei Hofe, von kleiner Statur, breit in den Schultern, mit kräftigen Waden, helläugig, der mit einem Umhang und einem Sklavenmantel, einer Frauenbüchse im Wert von 6 Talenten und 5000 Kupferdrachmen entflohen ist. Wer ihn beibringt, wird ebensoviel erhalten wie für den Obengenannten. Anzeige soll auch seinetwegen bei den Untergebenen des Strategen erstattet werden."[114]

Die einmal erfolgte Flucht eines Sklaven wirkte sich preismindernd aus und musste bei einem späteren Verkauf angezeigt werden.[115] Die Bestrafung eines wieder eingefangenen Sklaven oblag dem Besitzer. Bei Laktanz sind verbera, vincula, ergastulum und crux als übliche Strafen genannt. Auch die Kennzeichnung durch Halsringe oder Brandmale war üblich und zählt zu den sogenannten stigmata entlaufener Sklaven.[116]

---

[114] Vgl. auch P. Oxy 1643 aus dem Jahr 298 n. Chr., demzufolge Aurelius Sarapamon einen Freund bittet in Alexandria die Suche nach einem entlaufenen Sklaven zu organisieren und ihm alle dazu und zur Bestrafung notwendige Vollmachten erteilt (vgl. GRENFELL/HUNT, Papyri, 70–72).
[115] Dig 21,1,1 (Ulpian, Gellius).
[116] Das Bild zeigt einen Bronzeanhänger mit der Aufschrift „Halte mich, damit ich nicht fliehe; bringe mich zurück zu meinem Herrn Viventius in das Gebiet des Callistus" (aus: Thompson, Archeology, Nr. 104). Auch Halsringe von christlichen Sklaven (oder deren Besitzern) mit dem Christusmonogramm sind erhalten (vgl. ILS 8730). Div inst 5,18,14 (CSEL 19, 460); Clemens Alexandrinus, paid 3,2,10,4: einen entlaufenen Sklaven erkennt man an seinen Brandmalen. Vgl. auch Petronius, sat 28 (100 Schläge); Livius, perioch 51 (Kampf mit wilden Tieren).

Nicht jedes längere, unerlaubte Entfernen vom Haus wurde aber in rechtlicher Hinsicht als Flucht interpretiert.[117] Insbesondere war ein entlaufener Sklave rechtlich dann kein fugitivus (und darum auch nicht als ein solcher zu verfolgen), wenn er sich wegen einer drohenden Bestrafung um Fürbitte zu einem Freund des Herrn flüchtete (qui ad amicum domini deprecaturus confugit, non est fugitivus, dig. 21,1,43,1; ebenso dig. 21,1,17,4.5: fugitivum non esse, ..., qui cum dominum animadverteret verberibus se adficere velle, praeripuisset se ad amicum, quem ad precandum perduceret). Ein instruktives Beispiel einer solchen Fürbitte liegt im Brief des Plinius an Sabianus vor (epist IX,21):

„C. Plinius grüßt seinen Sabinianus. Dein Freigelassener (libertus tuus), dem du, wie du mir sagtest, böse bist, war bei mir, warf sich mir zu Füßen, als wärest du es, und wich nicht von der Stelle. Lange weinte er, bettelte lange, schwieg auch lange, kurz, ich gewann den Eindruck, dass er bereut. Ich glaube, er hat sich wirklich gebessert, weil er fühlt, dass er sich vergangen hat.

Du bist wütend, ich weiß, und mit Recht, auch das weiß ich, aber gerade dann verdient Nachsicht besonderes Lob, wenn man wohl begründeten Anlass zum Zorn hat. Du hast den Mann lieb gehabt und wirst ihn hoffentlich wieder lieb haben, einstweilen genügt es, dass du dich erweichen lässt. Du darfst ihm wieder zürnen, wenn er's nicht anders verdient, und das mit noch besserem Recht, wenn du dich jetzt erweichen lässt. Halte seiner Jugend, seinen Tränen, deiner Nachgiebigkeit etwas zugute! Quäle ihn nicht und damit auch dich, denn du quälst dich, wenn du, ein so sanftmütiger Mann, zornig bist!

Ich fürchte, es sieht so aus, als bäte ich nicht, sondern dächte dich zu nötigen, wenn ich mit seinen Bitten die meinigen verbinde; trotzdem tue ich es, und um so dringender und nachdrücklicher, je schärfer und strenger ich ihn mir vorgenommen habe, indem ich ihm unmissverständlich drohte, mich hinfort niemals wieder für ihn zu verwenden. Das galt für ihn, den ich einschüchtern musste, nicht so für dich. Vielleicht werde ich ja noch einmal für ihn bitten, ihm noch einmal wieder deine Verzeihung erwirken, liegt nur der Fall so, dass ich mit gutem Gewissen bitten, du nachgeben kannst. Leb wohl."

Ein weiteres Schreiben zeigt, dass Sabianus offenbar der Bitte Folge geleistet hat (epist IX, 24)[118]: Den Freigelassenen wieder in Haus und Herz aufzunehmen war richtig, vor allem, weil dies dem freundschaftlichen Verhältnis zwischen Sabianus und Plinius am besten entspricht:

Plinius, epist IX,24: „C. Plinius grüßt seinen Sabianus. Du hast Recht daran getan, dass du deinen dir einst liebgewesenen Freigelassenen auf mein vermittelndes Schreiben hin wieder in dein Haus, in dein Herz aufgenommen hast. Auch dir wird das Freude machen; mich jedenfalls freut es, einmal weil ich dich so fügsam sehe, dass du dich im Zorn lenken lässt, zum anderen, weil du so viel auf mich hältst, dass du dich meinem Rate oder meinen Bitten anbequemst. Darum lobe ich dich und danke dir auch, zugleich bitte ich dich für die Zukunft,

---

[117] Ofilius (45 v. Chr., dig 21,1,17) definiert: „fugitivus est, qui extra domini domum fugae causa, quo se a domino cerlaret, mansit." Caelius (70 n. Chr., dig 21,1,17,1) verschärft dies und bezeichnet einen Sklaven dann als fugitivus, wenn er sich mit der Absicht nicht zurückzukehren vom Haus entfernt, auch wenn er später seine Meinung ändert und zurückkommt. Nach Vivianus (60 n. Chr., dig 21,1,17,4) soll bei einer Flucht früheres Wohlverhalten angemessen berücksichtigt werden.

[118] Zum Vergleich der Pliniusbriefe mit Phlm vgl. unten, 123.

dich bei Verfehlungen deiner Leute versöhnlich zu zeigen, auch wenn kein Fürsprecher zur Stelle ist. Leb wohl."

Vergleichbar ist der Brief des Priesters Kaor (aus Fajjum) an den christlichen Offizier Abinnaios wegen des desertieren Soldaten Paulus[119]: „Wissen lassen möchte ich dich, Herr, bezüglich des Soldaten Paulus, bezüglich seiner Flucht, ihm dieses Mal noch zu vergeben. Ich habe nämlich keine Zeit, gerade jetzt zur dir zu kommen. Und er wird, wenn er nicht nachlässt, ein anderes mal wieder in deine Hände kommen (= nicht wieder desertieren).Ich wünsche dir Wohlergehen auf viele Jahre, mein Bruder."

Das Aufsuchen einer Vermittlerperson war aber durchaus nicht ohne Risiko. Der Vermittlungsversuch konnte abgelehnt werden oder scheitern und bis zum Eintreffen bei dem amicus domini hatte sich der Sklave zunächst einmal unerlaubt von seinem Herrn entfernt.[120]

7.) Auch nach alttestamentlichem Verständnis ist der Sklave Eigentum seines Herrn, er ist „sein Geld" (Ex 21,20f.). In der vorstaatlichen Zeit und der frühen Königszeit ist allerdings nur selten von Sklaven die Rede (vgl. 1Sam 8,16; Ri 6,27; 2Sam 9,10f.). In der Königszeit gewinnt die Sklaverei dann an Bedeutung (2Kön 4,1-7) und wird zunehmend üblich und allgemein anerkannt. „Für tausenderlei Verrichtungen im Leben bedürfen wir der Dienste von Sklaven" (Philo, spec 2,123). Dies gilt trotz der Tatsache, dass Israel sich immer daran erinnert hat, von Gott selbst aus der Knechtschaft Ägyptens befreit worden zu sein. Diese Erinnerung ist die Grundlage der prophetischen Kritik an der Sklaverei (Am 2,6; 8,6).[121]

Generell gilt das Sabbatgebot nicht nur für die Angehörigen des Volkes Israel, sondern auch für alles Vieh, die Sklaven und die Angehörigen anderer Völker, die im Land leben (Ex 20,10; Dtn 5,14). Und wie am siebten Tag die Arbeit ruht, so gilt das siebte Jahr als Erlassjahr, an dem Schulden erlassen werden. Ausführlich wird die Schuldknechtschaft in Lev 25,39-55 behandelt. Der Verschuldete soll nicht als Sklave, sondern als Tagelöhner gelten und bis zum Erlassjahr für den Herrn arbeiten, danach aber „frei ausgehen und seine Kinder mit ihm" (V.41). Als Begründung führt V.2 an: „Denn sie sind meine Knechte, die ich aus Ägyptenland geführt habe. Darum soll man sie nicht als Sklaven verkaufen." Angehörige anderer Völker fallen nicht unter diese Bestimmung, sie können als Sklaven „für immer" gehalten werden (V.44-46).

Das Eigentumsrecht am Sklaven wird auch nach Ex 21,1-6 durch Vorschriften zum Erlass- und Jobeljahr begrenzt. Der hebräische Sklave soll sechs Jahre dienen und im siebten Jahr ohne Bedingungen freigelassen werden. Ist der Sklave bereits mit einer Frau zu seinem Herrn gekommen, so ist auch sie frei; hat er von seinem Herrn eine Frau bekommen, die ihm Kinder geboren hat, so gehören Frau und Kinder dem Herrn; verzichtet der Sklave ihretwegen aber auf die Freiheit, „so bringe ihn sein Herr vor Gott und stelle ihn an die Tür oder den Pfosten und

---

[119] DEISSMANN, Licht, 183-188.
[120] BARTH/BLANKE, Phlm, 228; REINMUTH, 11f.
[121] Vgl. insgesamt BARTH/BLANKE, Phlm, 53-83.

durchbohre mit einem Pfriemen sein Ohr, und er sei sein Sklave für immer" (Ex 21,6). Diese Regelung ist einerseits Schutzbestimmung, hat andererseits faktisch aber vermutlich vielfach in die Dauersklaverei geführt.[122] Dies tritt bei den Bestimmungen zur Behandlung von Sklavinnen in 21,7–11 noch deutlicher hervor: Nur wenn der Herr ihnen die elementaren Lebensgrundlagen verweigert (21,10f.: Kleidung, Nahrung, Wohnung), kommen sie frei.

Körperliche Züchtigung der Sklavinnen und Sklaven ist erlaubt (Spr 29,19: „Ein Knecht lässt sich mit Worten nicht in Zucht halten"), bis hin zu schwerer körperlicher Schädigung. Sollte dabei der Tod eintreten, so bleibt dies für den Herrn straffrei, wenn der Tod erst nach einiger Zeit eintritt (Ex 21,20f.); nur bei unmittelbarer Todesfolge gilt der Grundsatz von Ex 21,12: „Wer einen Menschen schlägt, dass er stirbt, der soll des Todes sterben." Das Züchtigungsrecht der Sklavenbesitzer wird hier faktisch gestärkt. Und dass die Sklavenbesitzer mit der Vorschrift des Erlassjahres „kreativ" umgehen konnten, zeigt Jer 34,8–22: Zwar werden die Sklaven freigelassen, aber gleich darauf werden sie wieder zurückgefordert und erneut versklavt.[123]

An den alten Vorschriften des Bundesbuches (Ex 20,22–23,33) übt Dtn 15,12–18 deutlich Kritik. Das Freilassungsgebot im siebten Jahr gilt nun gleichermaßen für Männer und Frauen (V.12.17); der Herr soll den Sklaven mit Vieh und Saatgut für einen Neuanfang versorgen (V.13f.); die Möglichkeit zur Dauersklaverei wird damit begründet, dass es dem Sklaven bei dem Herrn gut geht; von Körperstrafen wird gar nicht mehr gesprochen.

Interessant ist ein Abschnitt aus Sir 33,26–32, in dem ein hartes Verhalten gegenüber „bösen Sklaven" ebenso gefordert wird (V.27: „ein böser Sklave gehört in den Block und verdient Schläge") wie verständiges und „brüderliches" Verhalten mit einer pragmatischen und einer humanen Begründung: Der Sklave hat viel Geld gekostet und wenn er wegläuft, findet man ihn nicht mehr; und er ist wie ein Bruder zu behandeln, weil der Herr den Sklaven „nötig hat wie das eigene Leben". Josephus nimmt in Ant 4,273 die Vorschriften aus Ex und Dtn auf. Philo verbindet die biblischen Sklavengesetze mit den Humanisierungstendenzen der Stoa. Die Verpflichtung des Menschen zur Humanität – φιλανθρωπία – wurzelt seiner Auffassung nach in der Tora. In spec 2,79–85 geht er von der Bruderbezeichnung aus („Wenn einer deiner Brüder dir verkauft wird …"): „auch er ist ein Mensch, also im höchsten Sinne mit dir verwandt; er ist ferner aus demselben Volk, vielleicht vom gleichen Stamm und Gau, der nur durch die Not in solche Lage versetzt ist" (82). Daraus folgt die Forderung, dem Sklaven nicht mehr aufzubürden, als er

---

[122] CRÜSEMANN, Tora, 184f.: Der „weitaus längere Teil des Gesetzes handelt … von den Modalitäten, die den Übergang in Dauersklaverei ermöglichen." Zur Begrifflichkeit SCHOORS, Königreiche, 88.

[123] Ambivalent ist die Forderung, alle männlichen Sklaven zu beschneiden (Gen 17,13). Die Zwangsbeschneidung kann als imperialer Akt verstanden werden, hat aber, wie Ex 12,43f. zeigt, auch eine andere Seite: Das Passamahl ist für Nichtjuden verboten. Ist ein gekaufter Sklave jedoch beschnitten, darf er davon essen – und damit Teil der jüdischen Gemeinschaft werden. Die erzwungene Assimilation kann sich von diesem Grundgedanken her auf Integration hin auswirken (BARTH/BLANKE, Phlm, 64.82); faktisch wird sie aber vielfach als Herrschaftsinstrument verstanden worden sein.

erfüllen kann, und ihm die notwendige Fürsorge angedeihen zu lassen. Der Grundsatz „nichts im Übermaß" soll das Verhältnis von Herrn und Sklaven bestimmen (83). Im siebten Jahr soll der Sklave ohne Bedenken freigelassen und mit allem Nötigen für einen Neuanfang ausgestattet werden. „Denn dir gereicht es zum Lobe, wenn er nicht als armer Mann dein Haus verlässt" (85). Die Menschenfreundlichkeit gilt hier als Grundzug bei der Behandlung von Sklaven. In der Schrift omn prob geht es grundsätzlich um Freiheit und Abhängigkeit. Frei ist in Wirklichkeit nur der, der Gott als Führer hat (20) und der deshalb Unabhängigkeit besitzt, auch wenn „Unzählige sich zum Herrn über ihn aufwerfen" (19). Deshalb stellen die Unterscheidung von Sklaven, die im Haus geboren oder gekauft wurden, und darüber hinaus von Sklaven und Freien bloße Spitzfindigkeiten dar, die mit dem Wesen der Menschen gar nichts zu tun haben.

In spec 4,14–19 geht Philo noch einen Schritt weiter: Diejenigen, die die gekauften oder im Haus geborenen Sklaven freilassen, sind zu loben, diejenigen dagegen, die Fremde oder gar Stammesgenossen in die Sklaverei verkaufen, dagegen zu tadeln und, wenn sie Stammesgenossen verkauft haben, nach 4,19 sogar mit dem Tod zu bestrafen. In der Schrift über die Tugenden geht Philo auf den speziellen Fall ein, dass ein Sklave sich vor einem grausamen Herrn zu einem anderen flüchtet und um Hilfe bittet. Diese Hilfe soll nicht versagt werden, „denn einen Schutzflehenden darf man nicht ausliefern, ein Schutzflehender ist aber auch der Sklave, der sich an deinen Herd flüchtet, wie in ein Heiligtum, und er muss dort gerechterweise Sicherheit finden, indem er, wenn möglich, aufrichtige und straflose Verzeihung (von seinem Herrn) erlangt oder schlimmstenfalls weiter verkauft wird; denn wie das Wechseln des Herrn ausfallen wird, ist ungewiss, das ungewisse Übel ist aber immerhin leichter als das gewisse" (virt 124). Philo legt hier Dtn 23,16f. aus: „Du sollst den Knecht nicht seinem Herrn ausliefern, der von ihm zu dir geflüchtet ist. Er soll bei dir bleiben an dem Ort, den er erwählt, in einer deiner Städte, wo es ihm gefällt. Du sollst ihn nicht bedrücken." Die Deuteronomiumstelle zielt auf die soziale Realität der Sklaverei im Volk Israel insgesamt: Wenn ein Sklave den Ort seiner Flucht frei wählen kann und er nicht bedrückt werden darf, dann „muss sich die Behandlung der Sklaven und Sklavinnen so ändern, dass sie die sozialen Bindungen und die ökonomischen Chancen der Heimat solcher Flucht vorziehen."[124] Philo greift dies auf, ohne aber die freie Ortswahl beizubehalten. Stattdessen stellt er die Möglichkeiten der Vermittlung oder des Weiterverkaufs vor. Die Sicherheit des Zufluchtsortes ist hier lediglich eine bedingte Sicherheit.[125]

---

[124] CRÜSEMANN, Tora, 271.
[125] REINMUTH, 12–15, interpretiert diese Philo-Stelle im Zusammenhang des sakralen Asylrechts; angesichts der religiösen Bedeutung des häuslichen Herdes konnte auch ein Privathaus als Asylort dienen. Um Asyl im eigentlichen Sinn handelt es sich bei Philo aber nicht, sondern um eine einschränkende Interpretation von Dtn 23,16f.

Der Text als Brief

Der Text gibt sich als Brief von Paulus (und Timotheus) an Philemon, Apphia, Archippus und die Gemeinde im Haus des Philemon zu erkennen. Briefe gehören zu den kommunikativen Gattungen des Alltags.[126] In der Antike dienen sie der Kommunikation auf verschiedensten Ebenen und umfassen neben privater, geschäftlicher und behördlicher Korrespondenz auch Erlasse, Petitionen oder philosophische und religiöse Gedanken. Briefe zwischen einander bekannten Absendern und Adressaten setzen die vorgängige Beziehung voraus. Sie stellen zugleich ein neues Element in dieser Beziehung dar und erwarten in der Regel eine Reaktion der Adressaten.[127] Die Schriftlichkeit führt einerseits zu brieflichen Konventionen (Aufbau und charakteristische Wendungen, z.B. Anrede, Wünsche, Grüße), andererseits zu bestimmten Konstruktionen des Absenders und der Adressaten; der Absender stellt sich in einer bestimmten Weise dar und entwickelt zugleich ein Bild von den Adressaten.

1.) Der antike Brieftheoretiker Demetrius grenzte den Brief im Wesentlichen auf den kurzen, eher formlosen Freundschaftsbrief ein, den er als „halbierten Dialog" und als Ersatz für persönliche Anwesenheit verstand.[128] DEISSMANN schloss sich hieran an und sah in Formlosigkeit und stilistischer Unausgeglichenheit Merkmale des echten Privatbriefs im Gegensatz zur literarischen Epistel.[129] Die genauere Untersuchung der aus der Umwelt des Neuen Testaments in großer Zahl erhaltenen Papyrusbriefe zeigte jedoch, dass sich nicht nur literarische Briefe bestimmter Strukturen und wiederkehrender Wendungen bedienten, sondern auch Privatbriefe. Vor allem im Briefeingang und -schluss griff man in starkem Maß auf geprägte Wendungen zurück. Dabei geht es um die Bedeutung des Briefes für den Empfänger, den Hinweis auf günstige Beförderungsmöglichkeiten, um Wünsche für Gesundheit und Wohlergehen der Adressaten, die Bitte um weitergehende Kommunikation, um Grüße an oder von gemeinsamen Bekannten. Von diesen Beobachtungen aus gelangte man zu einer dreigliedrigen Einteilung antiker Briefe in Einführung (Absender und Empfänger sowie ein Gruß und/oder Wunsch, vornehmlich um Gesundheit), Hauptteil (das eigentliche Anliegen des Schreibens) und Abschluss (mit Grüßen, Wünschen und Gebeten, bisweilen auch einer Datumsangabe).[130] Während Einführung und Schluss einer starken Prägung unterlie-

---

[126] LUCKMANN, Grundformen, 201f.203; vgl. PETERSEN, Rediscovering Paul, 53–65.
[127] PETERSEN, ebd., 63–65.
[128] Demetrius, eloc 223: τὸ ἕτερον μέρος τοῦ διαλόγου. Demetrius ordnet die Briefe dem „einfachen Stil" zu. Sein Werk ist zu unterscheiden von den τύποι ἐπιστολικοί eines anderen, Pseudo-Demetrius genannten Schriftstellers. Aus späterer Zeit stammen die characteres epistolici, die von Libanius und Proklos überliefert sind. Die Texte sind bei MALHERBE, Theorists, zusammengestellt; vgl. KLAUCK, Briefliteratur, 148–169; NIKISCH, Briefsteller, und die immer noch aktuellen Arbeiten von THRAEDE, Brieftopik, und KOSKENNIEMI, Studien.
[129] DEISSMANN, Licht, 237. 158.
[130] Vgl. DOTY, Letters, 13f.; WHITE, Letters; WHITE, Light; STIREWALT, Paul, 25–55.

gen, sah man den Hauptteil der Briefe wegen seines Situationsbezugs als wenig geprägt an.

In einer weiteren Forschungsphase[131] hat man auch im Hauptteil der (Privat-) Briefe wiederkehrende Wendungen und Formeln entdeckt. Häufig findet sich am Anfang ein Dank an die Götter in Form eines Gebets oder Gebetsberichts. Vielfach bezieht sich das Gebet auf die Gesundheit der Adressaten. Es kann sich geradezu aus dem Wunsch um Gesundheit heraus entwickeln (in der Regel eine Form von εὔχομαι).[132] Auch die sogenannte Proskynema-Formel (καὶ τὸ προσκύνημά σου ποιῶ ...), mit der der Gesundheitswunsch abgeschlossen werden kann[133], ist verbreitet. Daneben findet das Erinnerungsmotiv Verwendung, oft mit einer Form von μνείαν ποιεῖν.[134] Gebetsbericht und Erinnerungsmotiv binden den Brief in die bereits bestehende Kommunikation zwischen Adressat und Empfänger ein.[135] Die disclosure- bzw. Kundgabeformel hebt hervor, dass der Absender dem Adressaten eine bestimmte Aussage vermitteln will[136]; der Ausdruck von Freude und die Vertrauensäußerung unterstreichen die freundschaftliche Verbundenheit, die Philophronesis.[137] Mit dem Verb παρακαλῶ eingeleitete Bitten finden sich in privaten und offiziellen Briefen gleichermaßen. PORTER[138] nennt zehn verschiedene briefliche Formeln (thanksgiving, disclosure, petition, joy, astonishment, reiteration, hearing or learning, affirmation, blessing and doxology, greetings and travelogue), die an verschiedenen Stellen im Brief verwendet werden können. Sie erweisen sich damit als flexible, multi-funktionale Indikatoren für die formale und inhaltliche Strukturierung des jeweiligen Schreibens. Die Erkenntnis dieser verschiedenen Wendungen und Formeln hat dazu geführt, nicht nur drei Briefteile zu unterscheiden, sondern vier (Einführung – Danksagung – Hauptteil – Abschluss)[139] oder fünf (Einführung – Danksagung – Hauptteil – Paränese – Abschluss).[140]

---

[131] Vgl. zur neueren Forschungsgschichte TOLMIE, Tendencies, 8–16.
[132] Vgl. BGU III 1770,2–3 (χαίρειν καὶ ἐρρωμένωι διευτυχεῖν καθάπερ εὔχομαι); POxy III 528 (2. Jahrhundert, Hengstl, Papyri, 221): „Vor allem wünsche ich Dir Gesundheit, und an jedem Tag bete ich für Dich bei der Dich liebenden (Göttin) Thoesis." Ausführlich hierzu ARZT-GRABNER, Phlm, 123–135.
[133] ARZT-GRABNER, Phlm, 127, mit Belegen. Vergleichbar sind 1Makk 12,11; 2Makk 1,3–5.
[134] KOSKENNIEMI, Studien, 147.
[135] Vgl. hierzu UPZ I, 59,1–10; BGU II 423,6–8; 632,3–6; POxy III, 528; 2Makk 1,10ff.; 1Makk 12,11; SyrBar 78,3; 86,3.
[136] In den Papyrusbriefen besteht die Formel in der Regel aus θέλω, einem verbum cognoscendi, der angesprochenen Person und der Information; vgl. MULLINS, Disclosure; WHITE, Form, 2ff; SCHNIDER/STENGER, Studien, 171f. Bei Paulus z.B. Röm 1,13; 11,25; 1Thess 4,13.
[137] WHITE, Form, 22f.; SCHNIDER/STENGER, Studien, 175–177; KOSKENNIEMI, Studien, 35–37. Bei Paulus z.B. Phil 2,28f.
[138] Letter Perspective, 16f.
[139] MURPHY-O'CONNOR, Paul, 42–115; WEIMA, Endings, 11; O'BRIEN, Letters, 550–553.
[140] PORTER/ADAMS, Paul and His Letters, 27; FUNK, Language, 270.

2.) Im Vergleich mit Briefeingängen aus der Umwelt zeigt sich eine relative Eigenständigkeit des paulinischen Briefpräskripts. Die Grundform des griechischen Briefeingangs lautet „A an B χαίρειν".[141] Sie ist bei Paulus in „A an B" und einen syntaktisch eigenständigen Gruß abgewandelt, der in Röm 1,7; 1Kor 1,3; 2Kor 1,2; Phil 1,3 und Phlm 3 gleich lautet: χάρις ὑμῖν καὶ εἰρήνη ἀπὸ θεοῦ πατρὸς ἡμῶν καὶ κυρίου Ἰησοῦ Χριστοῦ. Diese Zweiteilung hat „gewisse Vorbilder im Judentum".[142] Das dort zu findende, „orientalische" Formular bestand aus zwei Sätzen, einem prädikatlosen Satz in der dritten Person (A an B) und einem in der zweiten Person („Freu dich" oder „Heil, Friede").[143] LIETZMANN erkannte hierin die Verbindung des griechischen Briefformulars mit dem jüdischen Friedensgruß שלם, auf Grund dessen Paulus χαίρειν in χάρις geändert habe.[144] LOHMEYER versuchte den Gruß in der urchristlichen Liturgie zu verorten.[145] BERGER deutete χάρις im Sinne geoffenbarter Erkenntnis und den gesamten Gruß als „Anrede des von Gott legitimierten Sprechers an Auserwählte" und den Apostel und seine Briefe als Übermittler von Heilsgütern.[146] Nun ist χάρις für Paulus zwar durchaus „Inbegriff der entscheidenden Heilstat Gottes in Jesus Christus."[147] Die Wendung „Gnade und Friede von Gott, unserem Vater, und dem Herrn Jesus Christus" umfasst aber den Schreiber und die Empfänger der Briefe gleichermaßen. Hierin liegt der eigene Akzent des Paulus gegenüber dem griechischen[148] wie dem orientalischen Briefformular. Der syntaktisch eigenständige Gruß ist der formale Ausdruck der inhaltlichen Aussage.

In den paulinischen Briefen folgt dem Präskript in der Regel eine mit dem Verb εὐχαριστῶ eingeleitete Danksagung.[149] Der Dank richtet sich an Gott, ist aber nicht im eigentlichen Sinn ein Gebet, sondern ein Bericht davon, dass Paulus – allezeit – zu Gott für die Adressaten betet bzw. im Gebet für sie dankt. Gebetsberichte

---

[141] Im NT findet sich diese Form in Apg 15,23; 23,26 und im Präskript des Jak.

[142] GNILKA, Phlm, 14; ZELLER, Charis, 132f. Vgl. Dan 3,31 (שְׁלָמְכוֹן יִשְׂגֵּא) 4,4 LXX: εἰρηνεύων ἤμην ἐν τῷ οἴκῳ μου καὶ εὐθηνῶν ἐπὶ τοῦ θρόνου μου; syrBar 78,2 („Gnade und Friede sei mit euch"); in einem Brief Bar Kochbas (MILIK, Discoveries, 159–161) findet sich lediglich „Friede"; in Weish 3,9; 4,15 ist von „Gnade und Erbarmen" die Rede. In jüdischen Briefen findet sich neben εἰρήνη gelegentlich ἔλεος, nicht aber χάρις. Der Vergleich mit frühjüdischen Prophetenbriefen (vgl. TAATZ, Briefe) berücksichtigt nicht hinreichend, dass diese Briefe Diaspora-Gemeinden an Jerusalem binden wollen. GERBER, Paulus, 56, vergleicht sie deshalb mit den „katholischen Briefen".

[143] SCHNIDER/STENGER, Studien, 3f.

[144] LIETZMANN, Römer, 21, mit weiteren Belegen; vgl. LOHSE, 32f.

[145] LOHMEYER, Probleme, 175. Dagegen mit guten Gründen FRIEDRICH, Lohmeyers These.

[146] BERGER, Apostelbrief, 196. 201. Der Offenbarungsanspruch ist nach Berger demnach ein Gattungsmerkmal des apostolischen Briefes. Zur Kritik hieran SCHNIDER/STENGER, Studien, 25–33.

[147] ESSER, Gnade, 821.

[148] ARZT-GRABNER, Phlm, 116f., weist auf eine große Variationsbreite bei den Grüßen in griechischen Papyrus-Briefen hin; dabei wird χαίρειν z.T erheblich erweitert (z.B. durch ἐρρῶσθαι, εὐτυχεῖν, ὑγιαίνειν), über die Herkunft des gewünschten Wohlergehens wird jedoch keine Aussage gemacht.

[149] SCHUBERT, Form, 10–39, unterscheidet zwei Grundtypen. In Typ I (Phlm; Phil 1,3–11; 1Thess 1,2–10) folgen dem Hauptsatz (Paulus dankt Gott für die Adressaten) mehrere Partizipien, die das Hauptverb aufschlüsseln, und möglicherweise ein Finalsatz und ein eschatologischer Ausblick. In Typ II (1Kor 1,4–9) folgen dem Hauptsatz ein kausaler Nebensatz und möglicherweise ein Konsekutivsatz.

finden sich auch in den Briefen der hellenistischen Umwelt, die oft mit einer Danksagung an die Götter/die Gottheit eingeleitet werden.[150] Dabei treten bestimmte Wendungen (χάρις τοῖς θεοῖς, εὐχαριστῶ/-τοῦμεν τοῖς θεοῖς /τῷ θεῷ) häufig hervor. Der Dank kann verbunden sein mit einer Begründung, in der auf Wohltaten oder gnädiges Handeln der Götter hingewiesen wird, sowie mit der Versicherung, dass diese beständig im Blick auf das Wohlergehen der Adressaten angerufen werden.[151] Dies spielt in der paulinischen Danksagung keine Rolle; Grund für den Dank ist hier, dass sich die Adressaten für das Heil in Christus geöffnet haben und/oder dass ihr Glaube und ihre Liebe weithin bekannt sind.

In Phlm 4–6 ist der Dank auf die Liebe und den Glauben Philemons bezogen, Gebetsbericht und Erinnerungsmotiv sind miteinander verbunden.[152] V.4 versichert die Adressaten der andauernden Fürbitte, die Paulus für sie vor Gott bringt, ἀκούων V.5 (und dies aufgreifend χαρὰν γὰρ πολλὴν ἔσχον V.7) spielt erinnernd und aktualisierend auf die Beziehungen zwischen Paulus, Philemon und „allen Heiligen" an. Wie im griechischen Briefformular eine gewisse Variationsbreite erkennbar ist[153], so passt auch Paulus Gebetsbericht und Erinnerung der jeweiligen Situation an.[154] Eigenständig ist der paulinische Briefeingang darin, dass es um die christliche Existenz der Adressaten vor Gott und untereinander geht. Beides, die briefliche Gepflogenheit und der eigenständige Akzent, kann von den Adressaten wahrgenommen werden – als Interesse des Apostels an ihnen, ihrem Glauben und ihrem Ergehen und als gemeinsame Basis für das, was Paulus im weiteren Verlauf seiner Briefe schreibt.

Die Orientierung an den Adressaten ist zugleich ein Abgrenzungskriterium der Danksagung gegenüber dem folgenden Briefteil[155], in dem der Blick auf den Briefschreiber gelenkt wird.[156] Diese Abgrenzung[157] ist weniger deutlich als die gegenüber dem Präskript. Fraglich ist, ob mit der sogenannten Kundgabeformel bereits der Hauptteil der paulinischen Briefe beginnt oder ein weiterer noch zum Briefeingang gehörender Abschnitt, die „briefliche Selbstempfehlung".[158] Als „relativ

---

[150] Vgl. LOHSE, Phlm, 40f. 270.
[151] Vgl. oben, 68.
[152] Vgl. SCHNIDER/STENGER, Studien, 47; O'BRIEN, Thanksgiving and the Gospel, 146–148; SCHUBERT, Form, 54f. (dort ein tabellarischer Vergleich aller paulinischen Danksagungen).
[153] WHITE, Light, 201.
[154] Oder er verzichtet darauf wie in 1.2Kor und Gal. ARZT-GRABNER, Phlm, 140f., zeigt, dass der Gebetsbericht auch in den Papyrusbriefen nicht in jedem Fall an den Eingangsgruß anschließt, sondern mit erhaltenen Nachrichten kombiniert werden kann (BGU II 531; IV 1080PBrem 20; 65,6; u.a.).
[155] Die übrigen Paulinen lassen noch andere Kriterien für die Abgrenzung der Danksagung vom Briefcorpus erkennen. Die Kundgabeformel kann einen Hinweis auf die Abgrenzung geben; aber auch wo eine solche Formel fehlt (wie in Phlm 8), ist ein „Perspektivenwechsel" (so SCHNIDER/STENGER, Studien, 44) von den Adressaten hin zum Absender und seinem Anliegen festzustellen.
[156] SCHNIDER/STENGER, Studien, 44.
[157] Der Hauptteil ist nach WHITE (Body, 1) in opening- („the most pressing matter of mutual concern"), middle- („developing its relevant details") und closing-Abschnitte (Rückbezug auf Briefmotivation und Eröffnung weitergehender Kommunikation) zu unterteilen.
[158] So SCHNIDER/STENGER, Studien, 50–68, hier 54f.

selbständiger Bestandteil des paulinischen Briefformulars"[159] hat die Selbstvorstellung[160] eine das Präskript und die Danksagung mit dem Hauptteil verbindende und vor dem Hintergrund der bisherigen Geschichte von Absender und Adressat argumentative Funktion. Dass Paulus in Phlm 9 als Παῦλος πρεσβύτης νυνὶ δὲ καὶ δέσμιος Χριστοῦ Ἰησοῦ argumentiert und damit zwar nicht als Apostel auftritt, Autorität aber als Älterer und Gefangener Jesu Christi reklamiert, verweist deutlich auf die folgende Bitte und ihre Begründung (V.10.13). Die Selbstvorstellung als δέσμιος Χριστοῦ Ἰησου in V.1 intoniert dieses Thema von Anfang an.

Der Schlussabschnitt eines antiken Briefes ist kurz und besteht in der Regel aus einer Datumsangabe und einem Gruß, meistens ἔρωσσο, ἔρρωσθε oder auch εὐτύχει.[161] Der Gruß kann variiert und zu kurzen Sätzen ausgebaut sein. Häufig ist er durch einen Absatz vom Hauptteil getrennt und manche Briefe zeigen hier eine andere Handschrift, was darauf schließen lässt, dass der Brief diktiert und abschließend vom Absender signiert wurde. Wie die Einleitung hat der Grußabschnitt die Funktion, Beziehung zum Ausdruck zu bringen und Nähe herzustellen. Er lässt sich unterteilen in den Auftrag, Grüße des Absenders an bestimmte Personen auszurichten, und das Ausrichten der Grüße von Personen auf der Seite des Absenders. In den Paulusbriefen ist der Schlussgruß, wie schon der Eingangswunsch, in den Horizont des Christusglaubens gerückt. Wird den Empfängern zu Beginn Gnade und Friede von Gott und dem Herrn Jesus Christus gewünscht, so zum Schluss die Gnade Jesu Christi.[162] Alles im Brief Gesagte wird damit im Rahmen des Glaubens an Christus verortet.

3.) Die Frage, wie der Philemonbrief des näheren bestimmt werden kann, ist mit unterschiedlichen Akzenten diskutiert worden.[163] Vor dem Hintergrund der DEISSMANN'schen Unterscheidung wurde Phlm verschiedentlich als einziger Privatbrief bezeichnet, den wir von Paulus besitzen.[164] Diese Auffassung wurde aber mit Hilfe verschiedener Argumente in Frage gestellt[165]:

– Paulus nennt Timotheus als Mitabsender, und als Empfänger werden nicht nur Philemon, sondern auch Apphia, Archippus und die Hausgemeinde angeführt. Anfang und Schluss des Schreibens weisen über eine „private" Korrespondenz hinaus.

---

[159] SCHNIDER/STENGER, 53, sehen die Abgrenzung zum eigentlichen Briefcorpus darin, „dass nach der Empfehlung ein klar fassbares Thema aufgegriffen, wird das zum Teil formelartig aufgegriffen wird" (in Phlm 10 mit Hilfe des Verbs παρακαλῶ). Diese Beobachtung ist zwar richtig, Phlm 8f. grundieren aber die in V.10ff. ausgesprochene Mahnung und Bitte.
[160] BERGER, Formgeschichte, 268, spricht von einem „Apostolikon".
[161] Vgl. ROLLER, Formular, 69.
[162] Das oben, 70, zum Präskript Gesagte gilt hier analog.
[163] Vgl. zur Forschungsgeschichte MARTIN, Pauline Letter Body.
[164] Vgl. BORNKAMM, Paulus, 100; SCHENKE/FISCHER, Einleitung I, 154; MÜLLER-BARDORFF, Philemonbrief; HARRIS, Phlm, 241.
[165] Vgl. WICKERT, Philemonbrief; LOHSE, Phlm, 263f.; GNILKA, Phlm, 10; ZMIJEWSKI, 29f.

- Die Argumentation im Brief hat die Hausgemeinde im Blick. „Schon in der Einleitung wird an das Wirken des Philemon innerhalb seiner Gemeinde erinnert. Auch im Briefkorpus selbst wird immer wieder das die Christen Verbindende und Gemeinsame herausgestellt."[166]
- Paulus scheint damit zu rechnen (V.21), dass man seinem Wunsch Folge leistet, d.h. den Onesimus als christlichen Bruder (wieder) aufnimmt; dies soll offenbar vor dem Forum der angesprochenen Hausgemeinde stattfinden.
- Der Brief entspricht dem formalen Aufbau der übrigen paulinischen Briefe.
- Die Länge dieses vergleichsweise kurzen Paulusbriefs übersteigt die eines reinen Privatbriefes aus der Umwelt deutlich.

Der „persönliche Ton" des Philemonbriefs reicht deshalb nicht aus, ihn als Privatbrief zu charakterisieren. Bezeichnet man ihn andererseits als „apostolisches Schreiben"[167], bleibt die Gattungsfrage im eigentlichen Sinn noch unbeantwortet. Den Brief in die Kategorien der antiken Epistolographie widerspruchsfrei einzuordnen ist jedoch nur schwer möglich. Dies liegt daran, dass die Benennung einzelner Briefgattungen, etwa bei Demetrius oder Libanius[168], erhebliche Unterschiede aufweist und dass auch keine einheitliche Systematik zu erkennen ist.[169] In die rhetorischen Systeme hat die Epistolographie erst nach und nach (vgl. bei Demetrius, Cicero, Quintilian, Libanius, Theon) und uneinheitlich Eingang gefunden.[170]

Für den Philemonbrief sind vor allem der Empfehlungs-, der Vorstellungs- und der Bittbrief diskutiert worden.[171] Nach Kim[172] ist der Brief „the only independent Pauline letter of commendation that has been handed down to us intact". Das Empfehlungsformular bestehe aus drei „strukturellen Einheiten", nämlich introduction, credentials und desired action.[173] Kim räumt allerdings ein, dass sich die

---

[166] Zmijewski, S. 29 f.
[167] Vgl. Wickert; Martin, 144 „apostolic letter about a personal matter"; Preiss, Life,34: „ ... in the Body of Christ personal affairs are no longer private." Vgl. Binder, 20f.; Stirewalt, Paul, 22–55.
[168] Demetrius, Typoi Epistolikoi (Übersetzung nach Malherbe, Theorists, 30f.) Pseudo-Demetrius unterscheidet 21 verschiedene Brieftypen. In der Übersetzung bei Malherbe lauten sie: „friendly, commendatory, blaming, reproachful, consoling, censorius, admonishing, threatening, vituperative, praising, advisory, supplucatory, inquiring, responding, allegorical, accounting, accusing, apologetic, congratulatory, ironic, thankful."
[169] Strecker, Literaturgeschichte, 94f.
[170] Malherbe, Theorists, 7; Keyes, Letter of Introduction, 31; Schnider/Stenger, Studien, 168.
[171] Kim, Form, 123ff; Stowers, Letter Writing, 155; Conzelmann/Lindemann, Arbeitsbuch, 224; Lietzmann, Kor, 100; vgl. Pseudo-Demetrius, Τύποι Ἐπιστολιχοί 2 (Malherbe, Theorists, 30f.). Die Strukturmerkmale des Empfehlungsbriefes sind besonders von Buzón (Briefe, 71) herausgearbeitet worden, nämlich Präskript, Formula valetudinis initialis, Briefkörper – darin Vorstellung des Empfohlenen, Bitte (mit Eingangsformel, Abfassung der Bitte, Rechtfertigung des Anliegens, Verstärkung der Bitte und Belohnungsangebot), Formula valetudinis finalis, Abschiedsgruß und Datumsangabe.
[172] 123.
[173] In Phlm seien dies a) V.10a, b) V.10bff. und c) V.17. „The pericope preceding item a (vv.8–9) is the same as item a except that it, like Phil. 4:2, simply gives a general exhortation to the recipient and serves as a prelude to item a; this is not an essential component of the formula" (ebd., 126).

paulinischen Empfehlungen (Phil 2,29f; 4,2f.; 1Thess 5,12–13a; 1Kor 16,15–18; Röm 16,1f.) nicht exakt mit dem Empfehlungsformular antiker Briefe vergleichen lassen und spricht deshalb von „Pauline commendation formula".[174] Dass Paulus dem Philemon ein bestimmtes Verhalten gegenüber Onesimus nahelegt, unterliegt keinem Zweifel. Insofern kann man den Brief in einem allgemeinen Sinn als Empfehlungsschreiben ansehen. Empfehlungs- und Vorstellungsbriefe (letters of introduction) genau zu unterscheiden ist aber schwierig, da Empfehlungsschreiben in der Regel auch vorstellenden Charakter haben (vielfach ist der Überbringer eines Briefes zugleich derjenige, der empfohlen wird). Zwar ist auch die formale Ordnung der Empfehlungsbriefe durchaus variabel, die einzelnen Elemente sind aber doch recht konstant. So lassen sich im Philemonbrief zwar Elemente des Empfehlungsschreibens erkennen (besonders in V.10–12), aber insgesamt passt sich das Schreiben nicht bruchlos in die konzise Form des Empfehlungsbriefes ein. Deshalb sind alternative Bezeichnungen wie „letter of introduction, of mediation" in diesem allgemeinen Sinn ebenfalls zutreffend[175]: Es wird ja ein „neuer Onesimus" vorgestellt; aber auch hier entspricht der Brief nicht ganz den üblichen Einteilungen.

Aufgrund des zweimaligen παρακαλῶ V.9.10, der Konkretisierung in V.17 und der Bitte „in eigener Sache" V.20 ordnet WOLTER den Philemonbrief der Gruppe der Bittbriefe zu, vor allem den „offiziellen Petionen"[176], aber auch dies mit Einschränkungen: Unterhalb der Rahmengattung seien Elemente anderer Gattungen zu finden. SCHNIDER/STENGER sprechen deshalb zutreffend von „brieftypischen Elementen" und „meist formelhaften Wendungen".[177] Zwar orientiert Paulus sich an solchen brieftypischen Elementen, wandelt sie aber ab und passt sie seinen Bedürfnissen und der jeweiligen Gemeindesituation an. Will man den Philemonbrief einer Gattung zuweisen, dann am ehesten dem Bittbrief. Allerdings geben die hierfür anzuführenden Briefelemente nur den Rahmen an; die Spannung zwischen Äußerungen der Autorität und Bitte, verbunden mit den vielen Hinweisen auf Gemeinschaft und Freude, lässt sich mit keinem der bekannten Brieftypen genau in Einklang bringen. Dies trifft auch auf den Sachverhalt zu, dass Paulus sich nicht lediglich für Onesimus einsetzt, sondern in gleicher Weise Philemon zu einem Handeln bewegen will, das mit seinem Glauben übereinstimmt.

---

[174] Ebd., 123, vgl. 124.125.134f. KIM (vgl. Nr. 76–79 und S. 99ff.) stellt Ähnlichkeiten mit hellenistischen Briefen vor allem im Eingangs- und Schlussteil fest, nicht aber im Hauptteil der Briefe (117f.).
[175] STUHLMACHER, Phlm, 24f.:„briefliche Fürsprache"; KUMITZ, Brief, 206: Fürsprachebrief.
[176] WOLTER, Phlm, 236, unter Berufung auf MULLINS, Petition; BJERKELUND, Parakalo, 118ff.; WHITE, Form. Nach WHITE, Formulae, 93, handelt es sich bei den Petitionen um „written pleas of redress addressed to public officials. They contain, uniformly, two major elements, a background section and a request period. The background section precedes, and in it the circumstances necessitating the petition are delineated. This same two-fold model ... holds for requests in private letters, except that the background portion does not always precede ..." Im Blick auf Phlm müsste allerdings der „offizielle" Charakter noch deutlicher bestimmt werden. Die Unterscheidung in „background and request proper" ist in diesem Brief nicht durchzuhalten, da beides miteinander verknüpft ist. MULLINS, Petition, 47, nennt die Formelemente „background, petition, address, courtesy phrase, desired action."
[177] Studien, 68.173.

Der Vergleich mit dem Asylbrief[178] sei der Vollständigkeit halber erwähnt. Neben offiziell bestätigten Asylorten (z.B. das Heiligtum der Artemis in Ephesus)[179] gaben „Volksglaube und religiöses Herkommen jeder geweihten Stätte den tröstlichen Charakter einer gesicherten Zuflucht; jedes Standbild des Kaisergottes, jeder Altar, ja auch der den Göttern geweihte Herd des Hauses kann bis zu Philos Zeit zu einem Asyl werden. Wer dorthin flüchtet, den rettet der Gott vor drohenden Nachstellungen und verpflichtet ihn, für kürzere oder längere oder auch für die Zeit seines Lebens, zu seinem Dienst." Allerdings ist, wie LOHMEYER zugesteht, „unmittelbar von Asylgedanken nichts zu spüren" – und mittelbar auch nicht.

Von grundlegender Bedeutung ist, dass Paulus wie in seinen anderen Briefen auch im Philemonbrief die Beziehung zwischen Absendern und Empfängern auf Gott und Christus hin konzentriert, als „Horizont ihrer Begegnung". Die „kräftige religiöse Grundierung"[180] ist das herausragende Element der Paulusbriefe. Die Gemeinschaft, die daraus erwächst, und die Freude daran prägen die Kommunikation zwischen Paulus, Philemon und der Gemeinde in seinem Haus. Insofern ist der Brief auch als Freundschaftsbrief nicht hinreichend beschrieben. Wie im Freundschaftsbrief geht es aber um die offene Kommunikation im Blick auf eine alle Beteiligten betreffende Angelegenheit – im Rahmen ihres gemeinsamen Wirklichkeitsverständnisses. Dieses Wirklichkeitsverständnis wird hier nicht, wie in anderen Briefen, thematisch ausgeführt, ist aber in vielen Hinweisen und Wendungen präsent. Der konkrete Fall und die christologische Grundierung der Wirklichkeit werden im Medium des Briefes aufeinander bezogen. Der Brief ist so gesehen ein hervorragendes Medium, um auf eine konkrete Situation aus der Perspektive des Christusglaubens zu reagieren. Die Verknüpfung konkreter Situationen und theologischer Reflexion macht ihn zu einem bestens geeigneten Mittel der Kommunikation zwischen Paulus und den von ihm gegründeten Gemeinden.[181] Die Erkenntnis von Bosenius, dass ein Brief eine Antwort der Rezipienten erwartet bzw. herausfordert, trifft ohne Zweifel auch auf den Philemonbrief zu.[182] Auch wenn wir die Antwort nicht kennen, konnte dieser Brief nicht unbeantwortet bleiben – und sollte es auch nicht: Er musste sich, wie immer es nach der Rückkehr des Onesimus konkret ausgesehen haben mag, auswirken auf das Verhältnis zwischen Philemon, Onesimus und der Hausgemeinde.

4.) „Das Instrumentarium der griechisch-römischen Rhetorik kann mit Gewinn zur Analyse jedes geschriebenen oder gesprochenen Textes verwendet werden." Es

---

[178] LOHMEYER, Phlm, 172f., und oben, 67.
[179] Tacitus, ann 3,36,1, kritisiert, dass „schlechte Elemente" sowie Freigelassene und Sklaven sich ungebührlich verhalten und meinen, dass sie straffrei blieben, wenn sie nur ein Kaiserstandbild berührten. Vgl. WENGER, Asylrecht, mit weiterer Literatur.
[180] GERBER, Paulus, 76.
[181] Dies gilt auch dann, wenn man das frühe Christentum nicht zur Briefreligion stilisiert (so mit Recht GERBER, Paulus, 76f.). Vgl. KUMITZ, Brief, 209f.: „ideales Verhikel, um im Falle eines Konflikts eine von der agape getragene Kommunikation, in der sich alle Teilnehmer in gleicher Weise achten, zu ermöglichen"; MÜLLER, Anfänge, 287f.
[182] BOSENIUS, Abwesenheit.

hilft zu klären, welche Gedanken entwickelt werden, ob sie schlüssig zueinander passen und in wirkungsvoller Abfolge vorgetragen sind, ob Stil und Ton dem Inhalt entsprechen usw.[183] Sowohl die Hauptteile einer Rede – nach Aristoteles, rhet 3,13–19, sind dies die Vorrede (προοίμιον, exordium), die Formulierung des Sachverhalts (διήγησις, narratio), die Aufstellung des Sachverhalts (πρόθεσις, propositio), die Beweisführung (πίστις, argumentatio[184]) und der wirkungsvolle Abschluss (ἐπίλογος, peroratio)[185] – als auch die verschiedenen Schritte beim Anfertigen einer Rede[186] können als heuristische Fragestellung auch auf Briefe angewendet werden, wobei insbesondere die Stilistik (elocutio) eine wichtige Rolle spielt.[187]

Die Regeln der Rhetorik wurden in der Antike allerdings vergleichsweise selten auf Briefe angewandt.[188] Dafür gibt es verschiedene Gründe: Während die mündlich vorgetragene Rede auf Öffentlichkeit zielt, sind (Privat-) Briefe schriftlich konzipiert und haben einen oder wenige Adressaten im Blick; mehrheitlich sind Briefe kurz und beschränken sich auf überschaubare Inhalte; formal orientieren sie sich an bestimmten Schreibkonventionen, die sich mit denen einer elaborierten Rede nur teilweise vergleichen lassen. Die Schriftlichkeit wird weder durch das Diktat noch durch das Vorlesen eines Briefes aufgehoben.[189] „Wer Briefe interpretieren will, muss sich deshalb das Wesen und die Eigenart des Phänomens ‚Brief' als Mit-

---

[183] CLASSEN, Paulus, 2f.; vgl ANDERSON, Theory, 290. Aus diesem Grund werden seit geraumer Zeit die Mittel der Rhetorik als Struktur gebendes Muster zur Interpretation der Paulusbriefe herangezogen. Einen guten Überblick über die antike Rhetorik gibt WALDE, Rhetorik (besonders 972If.), vgl. auch die Übersicht bei LAUSBERG, Handbuch 262. Ein herausragendes Beispiel rhetorischer Analyse ist der Galaterkommentar von BETZ. Zur neueren Diskussion zum Verhältnis von Epistolographie und Rhetorik KLAUCK, Briefliteratur; GERBER, Paulus, 48–77; WATSON/HAUSER, Criticism. Zu Phlm vertritt vor allem KUMITZ die rhetorische Analyse.

[184] Auch die Unterscheidung von Ethos (Selbstbild des Redners bzw. Charakterbilder der Prozessbeteiligten in der Gerichtsrede), Pathos (Beeinflussung des Auditoriums durch emotionale Mittel) und Logos (Beeinflussung durch rationale Argumente) lässt sich auf Phlm anwenden. Nach LEVISON, Letter, 535f., ist der Brief „a mine rich with the coercion that issues from pathos, from intimacy within a communal context." THURSTON, 193, findet Elemente von Ethos in Phlm 4–7.13–14.16–17, Pathos in V.1.9–10.12.17–18, und Logos vor allem in der Selbstvorstellung des Paulus als „Gesandter" in V.9.

[185] Neben der Gerichtsrede (auch dikanische, forensische oder apologetische Rede, genus iudiciale) stehen die Reden in der Ratsversammlung (symbuleutische Rede, genus deliberativum) und die Rede in der Festversammlung (epideiktische Rede, genus demonstrativum; vgl. Rhetorica ad Herrenium, 1,2; 2,1). Die Genzen zwischen diesen Redegenera sind allerdings fließend. Da die epideiktische Rede am wenigsten genau bestimmt ist, kann sie auch Elemente der anderen Gattungen integrieren.

[186] Nach Cicero, or, 1,142, sind dies das Finden (inventio), das sachgemäße Anordnen (dispositio), das Formulieren (elocutio), das Memorieren (memoria) und Vortragen (actio, pronuntiatio) des Stoffes.

[187] Die elocutio nimmt auch in den antiken Lehrbüchern eine große Rolle ein. In der Rhetorica ad Herrenium umfasst sie das umfangreiche vierte Buch, bei Quintilian die Bücher 8–10.

[188] Qunitilian geht in inst orat nur beiläufig auf Briefe ein (IX 4,19f.); die Wortfügung sei einfacher und lockerer als in einer Rede; auch lasse sich der Brief mit der Rede schon im Blick auf die Länge nicht vergleichen; Isokrates, ep 2,13, stellt den Brief der „länglichen Abhandlung" gegenüber.

[189] KLAUCK, Briefliteratur, 167. Bei literarischen Briefen (vgl. z.B. die Briefsammlung des jüngeren Plinius), die zur Veröffentlichung und damit auch zum öffentlichen Vortrag bestimmt sind, sind rhetorische Elemente von vornherein eher zu warten

tel menschlicher Kommunikation verdeutlichen."[190] Denn als geschriebener Text unterliegt ein Brief anderen Entstehungsbedingungen als eine vor Publikum vorgetragene Rede und diese wirken sich auch auf seine innere Struktur aus.[191] Ein Brief ist nicht einfach eine Rede im Briefumschlag[192], sondern folgt eigenen Regeln.

Briefliche Kommunikation ist medial vermittelte und zeitversetzte Kommunikation. Absender und Empfänger treten sich weder räumlich noch zeitlich unmittelbar gegenüber. Gleichwohl ist dem Brief daran gelegen die Beziehung zwischen Absender und Adressat aufrecht zu erhalten.[193] Das Gebet für die Adressaten wie auch das Erinnerungsmotiv lassen sich hieraus erklären. Dass der Absender sein eigenes Schreiben z.T in die Vergangenheit rückt (ich habe dir geschrieben ...), ruft bereits die Rezeptionssituation auf.

Briefliche Kommunikation verweist auf einen wechselseitigen Erfahrungs- und Erwartungshorizont bei Absender und Empfänger. Hierzu gehört zum einen, dass ein Brief mehr oder weniger deutlich auf die bisherige Kommunikation der Briefpartner anspielt.[194] Zum anderen können aus bisherigen Erfahrungen erwartete oder erwünschte Entscheidungen, Handlungen oder Einschätzungen extrapoliert werden.

Trotz der zeitlich und räumlich getrennten Kommunikationssituation ist der Brief nicht lediglich unzureichender Ersatz für persönliche Anwesenheit.[195] Zwar fehlt ihm im Gegensatz zur Rede der unmittelbar-lebendige Ausdruck; ihm stehen aber andere Möglichkeiten zum Beziehungsaufbau zur Verfügung. Als schriftliches Dokument räumt er dem Absender und den Adressaten Zeit ein. Das Abfassen eines Briefes ist ein reflektierter Vorgang. Insbesondere in diesem Zusammenhang hat die rhetorische Analyse Sinn. Und als schriftliches Dokument gibt der Brief den Adressaten die Möglichkeit mehrfachen, privaten und öffentlichen Lesens. Der Brief ermöglicht intensive und reflektierte Rezeption. Beim Schreiben kann die Reaktion der Adressaten antizipiert, beim Lesen auf die Motivation des Absenders zurück geschlossen werden. Beides schlägt sich bis in die Formalia des Briefes hinein nieder.[196]

Bosenius hat auf den Unterschied zwischen dem schreibenden und dem brieflichen Ich aufmerksam gemacht: „Wer über sich selbst schreibt, entwirft ein Bild von sich selbst, eine Interpretation seiner eigenen Existenz, welche mit der empirischen Person nur bedingt iden-

---

[190] CLASSEN, Paulus, 7.
[191] LEVISON, Letter, erkennt in Phlm 7–13 die rhetorische Figur der Wiederholung, die hier „like a staircase" funktioniere. Die angeführten Belegstellen in Rhetorica ad Herennium 4.14.20.1 und bei Quintilian, inst 9.3.41.2, treffen aber auf den Abschnitt nicht wirklich zu; sie sind für die gesprochene Rede konzipiert, während sich die Abfolge der Begriffe in Phlm 7–13 erst durch wiederholtes Lesen ganz erschließt.
[192] So JEGHER-BUCHER, Galaterbrief, 204.
[193] GERBER, Paulus, 75. Ebd., 58: Die Bedeutung der räumlichen Trennung gibt „den paulinischen Briefen eine grundlegend andere Performanz als die einer Rede, auch als der Erstverkündigung."
[194] Vgl. PROBST, Paulus, 101.
[195] So im Blick auf Gal BETZ, Galaterbrief, 69 („ein lebloses Stück Papier").
[196] PROBST, Paulus, 102.

tisch ist, da schreibendes und schriftliches Ich zueinander im Verhältnis einer diskontinuierlichen Kontinuität stehen."[197] Dies zeigt sich bereits im Briefformular und den zur Verfügung stehenden Formulierungen. Wenn Philostrat fordert, dass „der Stil des Briefes ... mehr der Hochsprache entsprechen (soll) als der Umgangssprache, aber auch wiederum eingängiger erscheinen soll als die Hochsprache"[198], zeigt sich die verschriftlichte Selbstreflexion des Absenders bereits im Stil.[199]

Der Brief und das Nachdenken bzw. das Gespräch über den Brief gehören zusammen.[200] Dabei kann der Überbringer des Briefes eine besondere Rolle spielen, indem er Details zur Situation des Absenders ergänzt oder bei den Adressaten ein Gespräch über den Brief und seinen Absender auslöst.[201]

Der Brief kann u. U. bestimmte Anliegen deutlicher formulieren als das auf direktem Weg möglich wäre.[202] Seneca bezeichnet an manchen Stellen den (Freundschafts-) Brief als Ersatz der Anwesenheit (epist 22,1; 35,2; 45,2; 71,1; 78,28); in epist 55,9–11 betont er aber, dass die Briefsituation gegenüber der persönlichen Anwesenheit das gedankliche Voranschreiten (προκοπή) fördern kann.[203] Die Abwesenheit ermögliche intensiveren Kontakt als das Beisammensein und der Brief gewinne geradezu die Funktion des Mentors und philosophischen Mediums. Sichtbares Zeichen dafür sei die dem Brief aufgedrückte Handschrift, die den Briefpartner zu erkennen gibt (epist 40,1, die Buchstaben sind vera amici absentis vestigia und bringen veras notas).[204]

Im Brief spielt die Person des Verfassers eine zentrale Rolle. Die in der Rede zur Anwendung gebrachten Argumentationsmuster der Rhetorik treten im Brief hinter die Persönlichkeit des Briefschreibers zurück.[205] Da es nicht lediglich, oft nicht einmal in erster Linie um Sachaussagen geht, sondern um Beziehungsaussagen und um Handlungs- oder Einstellungsänderungen bei den Adressaten, haben Per-

---

[197] Abwesenheit, 79 f.
[198] Flavii Philostrati Opera (Kayser), 258.
[199] BOSENIUS, Abwesenheit, 95 f., hat auf den Anspruch des „Apostels im Brief" aufmerksam gemacht, der die Adressaten zu einer Stellungnahme herausfordere. Insofern stelle die Brieflichkeit der paulinischen Theologie geradezu die „Idealform der Evangeliumsverkündigung" dar (ebd., 86.91).
[200] Vgl. hierzu die Libanios-Ausgabe von FATOUROS/KRISCHER (224 ff.232 f.).
[201] Libanios 1428F (Nr. 65): Wenn Eudaimon „bei dir weilt und nach manchem fragt, manches erfährt und manches auch über mich berichtet, werde ich bei euren Gesprächen, so scheint mir, nicht gänzlich abwesend sein, wie denn auch jeder, der einer Einladung nicht folgen kann und seinen Sohn zum Mahle schickt, sich hernach zu jenen zählen wird, die Speise und Trank erhalten habeń."
[202] Vgl. PROBST, Briefe, 61–105.
[203] BOSENIUS, Abwesenheit, 91 f.
[204] Epist 40,1: „Niemals nehme ich Deinen Brief in Empfang, ohne daß wir sogleich beisammen sind. Wenn uns Bilder abwesender Freunde erfreulich sind, die die Erinnerung auffrischen und die Sehnsucht mit unbegründetem und leerem Trost erträglich machen, um wieviel erfreulicher ist ein Brief, der echte Spuren, echte Zeichen des abwesenden Freundes überbringt? Denn, was beim Anblick (des Freundes) am wohltuendsten ist, das leistet die dem Brief aufgedrückte Handschrift des Freundes, nämlich (ihn) wiederzuerkennen." Vgl. epist 56,9–11; Cicero, fam V 14,1.
[205] PROBST, Paulus, 102–104.

son und Autorität des Briefschreibers argumentative Bedeutung. Insofern ist der Briefautor „wichtigster Punkt der Beweisführung."[206]

Zwischen Rhetorik und Epistolographie lassen sich demnach zweifellos Querverbindungen erkennen, die aber die Eigenheit der Epistolographie nicht aufheben: „Eine nahezu mechanische Anwendung des klassischen Redeschemas auf Briefe und Briefteile ist eher geeignet, die rhetorische Analyse in Misskredit zu bringen."[207] Unter Beachtung der Eigenheit des Mediums Brief kann die rhetorische Analyse dagegen mit Gewinn zur Analyse herangezogen werden.[208] Für die Berücksichtigung der Rhetorik spricht auch der Sachverhalt, dass das Lesen in der Antike oft ein lautes Lesen und ein Vorlesen war.[209]

Die Textüberlieferung

In der Textfassung von Nestle-Aland[210] werden als ständige und häufig zitierte Zeugen für den Philemonbrief folgende Handschriften genannt:

p[61] (Phlm 4-7; ca. 700)	F (010, IX. Jh.)	33 (IX. Jh.)
p[87] (Phlm 13-15.24-25, III. Jh.)	G (012, IX. Jh.)	1739 (X. Jh.)
ℵ (01, IV. Jh.)	I (016, V. Jh.)	1881 (XIV. Jh.)
A (02, V. Jh.)	Ψ (044, IX/X. Jh.)	
C (04, V. Jh.)	048 (V. Jh.)	
D (06, VI. Jh.)	0278 (IX. Jh.)	

Das Papyrusfragment p[87] (mit den Textteilen Phlm 13-15.24-25) aus dem frühen 3. Jahrhundert ist der älteste handschriftliche Beleg.[211] Der ganze Brief ist erst in den großen Handschriften des vierten und fünften Jahrhunderts erhalten, den Codices Sinaiticus, Alexandrinus und Ephraemi Syri rescriptus (dort ohne V.1f.). Er fehlt im Codex Vaticanus.

Bemerkungen bei den Kirchenvätern und in Kanonverzeichnissen lassen noch weiter zurückreichende Beobachtungen zu. Tertullian zufolge war der Brief bereits im Kanon Marcions (um 150) enthalten. Tertullian selbst erkennt ihn als Paulusbrief

---

[206] PROBST, Paulus, 104, unter Hinweis auf die „imperative Logik", die „auf der Glaubwürdigkeit der Person des Autors basiert und sich auf die Person des Empfängers bezieht. ... Nicht Apologie also ist die Absicht dieser oft intensiven Selbstdarstellungen, sondern Begründung einer Beziehung zum Empfänger, die, von gegenseitiger Achtung geprägt, eine Argumentation im Sinne ‚imperativer Logik' ermöglichen soll" (105).

[207] KLAUCK, Briefliteratur, 179; STRECKER, Literaturgeschichte, 91; vgl. REISER, Sprache, 124f.

[208] GERBER, Paulus, 66. Nach KUMITZ, Brief, 57, gebührt der Rhetorik der Primat, „weil auf der Grundlage rhetorischer Vorgehensweisen die Intention des Absenders verdeutlicht werden kann. Die Epistolographie umschreibt dagegen das literarische Feld, das Paulus gewiesen und durch dessen Grenzen er bestimmt ist." Die fragmentarische Behandlung des Briefes in den Rhetorik-Handbüchern versteht er als Argument für die Zusammengehörigkeit von Epistolographie und Rhetorik (ebd. 55).

[209] Vgl. STIREWALT, Paul, 15.

[210] 27. Auflage, 20*.

[211] Vgl. KRAMER, Kölner Papyri, Band IV, 1982, Nr. 170.

an (adv Marc 5,21). Um 200 wird das Schreiben im Kanon Muratori vor den Pastoralbriefen aufgelistet: „ad filemonem una".[212] Im Verzeichnis des Codex Claromontanus erscheint er als kürzester Paulusbrief an letzter Stelle der Paulusbriefe.[213]

Der griechische Text des Briefs ist in den Handschriften sehr konstant überliefert. Die Mehrzahl der Textvarianten lässt sich mit großer Wahrscheinlichkeit entscheiden. Nur an wenigen Stellen haben textkritische Entscheidungen auch inhaltliche Verschiebungen zur Folge.[214] Die verschiedenen Varianten in der Subscriptio gehören in die Auslegungsgeschichte des Briefes und werden dort behandelt.

Verfasser, Abfassungsort und -zeit

Schließlich ist im Rahmen der Einführung auf die Frage nach der Verfasserschaft sowie nach Abfassungsort und -zeit einzugehen. Dass der Philemonbrief von Paulus geschrieben wurde, ist allgemein anerkannt. Frühere Zweifel an seiner Autorschaft konnten sich nicht durchsetzen. BAUR bestritt die Echtheit wegen der Nähe des Briefs zu den anderen Gefangenschaftsbriefen und wegen einer Reihe von Ausdrücken, die in den vom ihm als echt angesehenen Briefen nicht vorkommen[215], sah aber im Philemonbrief gleichwohl den „Embryo einer christlichen Dichtung" und die Darstellung einer „ächt christlichen Idee".[216] WEIZSÄCKER[217] verstand den Brief als „Beispieldarstellung für eine neue Lehre zum christlichen Leben"; der Name Onesimus weise darauf hin, dass es sich bei dem ganzen Brief um eine Allegorie handle. Nach VAN MANEN[218] habe ein „Pseudopaulus" den Pliniusbrief an Sabianus (Plinius, epist IX 21) etwa in der Mitte des 2. Jahrhunderts christlich umgeschrieben. Eine Interpolationsthese vertrat HOLTZMANN: Der von Paulus verfasste Phlm sei vom Redaktor des Kol um V.4-6 erweitert worden.[219] In der neueren Diskussion wird eine nichtpaulinische Herkunft des Briefes mit Recht nicht mehr vertreten.

Die beiden Fragestellungen, wo und wann Paulus den Brief an Philemon geschrieben hat und wo man sich Philemons Haus und die Hausgemeinde vorstellen kann, überschneiden sich. Der Brief selbst gibt nur wenige Hinweise: Paulus bezeichnet sich als „alter Mann" und er befindet sich in Gefangenschaft; im Gefängnis kann er Besuch empfangen und hat Onesimus zum Glauben an Christus

---

[212] LIETZMANN, Fragment, dort Zeile 59. Vgl. CAMPENHAUSEN, Entstehung, 289.
[213] METZGER, Kanon, 292f.
[214] Vgl. METZGER, Commentary, und WENGST, 22-24. Die textkritischen Erwägungen sind in der Einzelanalyse an Ort und Stelle eingefügt.
[215] BAUR, Paulus, 88-94. Als unpaulinisch sah BAUR z.B. die Begriffe συστρατιώτης, πρεσβύτης, ἄχρηστος und εὔχρηστος, ἀποτίνω an. SCHENK, Brief, 3443-3445, hat im Blick auf das verwendete Vokabular und den Stil des Briefes die paulinische Verfasserschaft klar bestätigt.
[216] BAUR, Paulus, 93.
[217] Zeitalter, 545.
[218] Vgl. BRUCE, St. Paul in Rome. 2,83.
[219] Brief, besonders 138; ähnlich HAUSRATH und BRUECKNER; vgl. ZAHN, Einleitung, 327f.

bekehrt; zum Glauben gebracht hat er auch Philemon; dies muss schon länger zurück liegen, da Philemon inzwischen sein Haus für eine christliche Gemeinde geöffnet und „allen Heiligen" Gutes getan hat.

Die Apostelgeschichte berichtet von Inhaftierungen des Paulus in Philippi (Apg 16,23–34), Caesarea (Apg 23,20–35; 24–26; nach 24,32 handelt es sich um eine leichte Haft) und Rom (Apg 28,16, hier wird Paulus von einem Soldaten in einer Wohnung bewacht). Apg 19 weiß von Unruhen in Ephesus, nicht aber von einer Inhaftierung; einige Angaben in den Paulusbriefen (1Kor 15,32; 2Kor 1,8f.; 11,23; Phil 1,12–20) machen Verfolgung und Haft aber auch in dieser Stadt wahrscheinlich.[220] Daraus ergibt sich die Frage, welcher Haftort am ehesten mit den Angaben des Philemonbriefs in Übereinstimmung gebracht werden kann. Mit den Haftorten sind dann jeweils verschiedene Abfassungszeiten zu verbinden.[221]

Dass der Brief während der Gefangenschaft in Caesarea verfasst worden sei, hat nicht viele Befürworter gefunden.[222] Auch die Gefangenschaft in Philippi spielt kaum eine Rolle[223]; nach der Darstellung der Apostelgeschichte dauerte sie auch nur eine Nacht. Als Argument für die Abfassung in Rom wird neben der starken altkirchlichen Bezeugung die Selbstbezeichnung „alter Mann" herangezogen.[224] Außer dass Paulus älter als fünfzig und älter als Philemon ist, lässt sich aus der Bezeichnung πρεσβύτης jedoch nichts Genaues entnehmen.[225]

Die große Mehrheit der Exegeten spricht sich für eine Abfassung des Briefes in Ephesus aus.[226] Hierfür werden verschiedene Gründe geltend gemacht. Es geht zunächst um die Frage, in welcher Entfernung vom Haftort des Paulus man sich Philemons Hausgemeinde vorstellen kann. Da Rom und Italien (jedenfalls bis zum Romaufenthalt, vgl. Apg 28) nicht Missionsgebiet des Paulus waren und die Bekehrung Philemons bereits eine Weile zurück liegt, ist Philemons Haus im eigentlichen paulinischen Missionsgebiet zu lokalisieren, wobei die im Brief zu findenden Namen eher für Kleinasien, insbesondere für Phrygien, sprechen.[227] Dann aber wäre es wenig plausibel, dass Onesimus sich mit der Bitte um Fürsprache vom

---

[220] Zu Ephesus als Haftort vgl. die Argumente bei MÜLLER, Philipper, 18–21.
[221] Vgl. hierzu ausführlich FITZMYER, 9f.
[222] Vgl. DIBELIUS, Phlm, 107; KÜMMEL, Einleitung, 250.252; THORNTON, Zeuge, 212; DODD, Mind, 80.
[223] Vgl. aber BEILNER/ERNST, Wort, 234; ARZT-GRABNER, Phlm, 81. WANSINK, Christ, 16.
[224] Für Rom sprechen sich u.a. aus LIGHTFOOT, Phlm, 312; WEISS, Urchristentum, 294; SCHWEITZER, Mystik, 47; JÜLICHER/FASCHER, Einleitung, 124f.; GÜLZOW, Christentum, 29f.; THOMPSON, Phlm, 174–176; SCHENKE/FISCHER, Einleitung I, 156; SCHNELLE, Paulus, 421.
[225] Vgl. oben, 54.
[226] U.a. STUHLMACHER, Phlm, 21; LOHSE, Phlm, 264; GNILKA, Phlm, 4f.; BINDER, Phlm, 21–29; WOLTER, Phlm, 238; LAMPE, Phlm, 205. Von einer größeren Zahl von Sklaven auf Pergamon zu schließen, da allein im hellenistischen Königreich Pergamon die Sklavenhaltung eine nennenswerte Rolle gespielt habe (KÖSTER, Einleitung, 60; SCHENK, Brief, 3483), ist nicht stichhaltig. Zur Zeit des Paulus unterstehen Pergamon und ganz Kleinasien längst römischer Herrschaft mit entsprechender Sklavenhaltung. Außerdem macht Phlm keine Angaben zur Zahl der Sklaven im Haus Philemons; vgl. zur Kritik auch FITZMYER, Phlm, 13.
[227] Für Apphia hat LIGHTFOOT, Phlm, 306f., entsprechende Belege beigebracht, die Namen Archippus und Philemon sind für das westliche Kleinasien belegt, die Legende von Philemon und Baucis (Ovid, met 8,618–724) spielt in Phrygien.

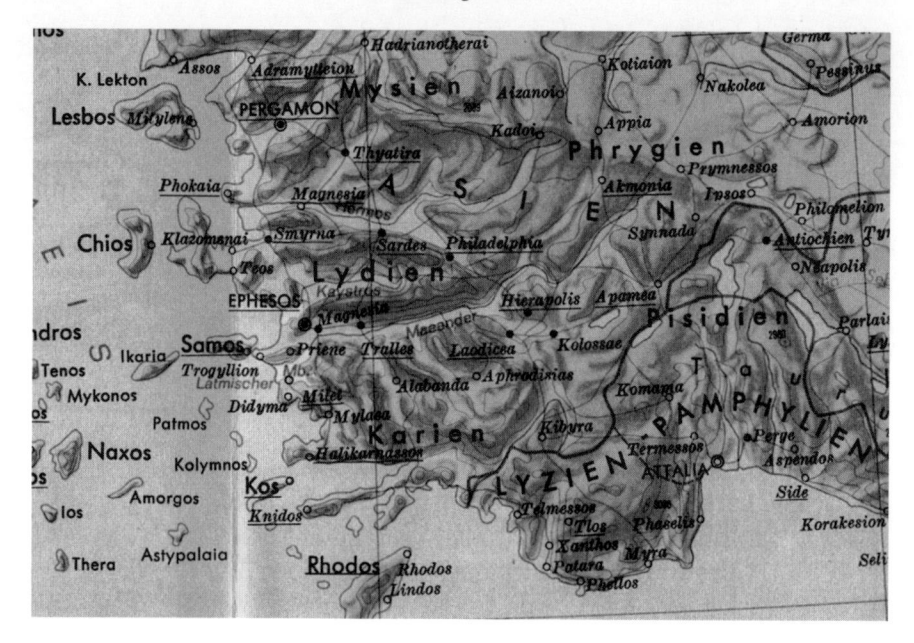

westlichen Kleinasien aus auf den weiten riskanten Weg nach Rom begeben hätte. Von Phrygien aus kann Ephesus dagegen auf einer gut ausgebauten Straße in vergleichsweise kurzer Zeit erreicht werden.[228] Die internen Hinweise sprechen damit für die Abfassung in Ephesus.

Ein weiteres, textexternes Argument spricht für die Lokalisierung der Hausgemeinde in Kolossä: Die Grußliste Phlm 23f. stimmt auffällig mit Kol 4,10–14 überein:

Kol 4,10–14
(10) Ἀσπάζεται ὑμᾶς Ἀρίσταρχος ὁ συναιχμάλωτός μου καὶ Μᾶρκος ὁ ἀνεψιὸς Βαρναβᾶ, περὶ οὗ ἐλάβετε ἐντολάς, ἐὰν ἔλθῃ πρὸς ὑμᾶς, δέξασθε αὐτόν. (11) καὶ Ἰησοῦς ὁ λεγόμενος Ἰοῦστος, οἱ ὄντες ἐκ περιτομῆς, οὗτοι μόνοι συνεργοὶ εἰς τὴν βασιλείαν τοῦ θεοῦ, οἵτινες ἐγενήθησάν μοι παρηγορία. (12) ἀσπάζεται ὑμᾶς Ἐπαφρᾶς ὁ ἐξ ὑμῶν, δοῦλος Χριστοῦ Ἰησοῦ, πάντοτε ἀγωνιζόμενος ὑπὲρ ὑμῶν ἐν ταῖς προσευχαῖς, ἵνα σταθῆτε τέλειοι καὶ πεπληροφορημένοι ἐν παντὶ θελήματι τοῦ θεοῦ. (13) μαρτυρῶ γὰρ αὐτῷ ὅτι ἔχει πολὺν πόνον ὑπὲρ ὑμῶν καὶ τῶν ἐν Λαοδικείᾳ καὶ τῶν ἐν Ἱεραπόλει. (14) ἀσπάζεται ὑμᾶς Λουκᾶς ὁ ἰατρὸς ὁ ἀγαπητὸς καὶ Δημᾶς.

Phlm 24 Μᾶρκος, Ἀρίσταρχος, …

Phlm 23 Ἀσπάζεταί σε Ἐπαφρᾶς ὁ συναιχμ᾽λντfi« μου

Phlm 24 … Δημᾶς, Λουκᾶς, οἱ συνεργοί μου.

---

[228] Karte nach: Der östliche Mittelmeerraum zur Zeit des Apostels Paulus. Beilage zum Biblisch-Historisches Handwörterbuch, Göttingen 1979.

Der Vergleich beider Listen führt zu folgenden Erkenntnissen:
Die Übereinstimmung bei den Grüßenden ist groß: Alle in Phlm 23f. Genannten finden sich auch in Kol 4; darüber hinaus bietet Kol 4,11 nur noch einen weiteren Namen: Jesus, der auch Justus genannt wird.[229]
Die Reihenfolge der Namen variiert. Epaphras ist in beiden Listen herausgehoben: In Phlm 23 wird er eigens genannt; in der Liste des Kolosserbriefs steht er in der Mitte und wird am ausführlichsten beschrieben (vgl. Kol 1,7f.). In Phlm 24 und Kol 4,10f. werden Markus und Aristarch zuerst genannt, Demas und Lukas am Schluss, jeweils in umgekehrter Reihenfolge.
Gegenüber der Liste des Kol fällt in Phlm 23f. die Knappheit der Grüße auf. Kol 4,10–14 sagt über die Grüßenden deutlich mehr als Phlm.
Lukas und Demas werden außer in diesen beiden Briefen nur noch in 2Tim 4,10f. erwähnt, dort ist auch Markus genannt. In der nachpaulinischen Situation des 2Tim sichern diese Namen die paulinische Autorschaft des Briefes.
Markus und Aristarch werden üblicherweise mit Johannes Markus aus Jerusalem (Apg 12,12.25; 13,5.13; 15,37–39) bzw. Aristarch aus Thessalonich (Apg 19,29; 20,4; 27,2) identifiziert. Eine Übereinstimmung ist möglich, aber nicht eindeutig.
Die weitgehende Übereinstimmung beider Grußlisten ist kaum zufällig. Sie spricht für eine vergleichbare Situation beider Briefe. Wenn man den Kolosserbrief als paulinisch ansieht, ist dies unproblematisch.[230] Geht man jedoch (wie es auch hier vorausgesetzt ist) mit der großen Mehrzahl der Exegeten von der nicht paulinischen Herkunft des Kolosserbriefs aus, kann die Übereinstimmung nicht nur situativ bestimmt, sondern muss auch als literarische Beziehung eines nachpaulinischen Briefes zu einem Paulusbrief und damit auch unter den Bedingungen pseudepigraphischer Verfasserschaft erklärt werden. Da die literarische Abhängigkeit in diesem Fall aber eindeutig auf Seiten des Kolosserbriefs liegt, ist diese Frage vor allem bei der Auslegung dieses Briefs zu berücksichtigen.[231] Aber auch unter dieser Perspektive spricht die Übereinstimmung zwischen den Grußlisten für eine situative Nähe beider Briefe.
Schließlich könnte auch die spätere Erwähnung des Bischofs Onesimus in den Ignatiusbriefen (IgnEph 1,3; 2,1; 6,2)[232] für Kolossä als Philemons Wohnort sprechen.[233] Zwar ist die Identifikation des Bischofs mit dem Onesimus des Philemonbriefs keineswegs sicher, angesichts einiger an diesen Brief erinnernde Wendungen in IgnEph 3,1f. (οὐ διατάσσομαι ὑμῖν ... παρακαλεῖν ὑμᾶς); Ign Röm 4,1.3

---

[229] Die von AMLING, Konjektur. 261f.; ZAHN, Einleitung I, 319, begründete und verschiedentlich aufgenommene Konjektur ('Επαφρᾶς ὁ συναιχμάλωτός μου ἐν Χριστῷ, Ἰησοῦς, Μᾶρκος ...) rückt beide Grußlisten noch näher aneinander, überzeugt aber nicht (ERNST, 139).
[230] PATZIA, Phlm, 105, ist sogar der Auffassung, dass „these letters probably werde collected and kept as a single piece of Paul's correspondence."
[231] Ich verweise hierzu auf den Kommentar zum Kol, der demnächst in dieser Reihe erscheint.
[232] Ihre Abfassungszeit wird in die zweite Hälfte der Regierungszeit Trajans (98–117) gerückt. Mit Ausnahme von Rom sind alle übrigen Briefe an Gemeinden im westlichen Kleinasien gerichtet.
[233] POMMIER, billet, 181; KIRKLAND, Beginnings, 120f. sprechen sich für Laodizea als Ort der Hausgemeinde aus.

(ἐντέλλομαι πᾶσιν ... παρακαλῶ ὑμᾶς); IgnTrall 3,3 (διατάσσομαι) aber auch nicht ausgeschlossen. Allerdings handelt es sich nicht um Zitate, sondern um Bezugnahmen allgemeiner Art. Dass es im Rückblick nahe lag, im Bischof Onesimus aus Ephesus den Onesimus des Philemonbriefs zu erkennen, liegt nahe; aber gerade darin ist auch der Zweifel an dieser Verknüpfung begründet.[234] Für die Auslegung des Philemonbriefes ist die Frage allerdings von sekundärer Bedeutung. Sie gehört, wenn es sich nicht lediglich um eine Namensgleichheit handelt, in seine Wirkungsgeschichte.[235]

In Ephesus den Abfassungsort des Philemonbriefs zu sehen und Philemons Haus in Kolossä zu lokalisieren ist nach dem Vergleich der verschiedenen Möglichkeiten somit zwar nicht gesichert, aber doch als wahrscheinlichste Lösung anzusehen. Unter dieser Voraussetzung ist die Abfassungszeit zwischen 53 und 55 anzusetzen.[236]

---

[234] GÜLZOW, Christentum, 40f., verweist auf Häufigkeit des Namens und die „gleiche Unbekümmertheit im Urteil" in den Apostolischen Constitutionen VII 46, wo Onesimus als Bischof von Beröa genannt wird. STUHLMACHER, Phlm, 18, geht dagegen von einer Namenstradition aus, die Anhalt an der tatsächlichen Entwicklung gehabt haben könne. In IgnEph 1,3; 2,6 sind die Liebe und das Equicken aber von Onesimus ausgesagt, während sie in Phlm Philemon selbst betreffen. So bleibt eine große Unsicherheit im Blick auf die Identifikation des ignatianischen Onesimus mit dem des Phlm. Sie läßt es geraten erscheinen, diese Verbindung vorsichtig zu beurteilen.
[235] Siehe dazu unten, 155f.
[236] Vgl. zur paulinischen Chronologie SCHNELLE, Paulus, 31–40; Becker, Paulus, 17–33.

Einzelauslegung

Philemon 1–3: Adresse und Gruß

(1) **Paulus, Gefangener Christi Jesu, und Timotheus, der Bruder,** (2) **an Philemon, den Geliebten und unseren Mitarbeiter, und Apphia, die Schwester, und Archippus, unseren Mitstreiter, und die Gemeinde in deinem Haus.** (3) **Gnade (für) euch und Friede von Gott, unserem Vater und dem Herrn Jesus Christus.**

Der Briefeingang besteht aus zwei Sätzen. Im ersten Satz V.1f. werden Absender und Empfänger des Schreibens genannt, der zweite Satz V.3 beinhaltet einen Friedenswunsch an die Empfänger. Der Vergleich mit Briefen aus der Umwelt[1] zeigt, dass Paulus Elemente des griechischen und des jüdischen Briefformulars aufgreift und eigenständig akzentuiert. Im Vergleich mit anderen Paulusbriefen wird deutlich, dass Paulus die Grundstruktur von superscriptio, adscriptio und salutatio durch verschiedene Zusätze ergänzt und so bereits im Briefeingang für die jeweiligen Empfänger spezifische Akzente setzt.[2]

Variationen sind in der Selbstbezeichnung des Paulus zu erkennen. Am häufigsten findet sich ἀπόστολος (Röm 1,1; 1Kor 1,1; 2Kor 1,1; Gal 1,1f), in Röm 1,1 ergänzt durch δοῦλος, das in Phil 1,1 allein steht. Die Kombination von δοῦλος und ἀπόστολος (Χριστοῦ Ἰησοῦ) in Röm 1,1 weist auf eine inhaltliche Verbindung beider Bezeichnungen hin. Dabei hebt „Apostel Jesu Christi" stärker die Beauftragung des Paulus, „Sklave Jesu Christi" eher die dienende Abhängigkeit von Jesus Christus hervor[3], wobei in beiden Fällen die besondere Nähe der Beziehung und die Autorisierung des Paulus unterstrichen sind. In Phil 1,1 sind Paulus und Timotheus als δοῦλοι Χριστοῦ zusammengeschlossen, während die Apostelbezeichnung fehlt. In 1Thess 1,1 nennt Paulus noch Silvanus und Timotheus ohne Näherbezeichnung. Dies hat vermutlich darin seinen Grund, dass in dieser Phase seiner Missionstätigkeit der Apostolat des Paulus noch nicht in Frage gestellt wurde.[4]

V.1: Als Absender sind Paulus und Timotheus genannt. Außer im Römerbrief nennt Paulus immer noch weitere Absender, darunter am häufigsten Timotheus

---

[1] Siehe oben, 70.
[2] Vgl. vor allem Gal 1,1–5; Röm 1,1–7.
[3] SCHNIDER/STENGER, Studien, 10. Im Hintergrund der Sklavenprädikation steht die alttestamentliche Bezeichnung Abrahams (Ps 105,42), Moses (Jos 14,7; Ps 105,26), Davids (Ps 89,4) und der Propheten (2Kön 17,13.23; 2Chron 36,15; Am 3,7; Jer 7,25 u. ö.) als „Sklaven Gottes". Der Begriff bezeichnet ein enges Dienstverhältnis und ist zugleich eine Auszeichnung. In Phil 1,1f. unterstreicht die dreimalige Erwähnung Jesu Christi, wer in diesem Dienstverhältnis der Herr ist.
[4] HOLTZ, 1Thess, 37f.

(2Kor 1,1; Phil 1,1; 1Thess 1,1). Auch außerhalb der Präskripte wird Timotheus erwähnt, er ist Mitarbeiter (Röm 16,21; 1Thess 3,2), „geliebtes Kind und treu im Herrn" (1Kor 4,17). Im Philemonbrief wird er lediglich „der Bruder" genannt und damit als Mitchrist bezeichnet.[5] Im weiteren Verlauf des Briefes kommt er nicht mehr vor. Seine Nennung deutet nicht notwendig darauf hin, dass er an der Abfassung des Briefes direkt beteiligt war. Dagegen sprechen der persönliche Ton des Briefes und die erste Person Singular im ganzen Hauptteil. Dass Timotheus gleichwohl als Absender genannt ist, zeigt, dass Paulus nicht als Privatperson schreibt; obwohl eine Angelegenheit zwischen Paulus, Philemon und Onesimus verhandelt wird, gibt es andere, die das „unterschreiben", was Paulus zu sagen hat.[6]

Sich selbst bezeichnet Paulus als δέσμιος Χριστοῦ Ἰησοῦ[7], und zwar nicht nur hier, sondern ebenso in V.9 und mit der Wendung ἐν τοῖς δεσμοῖς V.10.13. Vor allem auf Grund der Wendung „Fesseln des Evangeliums" V.13 ist mehrfach eine metaphorische Deutung der Gefangenschaft vertreten worden.

Die Argumente hierfür hat BAUMERT zusammengefasst[8]; δέσμιος komme als Selbstbezeichnung im paulinischen Schrifttum nur noch in 2Tim 1,8; Eph 3,1; 4,1 vor, in Phil 1,7.13.14.17 werde das Wort δεσμοί im Sinne einer physischen Gefangenschaft gebraucht. δέσμιος sei dagegen als Äquivalent zu δοῦλος Χριστοῦ Ἰησοῦ Röm 1,1; Phil 1,1 zu verstehen. Vergleichbar seien 1Kor 9,16; 2Kor 2,14[9], wo es um die Verpflichtung des Paulus zur Verkündigung des Evangeliums gehe. Eine metaphorische Deutung von δέσμιος hat Konsequenzen: Hätte Paulus den Brief nicht aus einer tatsächlichen Gefangenschaft heraus geschrieben, würde sich dies auf die Datierung des Briefes auswirken.

Vor allem V.10 ὃν ἐγέννησα ἐν τοῖς δεσμοῖς lässt sich jedoch nur als Hinweis auf eine konkrete Gefangenschaft verstehen, und ἐν τοῖς δεσμοῖς τοῦ εὐαγγελίου

---

[5] Die Zufügung von αδελφω bei D* (ar) b; Ambst ist als Angleichung an Timotheus und Apphia zu verstehen. Zum christologischen Grund der Bruderanrede vgl. Röm 8,29. Zu Timotheus als „rechter Hand" des Paulus vgl. v. LIPS, Timotheus.

[6] So im Blick auf 1Kor 1,1 SCHRAGE, 1Kor I, 101. Nach Lohse, Phlm, 267, hat Timotheus keinen Anteil am Brief; RICHARDS, Secretary, 154; WITHERINGTON, Phlm, 53, denken an eine aktive Mitverfasserschaft. Nach Hieronymus (PL 26, 643) unterstreicht der „Ko-autor" Timotheus die Autorität des Schreibens.

[7] Die Varianten αποστολος D*, αποστολος δεσμιος 629 und δουλος 323. 945 pc sind Angleichungen an andere paulinische Briefeingänge (Röm 1,1; 1Kor 1,1; 2Kor 1,1; Gal 1,1f.; Phil 1,1). Röm 1,1 verbindet die Begriffe δοῦλος und ἀπόστολος.

[8] Freundschaftsbrief. Auch GOODENOUGH, Paul, 182f.; FEELEY-HARNIK, Anthropology, 121; KUMITZ, Brief, 126f.156f., bezweifeln eine reale Gefangenschaft. Nach KUMITZ verweise die „Gefangenschaft" als kreative Metapher auf die „Bindung aller Christen an die Liebe durch Jeus Christus". Warum die in V.24 Grüßenden oder auch Apphia und Archippus V.2 nicht ebenfalls als „Gebundene" angesprochen sind, bleibt dann aber ebenso offen wie die Fürbitte um eine baldige Freilassung V.22.

[9] LOHSE, Phlm, 266, verweist auf 2Kor 2,14 und die Vorstellung, dass Christus Paulus im Triumphzug als Gefangenen mitführe (zur Stelle WOLFF, 2Kor, 54f.; die Konkretheit der Aussagen in Phlm legt eine engere Beziehung aber nicht nahe). Auch der Vergleich mit den Mysterienreligionen (REITZENSTEIN, Mysterienreligionen, 192f.; der Myste unterwirft sich vor der Einweihung ins Mysterium einer „Haft" = κατοχή, in der er als Gefangener der Gottheit gilt; vgl. KITTEL, δεσμός, 42; DIBELIUS-GREEVEN, Phlm, 102) ist zu weit hergeholt und zudem wegen der konkreten Erwartung in V.22f. nicht überzeugend.

V.13 verweist darauf, dass Paulus aufgrund seiner Evangeliumsverkündigung in Haft ist. Dies liegt für Phil 1,7 auf der Hand, gilt aber in gleicher Weise für Phlm 13. Auch die Bitte um Gastfreundschaft V.22 und deren Begründung διὰ τῶν προσευχῶν ὑμῶν χαρισθήσομαι ὑμῖν setzen eine tatsächliche Haft voraus.[10] Am ehesten ist an einen leichten Gefängnisaufenthalt zu denken, bei dem Paulus Besuch empfangen und Nachrichten zu erhalten kann. Auf keinen Fall aber ist die Situation für ihn vorteilhaft: Er ist auf Hilfe angewiesen und steht unter dem Makel der Untersuchungshaft mit ungewissem Ausgang.[11] Zugleich hat die Wendung „Gefangener Christi Jesu" noch eine weitere Bedeutung: Die Haft steht nach V.13 in Verbindung mit der Verkündigung des Evangeliums. Zusammen mit dem Verzicht auf den Aposteltitel[12] hat die Bezeichnung kommunikative Funktion.[13] Sie weist auf die deutende Kraft hin, die der Christusglaube im Blick auf die Wirklichkeit hat: Paulus ist – obwohl Gefangener der staatlichen oder örtlichen Behörden – in Wirklichkeit Gefangener Christi Jesu.[14] Bringt der Gefängnisaufenthalt nach allgemeiner Auffassung eine Statusminderung mit sich, so unterstreicht er für die an Christus Glaubenden die enge Beziehung zwischen Christus und Paulus und seine Beauftragung durch Christus. Diese Christusbeziehung prägt das Schreiben von den ersten Worten an. Dass die Wendung singulär in den paulinischen Briefen ist (vgl. aber Eph 3,1; 2Tim 1,8), unterstreicht ihre Besonderheit.

In der adscriptio werden als Adressaten drei Einzelpersonen sowie eine Gemeinde genannt. An erster Stelle steht Philemon.[15] Er ist der überwiegend angesprochene Adressat, die Personalpronomina im Hauptteil des Briefes beziehen sich auf ihn. Auf eine persönliche Beziehung weist die Anrede „Geliebter" hin (vgl. Phil 4,1; 1Kor 4,17); sie lehnt sich an den profangriechischen Sprachgebrauch an, der diese Anrede ganz überwiegend der innerfamiliären Beziehung vorbehält.[16] Paulus greift diesen Sprachgebrauch auf, um das Verhältnis der Christen untereinander zu beschreiben (vgl. Röm 16,5.8.9). Seinen eigentlichen Grund hat dieses Verhältnis darin, dass sie von Gott geliebt sind (Röm 1,7; 1Thess 1,4).[17] Die Be-

---

[10] V.22 verwehrt die Interpretation im Blick auf ein Martyrium, die LOHMEYER, Phlm, 175, in der Gesamtlinie seiner Kommentierung auch hier erkennt.
[11] Siehe oben, 48–51.
[12] Es handelt sich nicht um eine „Verhüllung" der apostolischen Würde (WICKERT, Privatbrief, 323). Mit δέσμιος Χριστοῦ Ἰησοῦ führt Paulus die Gefangenschaft auf seine Christusverkündigung zurück. Außerdem klingt die Identifikation mit Onesimus bereits an. Insofern handelt es sich um mehr als um eine „designation which would touch his friend's heart" (LIGHTFOOT, Phlm, 333).
[13] WOLTER, Phlm, 243; WANSINK, Christ, 150ff.
[14] REINMUTH, Phlm, 23: eine konkrete und metaphorische Thematisierung der Gefangenschaft.
[15] Etliche historisch bekannte Persönlichkeiten tragen diesen Namen und verschiedene Inschriften belegen das Vorkommen des Namens in Kleinasien (ARZT-GRABNER, Phlm, 78f., besonders Laodikeia 48). Die bekannte Legende von Philemon und Baucis (Ovid, Met 8,618–724) spielt in Phrygien.
[16] Häufig bezeichnet seit Homer das Adjektiv den einzigen Sohn (BAUER/ALAND, Wörterbuch, 10).
[17] Die Bezeichnung „Geliebte Gottes" findet sich in Hos 2.11; Jer 31 (38),3; Jes 43,1ff; Dtn 7,6ff (im Blick auf das erwählte Volk); 10,4ff; PsSal 18,3. Deshalb erkennt WISCHMEYER in der paulinischen Anrede einen „jüdischen Ehrentitel" (Adjektiv, 477; anders WOLTER, Phlm, 244). Die Verbindung mit κλητός Röm 1,7 und ἐκλογή 1Thess 1,4 (vgl. Röm 11,28) zeigt die Nähe zum Erwählungsgedanken.

zeichnung verdichtet Verwandschaftsmetaphorik und Gottesbeziehung in einem einzigen Begriff.[18]

Philemon ist συνεργὸς ἡμῶν, Mitarbeiter des Paulus und des Timotheus. Die Bezeichnung leitet sich von dem Werk her, an dem Philemon gemeinsam mit ihnen arbeitet (Röm 16,21; 1Thess 3,2).[19] Dieses Werk ist die Verkündigung der Christusbotschaft, sodass Philemon hier angesprochen ist als einer, der für die christliche Verkündigung Verantwortung übernimmt. In 1Thess 3,2 wird Timotheus als „Mitarbeiter Gottes in dem Evangelium Christi" bezeichnet, und in 1Kor 3,9 schließt Paulus sich mit Apollos als „Gottes Mitarbeiter" zusammen. Auch wenn Philemon nicht zum unmittelbaren Mitarbeiterkreis des Paulus gehört (er ist nirgendwo sonst in den Paulusbriefen genannt), steht er in enger Beziehung zu ihm, die sich in der Arbeit am gemeinsamen Werk konkretisiert. Paulus verwendet συνεργός in keinem anderen Briefpräskript. Dass er Philemon in der adscriptio mit diesem Begriff bezeichnet, deutet darauf hin, dass es ihm um eine für die gemeinsam verantwortete christliche Verkündigung wichtige Angelegenheit geht.[20]

V.2: Als zweite Adressatin wird Apphia[21], die Schwester, angesprochen. Schon früh wird vermutet, dass es sich um die Frau Philemons[22] handele. Hierfür werden zwei Begründungen angeführt: Zum einen folgt der Name unmittelbar auf den Philemons, zum anderen habe die Hausfrau im antiken Haus nicht zuletzt beim Einsatz von Sklaven wichtige Funktionen inne.[23] So richtig diese Hinweise an sich sind, fehlt ihnen im vorliegenden Fall doch die Beweiskraft.[24] Eindeutig ist Apphia dagegen als ἀδελφή[25], als Mitchristin gekennzeichnet. Sie steht in einer Reihe ge-

---

[18] Nach KUMITZ, Brief,129, wird mit der Anrede „Geliebter" der den ganzen Brief bestimmende Begriff der Liebe bereits im Präskript eingeführt,

[19] Vgl. ausführlich OLLROG, Paulus, 63–72.91f.

[20] REINMUTH, Phlm, 24, sieht in der Bruder- und Partner-Anrede eine soziale Regelverletzung, die durch den Hinweis auf die Gefangenschaft des Paulus verstärkt werde. Dies trifft aber nicht zu, denn auf Grund der angedeuteten Vorgeschichte ist Paulus nicht nur Gefangener, sondern auch derjenige, dem Philemon sein Christsein verdankt.

[21] Der Name ist vor allem in phrygischen Inschriften belegt (LIGHTFOOT, Phlm, 306–308). Eine Grabinschrift aus Kolossae erwähnt eine Apphia, Ehefrau des Hermas und Tochter des Tryphon (CIG III, 4380 k³; DIBELIUS-GREEVEN, Phlm, Beilage 6, 111). Zur Allegorie Apphia – uxor – ecclesia (LUTHER, Epistola ad Philemonem, WA 25,71) gibt der Text keinen Anlass. Die Lesarten τη αγαπητη D1² Ψ m (sy^p) sa^mss und αδελφη τη αγαπητη 629 ar (b vg^ms) vg^cl sy^h; Ambst sind als Angleichungen zu verstehen.

[22] Theodoret zur Stelle: marito ... iungit ... uxorem (zitiert nach Lohse, Phlm, 267); Johannes Chrysosthomus, in ep ad Philem (MPG 62,704); Theodor von Mopsuestia II, 269; vgl. DUNN, Phlm, 312; ECKEY, Phlm, 157.

[23] Vgl. die ökonomische Schrift Xenophons, beispielsweise VII 3.35f. Dass sich die Hausgemeinde „in deinem Haus" befindet, spricht nicht gegen Apphia als Ehefrau (gegen SCHNELLE, Paulus, 421); Philemon wäre in jedem Fall der angesprochene paterfamilias. WENGST, Phlm, 49, weist darauf hin, dass Paulus üblicherweise nicht Ehepaare gemeinsam anführe (außer in Röm 16,3f.; 1Kor 16,19).

[24] LEUTZSCH, Apphia, zeigt, wie das Verständnis von Apphia als Frau des Onesimus in der Auslegungsgeschichte schnell auf eine Minderung ihrer Rolle hinauslaufen konnte.

[25] ἀδελφή ist gegenüber der maskulinen Form weitaus seltener; wo sie benutzt wird, belegt sie freilich die Anerkennung der Frauen als Individuen und Mitchristen (vgl. Röm 16,1; 1Kor 7,15; 9,5; Jak 2,15; Ignatius, Pol 5,1; 2Clem 12,5; 19,1; 20,2; Hermas, vis 2.2.3; 2.3.1).

meinsamer Verantwortung mit den anderen namentlich Genannten. Dass sie im Präskript genannt ist, deutet auf eine wichtige Funktion im Haus oder in der Hausgemeinde hin.[26]

Auch die Vermutung, dass Archippus[27] der Sohn von Philemon und Apphia sei[28], ist nicht nachweisbar. Die Näherbezeichnung τῷ συστρατιώτῃ ἡμῶν rückt ihn in enge Nähe zu Paulus und Timotheus. Als Mitstreiter ist er (wie Epaphroditus in Phil 2,25) Teilhaber an der Missionsarbeit[29], die Paulus wiederholt mit Bildern vom (Wett-) Kampf beschreibt (Röm 6,13; 13,12; 1Kor 9,24–27; 2Kor 7,5; Phil 1,30; 1Thess 2,2; 5,8).[30] Hierin eine Rangordnung zu erkennen, in der Archippus als Mitstreiter vor Philemon als geliebtem Bruder rangiere[31], ist weder durch die Begriffe selbst noch durch den Kontext begründet (in diesem Fall würde Archippus auch vor Timotheus stehen, und die Intitulation müsste gegenüber dem „Mitarbeiter" eine Steigerung bedeuten). Wohl aber deutet diese Bezeichnung wie auch συνεργός an, dass die so Genannten gemeinsam mit Paulus in der Missionsarbeit tätig sind.

Der Name Archippus und seine Stellung im Brief haben noch andere Überlegungen angeregt. KNOX[32] vermutet in Archippus sowohl den Herrn des Onesimus als auch den eigentlichen Adressaten des Schreibens. Von der Gestaltung der Adresse her ist es jedoch wenig einleuchtend, in einer Reihe von drei Adressaten den Letztgenannten als den hauptsächlich Angesprochenen anzusehen. Auch das σου in der Wendung καὶ τῇ κατ' οἶκόν σου ἐκκλησίᾳ taugt nicht als Begründung für diese These, denn es kann problemlos mit Philemon verbunden werden, würde aber die Reihenfolge der Adressaten in V.1f. nicht besser erklären.[33] Die eigentliche Argumentationskette gewinnt KNOX denn auch aus einer Kombination von Phlm 2 und Kol 4,16f.: Der Philemonbrief sei identisch mit dem in Kol 4,16 genannten Brief aus Laodicea, der dort genannte Archippus sei derselbe wie der in Phlm 2 und der in Kol 4,17 angesprochene Dienst beziehe sich auf die Freilassung und Rücksendung des Onesimus. Bei Philemon handelt es sich nach KNOX um ein herausragendes Mitglied der Gemeinde in Laodicea; dieser habe den Brief an Archippus in Kolossae weitergeben und dabei seine Autorität ins Spiel bringen sollen. Diese Kombinationen sind jedoch wenig überzeugend. Der „Dienst" des Archippus in Kol 4,17 ist mit der Bitte in Phlm 13f. kaum in Einklang zu bringen. Auch die Identifikation des Philemonbriefs mit dem Brief aus Laodicea

---

[26] BIEBERSTEIN, Brief, 677 (dies., Reality). Ihre weiter gehenden Überlegungen (das kritische Urteil der Apphia, 676.682, oder eine Mehrzahl von Frauen, 679.681) sind durch den Text nicht gedeckt.

[27] Der Name ist häufig und auch für das westliche Kleinasien belegt (BAUER/ALAND, Wörterbuch, 226).

[28] Vgl. die Angaben bei SCHLATTER, Phlm, 315; Lightfoot, 308f. Nach Johannes Chrysosthomus (MPG 62, 704) war Archippus „irgendein anderer Freund" von Philemon. Schon in der frühen Überlieferung ist das Verhältnis zwischen beiden offenbar unklar.

[29] OLLROG, Paulus, 77.

[30] Vgl. zu dem militärischen Hintergrund der Wortgruppe BAUERNFEIND, στρατεύομαι, 701ff.

[31] LOHMEYER, Phlm, 175. Altkirchliche Ausleger sahen Archippus als kirchlichen Amtsträger (Johannes Chrysosthomus, PG 62,705), als Nachfolger des Epaphras als Bischof von Kolossä (Hieronymus, Ep ad Philemonem 1, PL 26,642) oder als Bischof von Laodizea (ConstAp 7,46).

[32] KNOX, Philemon; ders., Philemon and the Authenticity; zur Kritik GREEVEN, Prüfung.

[33] LOHSE, Phlm, 262. ECKEY, Phlm, 158.

Kol 4,16 hat kaum etwas für sich. In Phlm weist nichts auf eine solche Verbindung hin; die in V.2 angesprochene Gemeinde wird mit dem Namen des Hausherrn in Verbindung gebracht, nicht mit einem Ortsnamen. Die Hypothese von KNOX „bricht zusammen, wenn man … das Schriftstück zunächst aufgrund seiner eigenen Aussagen zu erklären sucht, ehe man andere Dokumente zum Vergleich heranzieht".[34]

Als Adressat angesprochen ist schließlich die κατ' οἶκόν σου ἐκκλησία.[35] Der Brief richtet sich über die genannten Personen hinaus an die Gemeinde, die im Haus des Philemon ihren Versammlungsort hat. Ihr gehören (wie an Onesimus klar wird) nicht alle Mitglieder des Hauses an, vermutlich aber noch andere Personen von außerhalb. Dies hat Konsequenzen für die Frage, um welche Art Brief es sich handelt. Häufig wurde der Brief als Privatschreiben angesehen, in dem eine persönliche Angelegenheit zwischen Philemon, Onesimus und Paulus verhandelt werde.[36] Zwar ist Philemon ohne Zweifel der Hauptadressat des Briefes. Von einem Privatbrief zu sprechen verkennt aber nicht nur die ausdrücklich Adressierung an die Gemeinde, sondern darüber hinaus auch die Bedeutung des Hauses als grundlegender sozialer Größe der Gesellschaft. Angesprochen ist Philemon auf doppelte Weise: In seiner Rolle als Hausherr, die als οἰκονομικὴ μοναρχία auch die Herrschaft über Sklaven umfasst[37], und in seiner Rolle als Christ und Gastgeber der christlichen Gemeinde. Vor dem Forum des Hauses und der Gemeinde, die sich darin trifft, stellt sich damit die Frage, wie er diese Rollen miteinander vereinbart.[38] Dass sich darin eine neue Sicht auf die Wirklichkeit der Brüder und Schwestern in der Gemeinde zeigt, die quer liegt zur Autorität des Hausherrn[39], führt die Adressierung nicht aus, deutet es aber an.

V.3: Die Salutatio nimmt dies dadurch auf, dass sie sich an alle Adressaten richtet. Die Verbindung von χάρις und εἰρήνη[40] findet sich bei Paulus in nahezu allen Briefeingängen (Röm 1,7; 1Kor 1,3; 2Kor 1,2; Gal 1,3; Phil 1,2), darüber hinaus aber nur selten (1Petr 1,2; 2Petr 1,2; Offb 1,4; 1Clem praescr.). Dies lässt auf eine paulinische Formulierung schließen, in der freilich Traditionelles und spezifisch paulinische Gedanken zusammenkommen. Die häufige Verbindung von ἔλεος und

---

[34] LOHSE, Phlm, 262. Zu der weitergehenden These von KNOX (und GOODSPEED, Meaning; ders., Key), dass Onesimus als späterer Bischof von Ephesus für die Erhaltung des Phlm und dessen Aufnahme in eine von Eph eingeleitete Sammlung von Apostelbriefen gesorgt habe, vgl. unten, 155 f.

[35] ARZT-GRABNER, Phlm, 166, bemerkt, dass die Mitglieder eines Hausverbands in Papyrusbriefen als οἶκος oder οἱ ἐν οἴκῳ bezeichnet werden, nicht als οἱ κατ' οἶκον. Dies weist darauf hin, dass die Gemeinde nicht nur aus Mitgliedern des Hausverbands bestand (WOLTER, Phlm, 248).

[36] Siehe oben, 72 f.

[37] Vgl. hierzu oben, 45.

[38] Es geht hier nicht um eine „Privatangelegenheit" Philemons, weil der Oikos nicht „Privatsphäre" im modernen Sinn ist. „Öffentlich" im modernen Sinn ist das Schreiben aber auch nicht. Die verhandelte Angelegenheit betrifft nicht nur Philemon und Onesimus, sondern das Verhältnis der Gemeindemitglieder untereinander und damit auch die Rollen im Oikos.

[39] MERZ, Selbstauslegung, 260, spricht von „kritischer Instanz" und „Gegenöffentlichkeit".

[40] Ausführlich SCHNIDER/STENGER, Studien, 25 ff.

εἰρήνη in frühjüdischen Segensformeln[41] steht im Hintergrund und wird in nachpaulinischen Briefen wie auch im 2Joh durch die Formel χάρις, ἔλεος, εἰρήνη (1Tim 1,2; 2Tim 1,2; 2Joh 1,3) aufgenommen. Wenn Paulus anstelle von ἔλεος χάρις wählt, so klingt darin das traditionelle χαίρειν des griechischen Briefformulars an.[42] Nicht zu übersehen ist aber, dass χάρις ein theologisch gefüllter Begriff ist[43], in dem Paulus die Botschaft von der Gnade Gottes in Christus zusammenfassen kann (vgl. Röm 5,1[44]). Auch die Verbindung von εἰρήνη καὶ χαρά (Röm 14,17; 15,13) ist hier zu erwähnen, da beides, im Geist gewirkt, das Leben der Glaubenden charakterisiert und die Begriffe auch im Philemonbrief verbunden sind (3.7.22.25; zudem stammen χαρά und χάρις von derselben Wurzel). Dass Paulus bei χάρις und εἰρήνη an die Philemon und Onesimus gleichermaßen zuteil gewordene Gnade Gottes und den Frieden untereinander denkt[45], liegt auf der Hand, wenn man bedenkt, dass Paulus bereits den Hinweis auf seine Gefangenschaft als situationsbezogene Aussage mit kommunikativer Funktion verstanden wissen will. Aber dies alles klingt hier erst an. Mit Gnade und Friede, aber auch mit den Hinweisen auf Philemon als geliebten Mitarbeiter und Paulus als Gefangenen Jesu Christi wird gewissermaßen ein Raum geöffnet, in dem sich die angesprochene Gemeinde mit ihrem Glauben und ihrem Handeln bewegen kann – und nun geht es darum, *wie* sie sich darin bewegt.

Dass sich die Gemeinde in diesem Raum bewegen kann, liegt freilich nicht an ihr, sondern der Raum von Gnade und Friede wird eröffnet ἀπὸ θεοῦ πατρὸς ἡμῶν καὶ κυρίου Ἰησοῦ Χριστοῦ, und zwar für die Gemeinde wie für Paulus (ἡμῶν). Auch die Aussagen über Gott und Christus sind hier nicht ausgeführt,

---

[41] Vgl. syrBar 78,2; BERGER, Apostelbrief, 219–224; ἔλεος und χάρις dienen in LXX wiederholt als Übersetzung des hebräischen חסד.

[42] DU TOIT, Paulus Oeconomicus, macht darauf aufmerksam, dass Paulus auf ἔλεος zurückgreift, wenn er in jüdischen Zusammenhängen argumentiert (Röm 9–11; 15,9; Gal 6,16), für griechisch sprechende Nichtjuden aber χάρις verwendet; außerdem profiliert er mit Hilfe von χάρις die Gnade Gottes im Gegenüber zu dem Gnade, Frieden und Überfluss propagierenden „goldenen Zeitalter" des Augustus und der frühen Regierungsjahre Neros. So sind im Gnadenwunsch die griechische Eingangsformel, die jüdische Vorstellung von der Barmherzigkeit Gottes und die römische Vorstellung der gnädig-wohltuenden Kaiserherrschaft verbunden – und zwar unter christologischem Vorzeichen.

[43] χάρις kann als Gegenbegriff zu Gesetz, Gesetzeswerken und Sünde Verwendung finden (Röm 5,20f; 6,1ff; Röm 11,6), als Handeln Gottes an den Menschen beschrieben werden (1Kor 15,10), aber auch als Zusammenfassung des Handelns von Jesus Christus, dem Herrn (1Kor 16,23; 2Kor 13,13; Gal 6,18; Phil 4,23; 1Thess 5,28; Phlm 25). Vgl. zu χάρις ESSER, Gnade, 821.

[44] Von Röm 5,1f. her wird die Wendung von SCHNIDER/STENGER, Studien, 29f., als begriffliche Zuspitzung der paulinischen Theologie interpretiert. BERGER, Apostelbrief, 201.213, versteht die Wendung als offenbarende Anrede durch den Apostel als Übermittler von Heilsgütern und sieht darin eine Gattung Apostelbrief als „schriftlich fixierte adressierte apostolische Rede" begründet. Er berücksichtigt dabei aber die briefliche Konvention im Briefeingang nicht genügend. Zwar wirken das Selbstverständnis des Paulus als Apostel und seine Theologie auf seinen Sprachgebrauch und seine Briefproduktion ein, dies aber im Rahmen der Briefkonventionen seiner Zeit.

[45] WENGST, Phlm, 51, übersetzt mit „Freundlichkeit und Wohlergehen", trifft damit aber den spezifisch paulinischen Gehalt der Begriffe nicht hinreichend.

sondern nur angedeutet[46] – und die Andeutung reicht aus: Paulus, der Verkündiger der Botschaft von der Gnade Gottes in Jesus Christus, schreibt an die christliche Gemeinde im Haus des Philemon. Die Beziehung, in der Adressaten und Absender zueinander stehen, verdanken sie gemeinsam Gott, dem Vater, und dem Herrn Jesus Christus.[47] Gnade und Friede umfassen deshalb die Schreiber und die Empfänger der Briefe in gleicher Weise. Der syntaktisch eigenständige Gruß ist die formale Seite der inhaltlichen Aussage. Und so öffnet das Präskript den Horizont, in den nun alles Folgende eingerückt wird.

Philemon 4–6: Dank, Freude, Gemeinschaft

(4) Ich danke meinem Gott allezeit, wenn ich deiner gedenke in meinen Gebeten, (5) wenn ich höre von deiner Liebe und dem Glauben[48], die du hast in Bezug auf den Herrn Jesus[49] und zu allen Heiligen, (6) damit die Gemeinschaft deines Glaubens wirksam werde in (der) Erkenntnis alles Guten[50], das in/unter uns[51] ist auf Christus hin.

Folgende Beobachtungen helfen bei der Erschließung der Danksagung.[52]

– Der Abschnitt weist verschiedene Kompositionsmerkmale auf. εὐχαριστῶ setzt den Hauptakzent; syntaktisch sind die Verse von diesem Verb abhängig. In V.5 ist von der Liebe und dem Glauben Philemons die Rede, die er dem Herrn Jesus und allen Heiligen gegenüber hat; beides wird mit κοινωνία τῆς πίστεώς σου V.6 aufgenommen. Der Abschnitt weist große Geschlossenheit auf.

---

[46] DUNN, Phlm, 314: „implied christology". Dass ein ἀπό vor κυρίου Ἰησοῦ Χριστοῦ fehlt, lässt keine christologischen Spekulationen im Sinne einer Personeneinheit von Gott und Christus zu.
[47] Vgl. die weiteren Hinweise auf Christus in V. 1.5 f.8 f.16.20.23.25.
[48] Die Umstellung τὴν πίστιν καὶ τὴν ἀγάπην P61vid D 323. 365. 629. 945. 1739. (1881) pc ar b vgmss syp; Ambst ist weniger gut bezeugt und verdankt sich dem Versuch, die Assoziation von Philemons Glaube an alle Heiligen zu vermeiden. Den Text bieten X D1² F G Ψ 1739. 1881 m. Zur constructio ad sensum beim Relativpronomen vgl. BLASS/DEBRUNNER/REHKOPF, § 296.
[49] A C D* 048. 0278. 33 pc lesen εις τον κυριον Ιησουν (+ Χριστον D*), 629 εν Χριστω Ιησου.
[50] F G pc vgcl ergänzen παντος εργου αγαθου, wohl als Verdeutlichung des Textes (vgl. Kol 1,10).
[51] P61 A C 048. 33. 629 f vgst.ww lassen του aus; 1739. 1881 it vgmss; Ambst schreiben ἡ in Anlehnung an κοινωνία. Der Text ist durch X D F G Ψ 0278 m vgcl gut bezeugt. Die Änderung von εν ημιν zu εν υμιν bei X F G P 0278. 33. 104. 365. 1505. 1739. 1881 al ar b vgcl.ww sy co ist als Anpassung an den Anredecharakter der bisherigen Verse zu beurteilen (METZGER, Commentary, 657). Die Ergänzung von Ιησουν bei X² D F G Ψ 0278. 1739. 1881 m latt sy(p) verdankt sich der volleren christologischen Prädikation.
[52] Zur Abgrenzung von V.4–6 und zur Struktur der brieflichen Danksagung vgl. oben 70f. Der Abschnitt wird häufig mit dem aus der Rhetorik stammenden Begriff Prooemium bezeichnet (vgl. LAUSBERG, Handbuch, § 262). Wichtig ist die Beobachtung, dass die Danksagungen der paulinischen Briefe durch das schreibende Subjekt und die Pesonalpronomina in die briefliche Situation eingebunden sind und dass damit Briefanlass und Thematik schon anklingen (SCHNIDER/STENGER, Studien, 47).

- Die Verse bringen Erfahrungen zur Sprache. Nach V.5 hat Paulus von der Liebe und dem Glauben Philemons gehört; nach V.6 ist Philemon in eine Gemeinschaft von Glaubenden einbezogen. Beides verweist auf bestehende Beziehungen. Hinweise darauf geben die Pronomina (V.4 μου/σου/μου; V.5 σου; V.6 σου/ἐν ἡμῖν) und andere personale Angaben: Paulus gedenkt des Philemon in seinen Gebeten, er hört von Philemon, Philemon hat eine Beziehung εἰς πάντας τοὺς ἁγίους (V.5). Dies alles weist auf die Funktion des Abschnitts hin: Die bereits bestehende Zusammengehörigkeit dient als Basis für den folgenden Briefinhalt.
- Der Abschnitt ist kein Gebet, sondern ein „Gebetsbericht", der von gemeinsamen Erfahrungen und Beziehungen vor Gott spricht.[53]
- Die Wendung ἡ κοινωνία τῆς πίστεώς σου ist Zielpunkt des Abschnitts. In den zur Sprache gebrachten Erfahrungen und Beziehungen geht es um die Gemeinschaft zwischen Philemon, allen Heiligen und Paulus.

V.4: Der Dank hat das erste Wort und prägt den ganzen Abschnitt; die Gebetssprache beeinflusst den Abschnitt in Formulierung und Inhalt. Dass Paulus τῷ θεῷ μου dankt (vgl. Röm 1,8; 1Kor 1,4; Phil 1,3), greift auf den Stil der Psalmen[54] zurück. Auch dass Gott auf die Gebete der Beter achtet und hört, entspricht deren Diktion.[55] προσευχή und προσεύχομαι sind die häufigsten Gebetstermini in LXX und umfassen alles, was betend vor Gott gebracht werden kann: Bitte, Flehen, Dank, Lob, Klage, Gelübde. In V.22 ist προσευχή im Sinne eines Fürbittgebets der Hausgemeinde für Paulus gebraucht, und so ist wohl auch das μνείαν σου ποιούμενος zu verstehen.[56] πάντοτε kann mit εὐχαριστῶ[57] oder mit μνείαν σου ποιούμενος[58] verbunden werden und bleibt so in der Schwebe[59]: Beten und dankendes Gedenken an Philemon gehören offenbar zusammen, unabhängig davon, ob Paulus nun jedesmal, wenn er betet, auch an Philemon denkt, oder (lediglich), wenn er für Philemon betet, Gott für ihn dankt. Die Prägung durch die Gebetssprache setzt der Detailanalyse Grenzen.

Für die briefliche Form des anfänglichen Dankes werden zwei Traditionslinien mit unterschiedlicher Akzentuierung herangezogen. Zum einen verweist man auf Danksagungen an die Götter bzw. Gottheit, mit denen Briefe aus hellenistischer

---

[53] O'BRIEN, Thanksgiving, 146. Vgl. WILES, Prayer, 217f.: „prayer report".
[54] LXX Ps 3,8; 5,3; 7,2; 12,4; 16,6; 17,3 u. ö., sowie WESTERMANN, Psalter, 47 ff. ALBERTZ, Frömmigkeit, 32–37, zeigt, dass die Prädikation „mein Gott" ein bereits vorhandenes, persönliches Vertrauensverhältnis des Beters zu Gott in einer bestimmten (Not-) Situation aktualisiert (ebd., 34).
[55] LXX Ps 4,2; 6,10; 16,1 u. ö.
[56] Dass man Menschen vor Gott oder den Göttern erwähnt, findet sich auch außerhalb des jüdisch-christlichen Traditionsraums, vgl. BGU 632,5f „Ich erwähne dich – μνείαν σου ποιούμενος – bei den hiesigen Göttern".
[57] WOLTER, Phlm, 251f.; LOHMEYER, Phlm, 177; BRUCE, Phlm, 207; HARRIS, Phlm, 15.249. Hierfür kann man die im neutestamentlichen Griechisch übliche Regel heranziehen, dass das ein Verb näher bestimmende Adverb die zweite Stelle einnimmt (BLASS/DEBRUNNER/REHKOPF, § 474,2).
[58] STUHLMACHER, Phlm, 32; DUNN, Phlm, 316.
[59] HÜBNER, Phlm, 29: „Ermessensurteil".

Zeit vielfach eingeleitet werden (häufig mit Wendungen wie χάρις τοῖς θεοῖς, εὐχαριστῶ/εὐχαριστοῦμεν τοῖς θεοῖς/τῷ θεῷ).[60] Der Dank zeigt sich im dankenden Gedenken an die Empfänger des Briefes vor den Göttern. Er kann verbunden sein mit einem Hinweis auf die Wohltaten oder das gnädige Handeln der Götter sowie der Versicherung, dass diese beständig angerufen werden.[61] Auf der anderen Seite wird der antike Freundschaftsbrief als Beleg für den steten Dank des Paulus genannt. Wolter erkennt darin einen „konstitutiven Bestandteil der ausschließlich für den antiken Freundschaftsbrief charakteristischen Topik."[62] Vor allem treten dabei das Motiv des andauernden Gedenkens der Freunde untereinander und das Stichwort κοινωνία[63] hervor.

Dass Freunde ihr Leben zusammen verbringen, sich aneinander freuen, Gutes tun und miteinander teilen, ist als Regel gedacht.[64] Räumliche Entfernung hebt nach Aristoteles „die Freundschaft zwar nicht einfach auf, sondern nur deren Verwirklichung", aber, so zitiert er einen unbekannten Dichter: „Oft schon hat fehlender Austausch des Wortes die Freundschaft vernichtet" (eth Nic 1157b). Dementsprechend wird das Gedenken an abwesende Freunde als wichtig eingeschätzt: „Gedenke der abwesenden Freunde (τῶν ἀπόντων φιλῶν μέμνησο), bevor sie wiederkommen, damit du nicht den Eindruck erweckst, die abwesenden geringer zu schätzen als die anwesenden" (Isokrates, Demonicus 26).[65] Dieser Gedanke wird in der Brieftheorie dem Freundschaftsbrief zugeordnet. Pseudo Demetrius, Typ Epist, 1: „Wenn ich auch zufällig durch eine große Entfernung von dir getrennt bin, so leide ich dies doch nur mit dem Körper. Denn niemals wäre es möglich, daß ich dich oder die zwischen uns von Kindheit an bestehende untadelige Beziehung vergäße (οὐδὲ γὰρ οὐδέποτε δυνατὸν ἐπιλαθέσθαι με σοῦ οὐδὲ τῆς γεγονυίας ἡμῖν ἐκ παιδίων ἀνεγκλήτου συνανατροθῆς)."

Die Akzente werden bei beiden Herleitungen unterschiedlich gesetzt; wer auf den hellenistischen Briefeingang verweist, hebt stärker die traditionelle Prägung des Abschnitts hervor, während mit dem Hinweis auf die Topik des Freundschaftsbriefes eher die Besonderheit der brieflichen Situation unterstrichen wird, wobei man besonders auf κοινωνία V.6 und auf die Wiederaufnahme dieses Gedankens in V.17 hinweist. Man darf allerdings nicht übersehen, dass in V.6 von der κοινωνία τῆς πίστεως die Rede ist, die dem Gedanken der Gemeinschaft einen

---

[60] Vgl. LOHSE, Phlm, 40f. 270.
[61] Vgl. oben, 70f.
[62] WOLTER, Phlm, 252, mit Verweis auf KOSKENNIEMI, Studien 115f.145ff; THRAEDE, Grundzüge.
[63] Nach BAUER/ALAND, Wörterbuch, 892f., bezeichnet κοινωνία die Gemeinschaft (enge Verbindung, innige Beziehung), den Gemeinsinn (Mitteilsamkeit, Selbstlosigkeit), das Zeichen der Gemeinschaft oder die Teilhabe, Beteiligung
[64] Vgl. Cicero, Lael XVII, 61: „Vorausgesetzt, dass ihr Charakter ohne Makel ist, soll unter Freunden eine uneingeschränkte Gemeinschaft in allen Angelegenheiten, Plänen und Wünschen bestehen" (sit inter eos omnium rerum consiliorum voluntatum sine ulla exeptione communitas).
[65] Häufig wird auf Josephus, Ant 5,95 verwiesen: „Wir sind groß darin, unsere Freunde nicht zu vergessen (ὄντες ἀγαθοὶ μεμνῆσθαι τῶν φίλων) und im Bewusstsein festzuhalten, was alles uns von euch widerfahren ist ..." Es geht hier allerdings um die Rede an ein Heer.

besonderen Akzent gibt.[66] Auch wird die Gattungszuordnung des Freundschaftsbriefs dem Schreiben nicht umfassend gerecht.[67] So wichtig der Gedanke der κοινωνία im gesamten Schreiben auch ist, in der Danksagung ist das andauernde Gedenken eher von der traditionellen Form der brieflichen Danksagung her zu verstehen und weniger von der spezifischen Topik des Freundschaftsbriefes (vgl. die Parallele in 1Thess 3,6).

Unabhängig von der Frage der brieflichen Herleitung sind die Freundschaft und die Gemeinschaft der Freunde von sachlicher Bedeutung. Sie galt in der griechisch-römischen Antike als eine der wichtigsten sozialen Beziehungen.[68] Freundschaft um des Nutzens oder der Lust willen hebt Aristoteles, der die erste phänomenologisch ausgerichtete Freundschaftstheorie entworfen hat, von der Freundschaft der Guten als der Guten ab: „Die Guten … sind Freunde um ihres eigenen Wesens willen, eben weil sie gut sind. Sie sind Freunde ‚an sich'" (eth Nic 1157a.b).[69] φιλία/amicitia begegnet von hier aus als konstant behandeltes Thema der antiken Ethik. Das Verhältnis der Freunde untereinander kann als πίστις bezeichnet werden im Sinne von Treue, Zuverlässigkeit und innerer Übereinstimmung.[70] Im römischen Denken werden die griechischen Vorstellungen aufgenommen und vor allem bei Cicero im Blick auf die öffentliche und politische Bedeutung der Freundschaft akzentuiert (vgl. Laelius VI, 20: Freundschaft als Verbindung von consensio = moralische und intellektuelle Übereinstimmung und benevolentia et caritas = gegenseitige Verbundenheit). Nach IX, 29 sind gegenseitige Wohltaten, Zuneigung und die Dauer der Verbindung grundlegende Voraussetzungen der Freundschaft.

Freundschaft setzt Statusgleichheit oder zumindest Statusähnlichkeit voraus. Sie zeichnet sich nach Aristoteles, eth Nic IX, 1168b aus durch μία ψυχή, durch κοινὰ τὰ τῶν φίλων sowie ἰσότης φιλότης und wird häufig am Ideal des Freundespaares demonstriert.[71] Gleichheit gilt Platon wie auch Aristoteles als Merkmal der Freundschaft[72], während umgekehrt zu große Ungleichheit den Gedanken der Freundschaft von vornherein ausschließe; allenfalls könne bei einem Übergewicht des einen Partners eine gewisse Gleichheit dadurch gewähr-

---

[66] Vgl. hierzu unten, 98f.
[67] Vgl. KOSKENNIEMI, Studien, 120f.: „Aus dem 1. Jahrhundert n. Chr. gibt es kaum einen einzigen Brief, den man zu den reinen Freundschaftsbriefen rechnen könnte. … Erst vom … 2. Jahrhundert an finden wir Beispiele für den eigentlichen Freundschaftsbrief. … Neben den Papyri haben wir vor allem in den Briefen der Epistolographen des 4. Jahrh. den τύπος φιλικός reichlich vertreten."
[68] Vgl. v. REIBNITZ, Artikel Freundschaft. An selbständigen Schriften sind vor allem zu erwähnen: Cicero, Laelius sive de amicitia; Lucian, Toxaris sive de amicitia; Plutarch, Quomodo adulator ab amico internoscatur; ders., De amicorum multitudine, sowie ein Brief de amicitia. Das Thema wird aber auch sonst vielfach behandelt, z.B. bei Platon, Symp., Phaedr. und Lys; Aristoteles, eth Nic VIII, 1155a – IX, 1172a; eth Eud VII, 1234b–1246b; Epiktet, Diss II 22; Gellius 1,3.
[69] Nach Cicero, Lael IX, 30, ist gerade derjenige, der am meisten in sich selbst gefestigt ist, am ehesten zur Freundschaft geeignet. Vgl. auch Xenophon, Memorabilia II, 6.
[70] V. DOBBELER, Glaube, 262f.
[71] Belege bei STÄHLIN, φιλέω, 150f.
[72] Leg VI 757a: Dass Gleichheit Freundschaft erzeuge, wird hier als παλαιὸς γὰρ λόγος ἀληθής ὤν eingeführt; in diesem Zusammenhang findet sich auch die bekannte Aussage „Sklaven und Herren werden wohl nie Freunde werden". Vgl. bei Aristoteles noch eth Nic VIII 1157b; eth Eud VII 1240b. Nach Platon, Aristoteles und Cicero gilt Pythagoras als Autor des Satzes, dass unter Freunden alles gemeinsam (κοινὰ τὰ τῶν φίλων), dass Freundschaft Gleichheit sei oder wie eine Seele, die in zwei Leibern wohne (ebd., V,20). Vgl. auch Sallust, Catil XX.

leistet sein, dass der untergeordnete Partner dem übergeordneten das größere Maß an Zuneigung entgegenbringe (eth Nic 1158b). Cicero diskutiert in Lael XX, 69 das gleiche Problem und kommt in XX, 74 zu dem Ergebnis, dass zu große Verschiedenheit Freundschaft unmöglich mache: dissimilitudo dissociat amicitiam.[73]

V.5: Nun tritt der Anlass für den Dank hervor. Es sind die Liebe und der Glaube Philemons, von denen Paulus gehört hat.[74] Die Formulierung ἀκούων σου τὴν ἀγάπην καὶ τὴν πίστιν, ἣν ἔχεις πρὸς τὸν κύριον Ἰησοῦν καὶ εἰς πάντας τοὺς ἁγίους beinhaltet ein Problem: Glaube und Liebe können sich sowohl auf den Herrn Jesus als auch auf alle Heiligen beziehen, was vor allem im Blick auf den „Glauben an alle Heiligen" als logisch oder theologisch bedenklich angesehen wird.[75] Aufmerksam gemacht wird in der Literatur auch auf den Wechsel der Präpositionen πρός und εἰς sowie darauf, dass πρός in Verbindung mit πίστις und bezogen auf Jesus sonst im Neuen Testament nicht vorkomme.[76] Man kann das Problem dadurch lösen, dass man eine chiastische Anordnung der Satzglieder annimmt und den Glauben auf Jesus, die Liebe auf alle Heiligen bezieht.[77] Dies ist rhetorisch elegant, hebt aber die Frage nach der Verbindung von πίστις … πρὸς τὸν κύριον erst eigentlich hervor. Deshalb wird man besser nicht zu stark differenzieren. Die Beziehung Philemons zu seinem Herrn Jesus ist durch Liebe und Glaube gekennzeichnet, und von dieser Beziehung her bestimmt sich auch sein Verhältnis zu allen Heiligen[78], das heißt zu allen Christen (2Kor 13,12; Phil 4,22), die von Gott berufen sind (Röm 1,7; 1Kor 1,2; 2Kor 1,1; vgl. 1Petr 1,15f) und zu

---

[73] In XX, 72 wird dies als Gegenbewegung beschrieben: „Es sind also einerseits die höherstehenden Freunde verpflichtet herunterzusteigen. Die Kehrseite ist, daß sich die Niedrigerstehenden gewissermaßen emporheben sollen" – so dass die Gleichheit sich als Ziel ergibt. Lukian, Toxaris 29ff., beschreibt nur scheinbar eine Freundschaft statusungleicher Partner; denn dass Demetrius und Antiphilus in 27 als Jugend- und Studienfreunde geschildert werden, deutet auf eine ursprüngliche Statusgleichheit hin; die eigentliche Aussage zielt darauf, Demetrius als Vorbild kynischer Lebenshaltung darzustellen. Vgl. BORMANN, Stadt, 167f.

[74] Dass das Partizip ἀκούων eine persönliche Bekanntschaft zwischen Paulus und Philemon ausschließe (GREEVEN, Prüfung, 376; DIBELIUS-GREEVEN, Phlm, 103; SUHL, Phlm, 27), ist eine Überinterpretation. Der Hinweis V.19 lässt sich am ehesten auf eine Bekehrung des Philemon durch Paulus deuten und der ganze Brief legt eine persönliche Bekanntschaft nahe. Es wird erwogen, dass Paulus die Informationen von Onesimus erhalten habe (vgl. KUMITZ, Brief, 73).

[75] Vgl. LIGHTFOOT, Phlm, 334: „The logical order is violated"; RIESENFELD, Faith, übertreibt, wenn er hier „one of the most difficult passages in the New Testament" findet.

[76] Die Präpositionen liegen in ihrer Bedeutung nicht so weit auseinander; vgl. Hübner, Phlm, 30; DUNN, Phlm, 317f. In 1Thess 1,8 ist von ἡ πίστις ὑμῶν ἡ πρὸς τὸν θεὸν die Rede (vgl. auch πίστις πρὸς τὸν θεόν in 4Makk 15,24; 16,22; außerdem 2Kor 3,4). Die Textvarianten τὴν πίστιν καὶ τὴν ἀγάπην (P 61vid D et al) sowie εἰς τὸν κύριον Ἰησοῦν (A C D* 048. 0278 33pc), aber auch die Übersetzung von πίστις mit Treue (z.B. BRUCE, Phlm, 208) versuchen zu glätten.

[77] BLASS/DEBRUNNER/REHKOPF, § 477,5; LOHSE, 270f; WOLTER, Phlm, 253; ausführlich HARRIS, Phlm, 249f.

[78] GNILKA, Phlm, 35f.; HÜBNER, Phlm, 30; DUNN, Phlm, 317; DE VILLIERS, Love, 188f. Nach REINMUTH, Phlm, 28, handelt es sich bei den Heiligen um die Mitglieder der Hausgemeinde. Diese Einschränkung geht aber nicht eindeutig aus dem Text hervor.

Jesus Christus gehören (Phil 1,1; vgl. Kol 1,2). Mit dieser Gruppenbezeichnung kommt das Selbstverständnis der frühen christlichen Gemeinden zum Ausdruck.[79]

ἀγάπη und πίστις gehören im Corpus Paulinum eng zusammen. Dabei geht es beim Glauben eher um eine „vertikale" und soteriologische, bei der Liebe eher um eine horizontale Dimension christlicher Identität.[80] Aber die Begriffe überschneiden sich in ihrem Bedeutungsumfang. Zwar spricht Paulus sonst nicht von der Liebe zu Christus, sehr wohl aber davon, dass man Gott lieben kann (Röm 8,28; 1Kor 2,9; 8,3), womit ein umfassendes Verhältnis zu Gott im Glauben und Handeln gemeint ist. Nach Gal 5,6 ist der Glaube durch die Liebe wirksam, und nach 1Kor 13,2 wäre selbst ein Berge versetzender Glaube nichts ohne Liebe. In 1Kor 16,13f. ist das Feststehen im Glauben eng mit dem Handeln in der Liebe verbunden (vgl. 1Thess 1,3; 3,6; 5,8). Wenn Paulus von Glaube und Liebe spricht (oder erweitert von Glaube, Hoffnung und Liebe – 1Kor 13,13; 1Thess 5,8 – bzw. um andere Glieder erweitert wie in 1Thess 1,3; 2Kor 8,7), ist der Glaube stets als erstes Glied in der Reihe genannt. Unterschiedliche Akzentsetzungen sind gleichwohl zu erkennen: In 1Kor 13,13 ist die Liebe hervorgehoben, 1Thess 5,8 steht im Kontext eschatologischer Aussagen und hat einen Akzent auf der Hoffnung, in Gal 5,6 steht der Glaube, der durch die Liebe tätig ist, in engem Zusammenhang mit der Gerechtigkeit aus Glauben. Diese Akzentuierungen fügen sich in die jeweils tragenden Aussagen der Briefe ein und zeigen, dass Paulus die Trias adressatenorientiert verwendet. Wie sich Philemons Liebe zu allen Heiligen äußert, wird nicht gesagt. Man kann an die Ermöglichung gottesdienstlicher Versammlungen in seinem Haus denken oder an die Unterstützung durchreisender Boten.[81] Möglicherweise ist Philemon auch über die Hausgemeinde hinaus als Förderer bekannt. Hier kann man nur Vermutungen anstellen.

Dass in Phlm 5 die Liebe vor dem Glauben genannt wird, erweist sich im Vergleich mit den verwandten Stellen als vom Briefinhalt her motiviert, in dem der Akzent auf dem Handeln Philemons liegt.[82] Wenn sich das Verhältnis Philemons zu allen Glaubenden vom Glauben an und der Liebe zu Jesus her erklärt, dann muss darin auch der nun zum Glauben gekommene Onesimus eingeschlossen sein. Wichtig ist auf jeden Fall der Zusammenhang von Glaube und Liebe. Das Verhältnis der Glaubenden zu dem Herrn Jesus und ihr Verhältnis zu den mit ihnen Glaubenden sind die beiden Seiten derselben Münze.

---

[79] Vgl. zur Vorgeschichte die Vorstellung Israels als Gottes Eigentumsvolk (Ex 19,5f; Dtn 7,6), das heilig sein soll, weil Jahwe heilig ist (Lev 11,44f; 19,2; 20,26; vgl. 1Petr 1,15f), sowie die Selbstbezeichnung der Qumrangemeinde als Heilige (1QSb 3,2; 1QM 3,5) oder als Gemeinde der Heiligen (1QS 5,13.18; 8,23; CD 20,2.5.7). Ausführlich dazu BALZ, ἅγιος.
[80] So WOLTER, Phlm, 253.
[81] REINMUTH, Phlm, 28.
[82] Beispielsweise WOLTER, Phlm, 253: „Diese Abweichung von der üblichen Reihenfolge weist darauf hin, daß Paulus die Außenglieder des Chiasmus mit besonderem Nachdruck versehen will." Allerdings sind die Aussenglieder des Chiasmus ohne seine Mitte nicht denkbar.

V.6: Glaube und Liebe haben Konsequenzen. Die elliptische Aussage changiert zwischen der Beschreibung dieser Auswirkung und der Bitte um ihre Konkretisierung.[83] Das finale ὅπως schließt grammatikalisch unvollständig an, bezieht sich sinngemäß aber auf das zurück, was Paulus von der Liebe und dem Glauben Philemons gehört hat: Beides drängt auf Konsequenzen. Aber im Beziehungsfeld von Glaube und Liebe lassen sich Konsequenzen nicht einfach einfordern – und hier ist überdies von Konsequenzen im Rahmen eines Gebetsberichts die Rede. Dass der Glaube sich auswirken und kräftig werden möge, ist deshalb Konsequenz und Bitte zugleich.[84]

Worum es dabei geht, wird in gewichtigen Stichworten verdichtet. Kräftig werden möge ἡ κοινωνία τῆς πίστεώς σου. Gemeint ist nicht lediglich „der Glaube, den wir miteinander haben" (so die Lutherübersetzung von 1984). In diesem Fall wäre der Glaube das eigentliche Hauptwort der Wendung. Im griechischen Text liegt der Akzent dagegen auf der κοινωνία, und mit diesem Begriff[85] sind wichtige Akzente gesetzt.

„Der κοινωνία-Gedanke gehört fest in die griech. Kultur mit ihren Vorstellungen über ein organisches und organisiertes Zusammenleben".[86] Die κοινωνία ist ethisch qualifiziert und realisiert sich in gemeinsam beförderter Gerechtigkeit und Besonnenheit (vgl. Platon, Gorg, 507c–508a; Aristoteles, eth Nic 8,11,1159b). Besonders ausgeprägt ist der Gedanke im Rahmen der Vorstellung zur Freundschaft, wo er „in großartiger Monotonie" immer wiederkehrt.[87] Wer zügellos lebt, schreibt Platon in Gorg 507e, kann weder mit einem anderen Menschen „befreundet sein noch mit Gott; denn er kann in keiner Gemeinschaft stehen, wo aber keine Gemeinschaft ist (κοινωνία), da kann auch keine Freundschaft (φιλία) sein." Gemeinschaft in allen Dingen nennt auch Cicero, Lael 17, als verbindendes Merkmal zwischen den Freuden: sit inter eos omnium rerum consiliorum voluntatum sine ulla exeptione communitas. Lukian pflichtet in Toxaris 5 bei, und auch Philo nimmt in Mos I 156 das Sprichwort κοινὰ τὰ φίλων auf.[88] In der Stoa erfährt dieses Denken eine Ausweitung ins Grundsätzliche. Der Mensch wird hier als Gemeinschaftswesen (als κοινωνικὸν ζῷον) angesehen (Epiktet, diss 2,10,14; vgl. auch Cicero, fin III 20,65 und bereits Aristoteles, eth

---

[83] Man kann das grammatikalische Problem des Verses gut an den Hilfskonstruktionen in verschiedenen Übersetzungen erkennen: Die New American Standard Bible fügt „and I pray" ein und macht dadurch die Aussagen eindeutig zur Fürbitte; die Einheitsübersetzung formuliert: „Ich wünsche, daß unser gemeinsamer Glaube in dir wirkt und du all das Gute in uns erkennst, das auf Christus gerichtet ist"; die Nouvelle Edition Geneve: Je lui demande que ta participation à la foi soit efficace pour la cause de Christ..." RIESENFELD, Faith, 251, folgert, „that there is not the slightest consensus about what Paul really wants to make known to his friend Philemon in this single sentence."

[84] Mit anderem Akzent WOLTER, Phlm, 254: V.6 ist elliptisch, aber keine Fürbitte. Paulus formuliert hier „die von ihm gewünschte, reale Auswirkung und Konsequenz von Philemons Glauben".

[85] HAINZ, Koinonia; ders., Gemeinschaft, 30–42; HAUCK, κοινός, 789–810; POPKES, κοινωνία, 712–718; RUSAM, Gemeinschaft, 214 ff.; STÄHLIN, φιλέω, 112–169. Außerdem Euripides, Or 735; Andr 376f; Platon, Lys 207c; Platon, Phaidr 279c; Platon, Leg V 739c; Platon, Resp V 449c; Aristoteles, eth Nic IX 1159b 31f; eth Eud VII 1237b 32f; 1238a 16; pol II 1263a; Diogenes Laertius VI 37.

[86] POPKES, κοινωνία, 713.

[87] STÄHLIN, φίλος, 150.

[88] Weitere Belege bei STÄHLIN, φίλος, 150.

Eud 1242a 25)⁸⁹, und als Urzustand und Leitbild gilt die Verwandtschaft aller Menschen: „Halten wir überhaupt daran fest: Für die Gemeinschaft (communio) sind wir geboren. Unsere Gesellschaft hat eine große Ähnlichkeit mit einem Gewölbe aus Steinen: Es würde ohne deren gegenseitige Stützung, wodurch es aufrechterhalten wird, zusammenbrechen" (Seneca, epist 95,53).

Mit κοινωνία greift Paulus ein für die griechisch-römische Ethik zentrales und hoch besetztes Stichwort auf. Er verwendet es vielfach in seinen Briefen, wobei er selbst die Gemeinschaft in spezifischer Weise akzentuiert. Gleichstellung und Gleichberechtigung sind auch bei Paulus mit κοινωνία verbunden (vgl. Gal 2,9), zugleich aber in charakteristischer Weise ausgeweitet. Der Becher und das Brot stellen über die Gemeinschaft derer, die das Mahl teilen, Gemeinschaft mit Christus her (1Kor 10,16), und nach 1Kor 1,9 hat Gott die Glaubenden εἰς κοινωνίαν τοῦ υἱοῦ αὐτοῦ Ἰησοῦ Χριστοῦ τοῦ κυρίου ἡμῶν berufen. Die Gemeinschaft erweist sich als Gemeinschaft am Evangelium (Phil 1,5) und im heiligen Geist (2Kor 13,13; Phil 2,1). Deshalb ist auch da, wo von einer Gemeinschaft des Dienens aneinander die Rede ist (Röm 12,13; 15,26; 2Kor 8,4 u. ö.), der Bezug zu Christus bzw. zum Geist vorausgesetzt.⁹⁰ Die „einheitliche Grundstruktur für das Wortfeld", nämlich die „Gemeinschaft (mit jemandem) durch (gemeinsame) Teilhabe (an etwas)"⁹¹, ist damit als innerer Zusammenhang von Gemeinschaft und Teilhabe⁹² zu verstehen. Weil der Glaube aber Gemeinschaft mit Christus schafft, ist die Gemeinschaft der Glaubenden untereinander nicht mehr auf Statusgleichheit beschränkt.⁹³

Glaube und Liebe zielen auf das Teilen und damit auf die Gemeinschaft der Glaubenden. Vom Glauben Philemons ist die Rede (τῆς πίστεώς σου), aber sein Glaube ist Glaube in Gemeinschaft und muss sich in der Gemeinschaft zeigen und wirksam erweisen (ἐνεργὴς γένηται).⁹⁴ Man kann Gal 5,6 vergleichen oder Phil 2,13, denn als eigentliche Triebkraft der Wirksamkeit ist Gott zu denken.⁹⁵

Wirksam möge sich die Gemeinschaft des Glaubens erweisen ἐν ἐπιγνώσει παντὸς ἀγαθοῦ τοῦ ἐν ἡμῖν εἰς Χριστόν. Die Erkenntnis (ἐπίγνωσις) verbindet in alttestamentlicher Tradition das Kennen und Verstehen mit dem Handeln⁹⁶ (ähnlich Kol 1,10) und ist dementsprechend als ἐπίγνωσις παντὸς ἀγαθοῦ näher bezeichnet. Die Bandbreite der Wendung reicht von dem „guten Werk Gottes" (dem von Gott gewirkten Glauben der Gemeinde) Phil 1,6⁹⁷ bis zum Tun des Guten gegenüber allen Menschen (Gal 6,10; 1Thess 5,16; Röm 15,2), das in Röm 12,2 freilich als Orientierung am Willen Gottes (und nicht als autonome Leistung des Menschen) umschrieben ist. Die Erkenntnis alles Guten ist nach V.6 eine Erkennt-

---

⁸⁹ Vgl. FORSCHNER, Ethik, 148.157 ff.
⁹⁰ POPKES, κοινωνία, 717.
⁹¹ HAINZ, κοινωνία, 751.
⁹² HAINZ, ΚΟΙΝΩΝΙΑ, 376.
⁹³ So mit Recht POPKES, κοινωνία, 716.
⁹⁴ FITZMYER, Phlm, 97, stellt die verschiedenen Interpretationsmöglichkeiten dar.
⁹⁵ Vgl. BERTRAM, ἐνεργέω, 650f. Auch in der Wendung ἐνεργὴς γένηται ist das Changieren zwischen notwendiger Konsequenz und Bitte zu erkennen. Vgl. auch FITZMYER, Phlm, 97.
⁹⁶ BULTMANN, γινώσκω, 697. Zur Zusammengehörigkeit von Erkennen und Handeln in Qumran vgl. LOHSE, 56-58. Eine Gegenposition wird bei Aristoteles, eth Nic 1095a 6, deutlich, wo die γνῶσις der πρᾶξις gegenübergestellt wird.
⁹⁷ Vgl. MÜLLER, Philipper, 41; GNILKA, Philipper, 46; anders SCHENK, Philipperbriefe, 97.

nis der Glaubenden, so dass der Kontext den Bezug zum Handeln Gottes an den Menschen ebenso andeutet wie den Bezug zum eigenen Handeln.[98] Dass das Gute an dieser Stelle nicht näher bestimmt wird, entspricht dem allgemeinen Charakter der Danksagung; wenig später wird V.14 es sehr wohl konkretisieren. Beides gehört zusammen, die allgemeine wie die spezifische Aussage; weder lässt sich das Tun des Guten eingrenzen auf ein bestimmtes Handeln (sondern hat immer einen weiten Horizont) noch auf eine allgemeine Forderung (sondern zielt immer auf Konkretion). Beides ist auch in den abschließenden Wendungen dieses Verses τοῦ ἐν ἡμῖν εἰς Χριστόν angesprochen: Das Gute hat einen Ort und ein Ziel. Es ist das Gute „in, unter uns"[99] als das Gute, das unter den Glaubenden geschieht und geschehen soll[100], und das sie zugleich als von Gott kommend erfahren und verstehen. Eine pragmatische Absicht ist zweifellos vorhanden[101], sie ist aber eingebettet in ein Verständnis der eigenen Existenz von Gott her und auf Christus hin. Die Schlusswendung eschatologisch zu deuten[102], ist nicht angebracht, da die Danksagung insgesamt eher auf die bereits erfahrene und daraus sich ergebende Gemeinschaft des Glaubens bezieht. εἰς Χριστόν weist auf den hin, an dem sich das Sein und das Handeln der Glaubenden orientieren.[103]

Die Wendungen in diesem Finalsatz (κοινωνία τῆς πίστεώς σου, ἐπίγνωσις παντὸς ἀγαθοῦ, τοῦ ἐν ἡμῖν, εἰς Χριστόν), die jede für sich Beziehungen zum Ausdruck bringen, weisen in ihrer Kombination auf einen Sinnbezirk hin, in den Philemon und die mit ihm Glaubenden ihre eigene Existenz und ihr Handeln einordnen können. Dieser Sinnbezirk wird in der Danksagung nur angedeutet, nicht entfaltet – und dies ist oft kritisch vermerkt worden.[104] Aber Paulus strukturiert hier mit wenigen Stichworten einen Raum für das Verstehen:

---

[98] Dass die Wendung „von der Begrifflichkeit einer philosophischen Ethik" berührt scheint (LOHMEYER, Phlm, 179; vgl. GNILKA, Phlm, 37), trifft in einem allgemeinen Sinn zu. Die paulinische Aussage gewinnt den Maßstab des Guten aber nicht von der Natur (vgl. FORSCHNER, Ethik, 160 f.), sondern vom Gotteswillen. Diese Akzentuierung steht in der alttestamentlich-jüdischen Traditionslinie.
[99] Vgl. BAUER/ALAND, Wörterbuch, 522. Die handschriftliche Überlieferung zeigt, dass diese Wendung Verstehensprobleme hervorgerufen hat. Eindeutig im Blick auf das Handeln der Glaubenden interpretieren F G pc vg[cl]: παντὸς ἔργου ἀγαθοῦ (vgl. Kol 1,19); P[61] A C 048. 33. 629 f vg[st.ww] lassen τοῦ aus (629 auch das folgende ἐν ἡμῖν), 1739 1881 it vg[mss] Ambst ersetzen es durch ἥ; P[61] ℵ F G P 0278. 33. 104 365. 1505. 1739. 1881 und andere Zeugen lesen ἐν ὑμῖν anstelle von ἐν ἡμῖν. Aber „ἡμῖν was more likely to be changed by copyists to ὑμῖν than vice versa" (METZGER, Commentary, 657).
[100] Die anthropologisch-ethische Deutung überwiegt in den Kommentaren, z.B. bei SUHL, Phlm, 28.
[101] WOLTER, Phlm, 255.
[102] SUHL, Phlm, 28; STUHLMACHER, Phlm, 34; LOHMEYER, Phlm, 179; WICKERT, Philemonbrief, 231, paraphrasiert „durch Erkenntnis alles des Guten, das in uns ist, durch den Glauben an Christus, welcher uns auch deswegen zur Rechenschaft ziehen wird."
[103] WOLTER, Phlm, 255, interpretiert den Finalsatz im Anschluß an JANG, Philemonbrief, 28, forensisch und sieht hier die Instanz benannt, die die in der Gemeinschaft der Glaubenden gültigen Normen setzt. Diese Begriffe werden dem Charakter der Danksagung aber nicht wirklich gerecht.
[104] „Unverbindliche fromme Floskel" (ERNST, Phlm, 131, im Blick auf εἰς Χριστόν; GNILKA, Phlm, 37); syntaktische Unangemessenheit (WRIGHT, Phlm, 177; DUNN, Phlm, 320; LOHMEYER, Phlm, 178; WILES, Prayer, 220.222).

– Wer glaubt, gehört in eine Gemeinschaft des Glaubens und der Glaubenden hinein;
– diese Gemeinschaft des Glaubens ist nicht bloßer Sachverhalt oder Glaubensgegenstand, sondern soll sich als wirksam erweisen;
– im Glauben gehören die Erkenntnis des erfahrenen Guten und das Tun des Guten zusammen;
– die Gemeinschaft der Glaubenden orientiert sich an Christus und auf ihn hin.

Damit ist ein weiter Raum abgesteckt, der gefüllt werden kann und den die Empfänger füllen sollen mit konkreter Erfahrung, konkretem Verhalten und konkreten Bitten.

Die Danksagung V.4–6 ist stark von der Gebetssprache und von brieflichen Gepflogenheiten bestimmt. Beides führt zu einer gewissen geprägten Allgemeinheit. Vom Glauben und von der Liebe Philemons spricht Paulus in V.5, ohne dies näher auszuführen. Auch mit der Teilhabe und Teilgabe des Glaubens wie mit dem Wachstum an der Erkenntnis alles Guten (V.6) sind wichtige Aspekte christlicher Existenz genannt, ohne sie in konkrete Aussagen zu überführen. Aber GNILKA schreibt mit Recht: „Paulus redet zwar allgemein, aber nicht unverbindlich."[105] Das zeigt sich schon daran, dass er offenbar eine Kenntnis dessen bei den Adressaten voraussetzt, was Philemon für die Christen getan hat. Die Danksagung bleibt aber auch deswegen nicht im Unverbindlichen, weil sie mit den angesprochenen Begriffen und Wendungen einen Raum für das Verstehen dessen öffnet, worum es bei der christlichen Existenz geht. Die Gemeinschaft der Glaubenden zielt auf Konkretion, weil die Erkenntnis des erfahrenen Guten und das Tun des Guten zusammengehören. In der Danksagung wird dieser Raum abgesteckt, es geht (noch) nicht um dessen konkrete Füllung. Dass christliche Existenz sich aber nicht im Allgemeinen verwirklicht, sondern auf Konkretion drängt, wird deutlich. Insofern reicht es nicht aus, die Verse von der Rhetorik her lediglich als captatio benevolentiae anzusehen.[106] Vielmehr wird zweierlei hervorgehoben: Zur christlichen Existenz gehören grundlegend die κοινωνία τῆς πίστεως sowie die ἐπίγνωσις παντὸς ἀγαθοῦ in der Doppelbedeutung von erfahrenem Guten und Tun des Guten – und Philemon hat sich im Hinblick auf diese Bestimmungen bereits als Christ, als Bruder, repräsentatives Mitglied einer Hausgemeinde und als Mitarbeiter erwiesen.[107]

---

[105] GNILKA, Phlm, 38. Kryptisch hingegen spricht er nicht (so WILES, Prayer, 220ff).
[106] ERNST, Phlm, 132; vgl. MARTIN, Phlm, 162.
[107] KUMITZ, Brief, 143, meint dagegen, Paulus hebe hier ein Defizit im Verhalten Philemons hervor.

Philemon 7–20: Briefkorpus

(7) Viel Freude nämlich hatte ich[108] und Trost hinsichtlich deiner Liebe, weil das Innerste[109] der Heiligen erquickt worden ist durch dich, Bruder. (8) Deshalb bitte ich, obwohl ich in Christus die Autorität hätte, dir das Gebührende zu gebieten, wegen der Liebe (um so) mehr, (9) so wie ich bin: Paulus, ein alter Mann[110], und jetzt[111] auch noch Gefangener Jesu Christi: (10) Ich bitte dich wegen meines Kindes[112], das ich in den Fesseln[113] gezeugt[114] habe: Onesimus, (11) den dir einst unbrauchbaren[115], jetzt aber[116] (sowohl) dir und mir gut brauchbaren; (12) den habe ich dir geschickt, ihn, das heißt mein eigenes Herz.[117] (13) Ich wollte ihn bei mir behalten[118], damit er mir an deiner Stelle diene in den Fesseln des Evangeliums. (14) Ohne dein Einverständnis[119] aber habe ich nichts tun wollen, damit dein Gutes nicht gleichsam aus Zwang (geschehe), sondern aus freien Stücken. (15) Vielleicht ist er nämlich deswegen für eine Stunde getrennt worden, damit du ihn ewig erhältst, (16) nicht mehr wie einen Sklaven, sondern mehr und anders als ein Sklave, als geliebten Bruder, am meisten mir, um wieviel mehr aber dir, sowohl im alltäglichen Leben als auch im Herrn. (17) Wenn du mich nun als Partner (im Glauben) hast,

---

[108] Die Änderung von χαραν in χαριν bei m ist eine Angleichung an V.3. Der Plural (εσχομεν D* pc b; μεγαλην εχωμεν 629; εχομεν πολλην [D1²] Ψ 𝔐 sy) schließt an die Absenderangabe in V.1 an.

[109] Τὰ σπλάγχνα: Eingeweide, Herz, Zuneigung, Liebe, Mitleid (BAUER/ALAND, Wörterbuch 1523f.), gelegentlich auch das eigene Kind (Artemidor 1,44; vgl. 5,57).

[110] BENTLEY hat hier eine Konjektur zu πρεσβευτης vorgenommen, der etliche Ausleger gefolgt sind. Paulus würde sich dann als Gesandter bezeichnen. Vgl. hierzu unten, 108.

[111] Die Änderungen in νυν bei A pc ist unerheblich.

[112] τέκνον hat im Wortfeld „Kind" die größte Extension und ist in allen Dimensionen (Erziehung, Verwandtschaft, Zugehörigkeit, gesellschaftliche Stellung) vertreten (vgl. MÜLLER, Mitte, 184–200).

[113] A 1505 pc ar ergänzen εγω nach ὅν, ἐν τοῖς δεσμοῖς μου wird von 8ℵ1² C D1¹ Ψ 0278. 1739ᶜ. 1881 𝔐 sy geboten (Text: 8ℵ* A D* F G 33. 81. 1739* pc latt). Beides ändert den Sinn jedoch nicht.

[114] γεννάω bedeutet sowohl zeugen als auch gebären (BAUER/ALAND, Wörterbuch, 310f.). Das maskuline Personalpronomen ὅν ist eine constructio ad sensum.

[115] MENGE, Wörterbuch, 128.752.

[116] Das και wird von X1² A C D 0278. 1739. 1881 X it (ar f) syʰ ausgelassen, den Text bieten 8ℵ*·ᶜ F G 33. 104 pc vgˢᵗ·ʷʷ (vgᶜˡ) syᵖ (Ψ: h.t.). Eine Veränderung des Sinnes liegt nicht vor.

[117] αὐτόν schliesst an Ὀνήσιμον V.10 an und hebt ihn nach den Wendungen V.11.12a noch einmal hervor, um ihn sogleich als „eigenes Herz" des Paulus zu bezeichnen. Die anderen Lesarten (C* σοι αὐτόν, τοῦτ' ἔστιν τὰ ἐμὰ σλάγχνα, προσλαβοῦ; Änderung des σοι in σὺ δέ αὐτόν ... προσλαβοῦ bei ℵ² C² D (ψ) 0278. 1739. 1881 m lat [sy] und ähnliche Umstellungen) versuchen zu klären, indem sie προσλαβοῦ V.17 bereits hier einfügen. Die Lesart ℵ* A 33 pc (ähnlich F G) erklärt die Entstehung der anderen Lesarten am besten (METZGER, Commentary: 656f.). Anders CALLAHAN, Embassy, 36f., der C² D* pc favorisiert und damit die Bitte des Paulus bereits hier ausdrücklich ausgesprochen findet.

[118] Κατέχω bedeutet aufhalten, zurückhalten, hemmen, dann auch niederhalten, unterdrücken (BAUER/ALAND, Wörterbuch, 859f.). Die Bedeutung niederhalten kommt wegen der bisher mehrfach angesprochenen intensiven Beziehung zwischen Paulus und Onesimus nicht in Frage.

[119] γνώμη hat eine semantische Extension zwischen Auffassung und Beschluss. Dass ein Vertrag aufgrund eines freien Entschlusses, eines Einverständnisses zustande kommt (ἐξουσία γνώμῃ), findet sich als Wendung öfter in Vertragstexten (Belege bei PREISIGKE-KIESSLING I,301). Der Rechtsaspekt der Aussage deutet sich in dieser Wendung an.

nimm ihn an wie mich. (18) Wenn er aber irgendein Unrecht getan hat oder (etwas) schuldet, rechne es mir an.[120] (19) Ich, Paulus, habe mit meiner eigenen Hand geschrieben: ich werde (es) erstatten; nicht zu reden davon, dass auch du dich selbst mir schuldest.[121] (20) Ja, Bruder, ich möchte an dir froh werden im Herrn; erquicke mein Herz in Christus.[122]

V.7 fasst die erfahrene Freude und den erfahrenen Trost noch einmal zusammen. Die Perfektformen ἔσχον und ἀναπέπαυται unterstreichen (gerade gegenüber ἀκούων V.5), dass sich der Dank V.4-6 auf das Verhalten Philemons in der Vergangenheit bezieht. Das bereits geschehene Gute ist der Hintergrund, vor dem Paulus ab V.8 seine Bitte um das jetzt in Frage stehende Gute (V.14) vorbereitet.

Die Verben ἐπιτάσσειν und παρακαλεῖν, gebieten und bitten, machen bereits in V.8 deutlich, worum es nun im Hauptteil des Briefes geht. Diese Intention wird im weiteren Verlauf des Textes auf verschiedene Weise wieder aufgenommen, und zwar durch die Wiederholung des Verbs παρακαλῶ (V.10) sowie durch verschiedene Aufforderungen in V.17-20. Sie ergeben zusammen eine Sinnlinie der „Handlungsanweisung"[123]: Philemon soll durch den Brief zu einem bestimmten Verhalten angeregt werden. Dabei geht es weder um ein ins Belieben Philemons gestelltes Verhalten noch um eine Anordnung des Paulus. Der auffällige Wechsel zwischen Bitten und Gebieten hat seinen Grund in den Beziehungen, die im Hauptteil des Briefes angesprochen sind. In V.8-10a steht die Beziehung zwischen Paulus und Philemon im Vordergrund. Sie wird in V.10-13 um Onesimus erweitert, wobei das so entstehende Beziehungsdreieck in den einzelnen Versen auf verschiedene Weise akzentuiert wird.[124] V.14 spricht wieder die Beziehung zwischen Paulus und Philemon an und greift damit auf V.8f. zurück. In V.15f. geht es um die Beziehung zwischen Onesimus und Philemon, wobei in V.16 mit μάλιστα ἐμοί der Apostel wieder ins Spiel kommt. V.17 setzt erneut alle drei Personen in Beziehung. V.18f. konzentrieren dies auf den Aspekt eventueller Schuld des Onesimus gegenüber Philemon, wobei V.19b diesen Aspekt sogleich auf die Beziehung zwischen Philemon und Paulus ausweitet. V.20f. gehen dementsprechend auf die Beziehung zwischen Paulus und Philemon ein. Hieraus ergibt sich folgende Beziehungsstruktur:

---

[120] Statt des gut bezeugten ἐλλόγα (אׁ A C D* F G P 048. 33. 81. 104 pc) lesen D[1] Ψ 1739. 1881 m ἐλλόγει. Das ungewöhnlichere ἐλλόγα ist aber als ursprünglich anzunehmen.
[121] D* fügt εν κυριω hinzu, was aber den anspruchsvollen Satz zu entschärfen versucht.
[122] D[1] m ar vg lesen εν κυριω Χριστω, wohl wegen der volleren Titulatur.
[123] Vgl. oben, 37f.
[124] Nach WOLTER, Phlm, 258, steht die Beziehung zwischen Paulus und Onesimus lediglich in V.10-12 im Vordergrund, während V.13-14 (in Anlehnung an ZMIJEWSKI, Beobachtungen) ein retardierender Gedankengang sei. Man darf aber nicht übersehen, dass in V.11f.13 Philemon, Onesimus und Paulus angesprochen sind, wenn auch mit unterschiedlichem Akzent; in V.11 geht es um das Verhältnis des Onesimus zu Philemon in Vergangenheit und Gegenwart, zu dem nun Paulus hinzutritt; in V.12 steht die Beziehung zwischen Onesimus und Paulus im Vordergrund, die auf Philemon ausgedehnt wird (ὃν ἀνέπεμψά σοι); in V.13 geht es um die Beziehung von Onesimus und Philemon zu Paulus und deren Interdependenz. Erst V.14 ist wieder ganz der Beziehung zwischen Paulus und Philemon vorbehalten.

8–10a	Paulus ↔ Philemon
10b–13	Paulus → Onesimus
	↘ ↗
	Philemon
	V.11 Onesimus ↔ Philemon (→ Paulus)
	V.12 Onesimus ↔ Paulus (→ Philemon)
	V.13 Onesimus ↔ Paulus
	Philemon ↔ Paulus
14	Paulus ↔ Philemon
15–16	Onesimus ↔ Philemon → Paulus
17	Paulus → Onesimus
	↘ ↗
	Philemon
18f.	Onesimus ↔ Philemon → Paulus
20	Paulus ↔ Philemon

Am Anfang (V.8–10a), am Ende (V.20) und in der Mitte des Abschnitts (V.14) wird die Beziehung zwischen Paulus und Philemon thematisiert. In V.10b–13 und 15–19 geht es in unterschiedlichen Akzentuierungen um die Beziehungen zwischen Paulus, Philemon und Onesimus. Man kann hieraus kleinere Unterabschnitte ableiten[125], wobei allerdings V.8–10a und 20 den gesamten Abschnitt rahmen. Detaillierte Unterteilungen können als Verstehenshilfe dienen, sollten aber nicht als feste Gliederung missverstanden werden.

V.7: Was Paulus in V.4–6 als Gebetsbericht formuliert hat, fasst er nun noch einmal zusammen: Große Freude[126] und tröstlichen Zuspruch[127] empfand Paulus angesichts der Liebe Philemons, durch dessen Handeln die Herzen der Heiligen erquickt und ermutigt wurden. Das rückblickend-begründende γάρ umfasst die Danksagung insgesamt und bezieht sich sowohl auf den Dank V.4 (vgl. dieselbe Wurzel von εὐχαριστέω V.4 und χαρά V.7) als auch auf die Liebe Philemons V.5 und das dort angedeutete Gute. Auch das in V.6 angedeutete Tun des Guten ist mit dem Hinweis auf die Liebe Philemons mit aufgenommen. τὰ σπλάγχνα meint das Innerste des Menschen[128], also das, was im Deutschen mit dem Herzen

---

[125] SUHL, Phlm, 30, sieht V.8–14 als Sinnzusammenhang und einen Neueinsatz in V.15; vgl. BRUCE, Phlm, 210.216; WENGST, Phlm, 47.64. STUHLMACHER, Phlm, 36, unterteilt in V. 8–12.13–16.17–20; WRIGHT, Phlm, 178f., in 8–16 und 17–22. Lohmeyer, Phlm, 181f., erkennt drei Abschnitte (8–12.13–16.17–20) aus je vier Doppelzeilen.
[126] Die χαρά ist ein in den paulinischen Briefen immer wieder beggenendes Motiv und wird mehrfach in Briefanfängen angesprochen (vgl. 1Thess 1,6; 2Kor 1,24; Phil 1,4).
[127] Vgl. 2Kor 7,4. 13. Das Substantiv παράκλησις hat neben dem bittenden Ersuchen und der Mahnung vor allem die Bedeutung tröstenden Zuspruchs (SCHMITZ, παρακαλέω, 794f).
[128] Ursprünglich sind die Eingeweide gemeint, von (Opfer-) Tieren und später auch von Menschen (KÖSTER, σπλάγχνον, 548). In LXX und besonders in Test XII sind τὰ σπλάγχνα Sitz der Gefühle und Empfindungen (Test S 2,4; Seb 2,4f; Jos 15,3) und können von hier auch das aus dem Inneren kommende

verbunden wird.¹²⁹ ἀναπαύειν bedeutet „ausruhen lassen", „jemandem Ruhe verschaffen" und gewinnt dann die allgemeinere Bedeutung „erquicken".¹³⁰ Hier ist weder körperliches Ausruhen gemeint (Mk 14,41; Mt 26,45) noch das Ausruhen von der Mühsal in der eschatologischen Vollendung (Hebr 4,1ff.; Offb 6,11; 14,13), sondern wie auch sonst bei Paulus das Ermutigt-Werden durch Freude oder Trost (1Kor 16,18; 2Kor 7,13). Womit Philemon die Christen ermutigt und ihnen Gutes getan hat, wird nicht gesagt. „Alles Raten darüber ist müßig."¹³¹ Aber offenbar hat Philemon den Mitchristen einen guten Dienst erwiesen, der in der Hausgemeinde bekannt ist. Gerade die metaphorische Sprache zeigt, dass hier auf ein Wissen der Adressaten angespielt wird.¹³²

Das Verhalten Philemons gibt nicht nur Anlass zu Freude und Dank im Blick auf die Vergangenheit, sondern ist auch Grund für die Erwartung, dass die Erkenntnis alles Guten sich weiterhin als wirksam erweist. Die Bruder-Anrede unterstreicht diesen Gedanken: Sie verbindet Paulus und Philemon und ist somit Ausdruck persönlicher Verbundenheit; aber sie stellt beide auch in einen größeren Kontext. Inhaltlich nimmt sie die Wendung κοινωνία τῆς πίστεώς σου V.6 auf, ebenso die Adresse V.1, die Philemon persönlich und als Teilhaber am Glauben anspricht. Außerdem weist sie auf ναὶ ἀδελφέ V.20 voraus. Die persönliche Färbung der Wendung lässt darauf schließen, dass es in diesem Schreiben um enge Beziehungen und persönliches Engagement geht.

In **V.8** nimmt die Konjunktion διό das bereits Geschehene als Begründung für die folgende Bitte (παρακαλῶ V.9.10). Eine Anordnung will Paulus nicht aussprechen, auch wenn er in Christus die παρρησία hätte, Philemon zu gebieten, wie er in einer ersten Partizipialwendung festhält. Παρρησία ist bei Paulus sonst auf seine christliche Existenz bezogen und bezeichnet die freimütige und offene Zuversicht, die Freiheit, „mit der man den Menschen gegenübertritt, nachdem man

---

Erbarmen meinen (Test Seb 7,3; 8,2. 6; vgl. εὔσπλαγχνος und εὐσπλαγχνία in Test S 4,4; Seb 5,1; B 4,1 u. ö.), ebenso die Mutterliebe (4Makk 14,13; 15,23.29) und die Zuneigung überhaupt.

¹²⁹ Dibelius-Greeven, Phlm, 104, stellen „orientalisch-pathetischen Stil" fest; Lohmeyer, Phlm, 180, selbst nicht frei von pathetischer Sprache, spricht von „erborgtem Pathos" und „gesalbter Rede"; man denke aber nur an gefühlvolle Wendungen im Deutschen, die mit dem Herzen verbunden sind.

¹³⁰ In LXX gewinnt das Wort eine theologische Ausweitung und kann u.a. das Ruhen in der Hand Gottes (Jes 25,10) oder das Ruhe-Verleihen durch Gott bedeuten (Jes 14,3; 28,12).

¹³¹ Dibelius-Greeven, Phlm, 104. Stuhlmacher, Phlm 35, verweist auf 1Kor 13; Röm 16,3ff; Phil 4,10ff als mögliche Konkretionen; Dunn, Phlm, 321, sieht Philemon als „fine preacher" gewürdigt oder als Unterstützer und Rechtsbeistand; Scott, Phlm, 105, denkt an eine Unterstützung der Gemeinde nach einem Erdbeben; Callahan, Phlm, 29, und Reinmuth, Phlm, 29, sehen die Gastfreundschaft Philemons angesprochen. Das mag alles sein. Verzichten sollte man jedoch auf dogmatische Auskünfte, wie etwa bei Bürki, Phlm, 208: „Die Zuneigung der Liebe vermag eine derart tiefe Bestätigung und Stärkung zu geben, daß sie den menschlichen Geist ruhig macht, indem sie ihn von der Mühe der nutzlosen Selbstrechtfertigung befreit."

¹³² Insofern trifft es nicht zu, dass hier kein Wort unmittelbar aus der Situation heraus spreche (Lohmeyer, Phlm, 180).

Gott gegenüber Offenheit erlangt hat"[133] (vgl. 2Kor 3,12; 7,4; Phil 1,20; 1Thess 2,2). Aus dieser Freiheit, die zunächst der Charakterisierung seiner eigenen apostolischen Existenz dient, erwächst die Autorität (so übersetzt man παρρησία hier am besten[134]) zu gebieten.[135] Diese Autorität gilt ἐν Χριστῷ und bezieht sich auf τὸ ἀνῆκον – und zwar in dieser Kombination.

Das Angemessene, das dem Menschen „Zustehende und Anstehende"[136], das Sich-Gebührende ist im stoischen Denken das, was sich von der Natur und von der kosmischen Ordnung her ergibt.[137] Dieses Angemessene wirkt sich prägend auf die alltäglichen Lebenszusammenhänge aus, vor allem auf das Zusammenleben in einem gemeinsamen Haus, und es ist kein Zufall, dass der ἀνῆκον-Gedanke in den Pflichtenkatalogen für den Hausherrn zu finden ist (Epiktet, diss II 17,31; Seneca, epist 94,1; Plutarch, lib educ 7 E; vgl. Philo, post 181; decal 165ff). Im Rahmen dieser Pflichtenkataloge geht es im Blick auf die Sklaven um ein ausgewogenes System von Belohnung und Bestrafung, das auf das reibungslose Funktionieren des Oikos zielt und deshalb eine ungezügelte Herrschaft des Hausherrn ebenso ausschließt wie eine zu nachsichtige Milde.[138] Das ausgewogene Maß der μεσότης ist das Ideal, das aber im Falle eines Fehlverhaltens des Sklaven oder seines Fortlaufens die angemessene Bestrafung mit einschließt.

ARZT-GRABNER deutet ἐπιτάσσειν (anordnen, befehlen, auftragen) als Hinweis auf Lehrverträge, wie sie im Weberhandwerk üblich waren.[139] In diesen Verträgen wird u.a. vereinbart, dass der Lehrling alles auszuführen hat (διακονέω), was ihm der Meister im Zusammenhang mit dem Weberhandwerk aufträgt. Nach ARZT-GRABNER ist Paulus im Evangelium „sozusagen der ‚Meister', der sich den Sklaven Onesimus als ‚Lehrling' wünscht, damit dieser von ihm das ‚Handwerk des Evangeliums' erlerne und ihm diene und

---

[133] BINDER, Phlm, 52. Παρρησία bezeichnet in der griechischen Polis die ungehinderte Meinungsäußerung. In frühchristlicher Zeit verliert der Begriff die politische Bedeutung weitgehend, bezeichnet jetzt den offenen Umgang von Freuden untereinander (so schon Aristoteles, eth Nic 1165a) und kann auch die philosophische Lebensform insgesamt beschreiben. Zur Wortgeschichte SCHLIER, παρρησία; MALHERBE, Paul, 58–60; MARROW, Parresia, 434; FREDRICKSON, ΠΑΡΡΗΣΙΑ, 166.

[134] WOLTER, Phlm, 258f; MOULE, Phlm, 144. Παρρησία nimmt damit Bedeutungskomponenten von ἐξουσία auf (PETERSON, Bedeutungsgeschichte). REINMUTH, Phlm, 33f., schränkt παρρησία stark auf die Redefreiheit ein.

[135] Vgl. zu den Verben des Bittens, Ermahnens und Gebietens HOLMBERG, Paul, 83–86.

[136] SCHLIER, καθῆκον, 441.

[137] Nach Diogenes Laertios 7, 107 hat Zenon das καθῆκον in die philosophische Diskussion eingeführt, „und zwar ist die Bezeichnung daher genommen, dass sie (die Pflicht) sich als Forderung an gewisse Menschen richtet. Sie sei aber eine Willensbetätigung, die mit den naturgemäßen Einrichtungen in innigem Einvernehmen stehe. ... Pflicht gemäß sei alles, wofür sich die Vernunft entscheidet, wie z.B. Eltern, Brüder, Vaterland in Ehren zu halten und mit den Freunden in herzlichem Umgang zu stehn ..." Cicero gibt in de officiis dem pflichtgemäßen Handeln umfassendste Bedeutung: „Kein Bereich des Lebens nämlich – weder in politischen noch in privaten, weder in die Öffentlichkeit noch die eigene Familie betreffenden Fragen, wenn du, auf dich allein gestellt etwas unternimmst noch mit einem anderen dich zusammentust – kann von Verpflichtung frei sein: Es beruht in ihrer Beachtung alle Ehrenhaftigkeit der Lebensführung, in ihrer Nichtbeachtung alle Schande" (I 2).

[138] Vgl. GIELEN, Tradition, 160f. Charakteristisch ist beispielsweise Cicero, off I 41: Die Leistung der Sklaven ist zu fordern, der gerechte Lohn zu gewähren (operam exigendam, iusta praebenda), wobei sich der gerechte Lohn auch auf gerechte Strafe für nicht erbrachte Leistung beziehen kann. Bezugspunkt ist immer wieder Xenophons Oikonomikos, hier z.B. 12,16.

[139] 66–70, mit einer Reihe von Belegen.

alle Arbeiten ausführe, die ihm von Paulus aufgetragen würden im Einklang mit dem ‚Handwerk des Evangeliums'."[140] Zu den Weberlehrverträgen passe auch, dass Paulus ohne Zustimmung Philemons nichts tun wolle, sowie der Hinweis V.19, dass Philemon sich dem Paulus schulde. M.E. ist dies eine Überinterpretation. Das Verb ἐπιτάσσειν findet sich bei Paulus nur in Phlm 8; es hat den allgemeinen Klang des Anordnens aufgrund von Autorität und kann deshalb in Lehrverträgen Verwendung finden.[141] Der Umkehrschluss, dass es in Phlm 8 „lehrvertraglich" verwendet sein müsse, trifft jedoch nicht zu. Paulus fühlt sich im „Handwerk des Evangeliums" keineswegs als Meister: Nach 1Kor 9,16 versteht er das Verkündigen des Evangeliums als Zwang, der auf ihm liegt, und wiederholt bezeichnet er sich selbst als Diener des Evangeliums (1Kor 3,5; 2Kor 6,4; 11,23). Dass Paulus schließlich Onesimus bei sich behalten möchte, um ihn auszubilden, ist V.13 nicht zu entnehmen.

Paulus könnte also pflichtgemäßes Handeln einfordern, und zwar aufgrund seiner Autorität ἐν Χριστῷ. Dies ist ohne Zweifel auf die παρρησία des Paulus bezogen und unterstreicht seine Autorität, die ihn zum Gebieten ermächtigte. Zugleich stellt sich aber die Frage, wie sich die „Sinnwelt" des ἐν Χριστῷ[142] zu dem Gebieten verhält. Lässt sich das Gebieten mit dem „Sein in Christus" und dem Verhältnis zwischen den „Genossen des Glaubens" verbinden? Paulus geht auf diese Frage hier nicht ausdrücklich ein, der konzessive Partizipialsatz weist die Möglichkeit des Befehlens sogar ab. Aber das Thema ist angedeutet: Wie verhalten sich das Gebieten und das, „was recht ist", zu dem gemeinsamen Sein „in Christus"?

V.9: Nicht autoritativ anordnen will Paulus, sondern (vielmehr, lieber) bitten, freundlich zureden (μᾶλλον παρακαλῶ).[143] Am Ende des Hauptteils, in V.20, nimmt Paulus die Bitte wieder auf (ἐγώ σου ὀναίμην) und schließt damit an das Thema an: Es ist nicht eine Bitte, die er mit eigener Autorität ausspricht, sondern eine Bitte ἐν κυρίῳ, d.h. im Verstehenshorizont des κύριος. Dieser Verstehenshorizont ist auch durch den Hinweis auf die Liebe in V.9 eröffnet; denn damit wird deutlich Bezug genommen auf die Liebe und den Glauben Philemons V.5.7. Wenn Paulus der Liebe wegen lieber bittet, dann handelt es sich ja um die Liebe, die ihn mit Philemon (V.1) und die beide mit dem Herrn Jesus und mit allen Heiligen verbindet: *Dass* Paulus Philemon bittet und *was* er von ihm erbittet, steht im Horizont

---

[140] Ebd., 68.
[141] ἐπιταγή und ἐπιτάσσω bezeichnen „die Weisung Hochgestellter …, die etwas zu sagen haben" (Delling, τάσσω, 37). ἐπιταγή findet sich ab und zu bei Paulus (Röm 12,26; 1Kor 7,6.25; 2Kor 8,8; vgl. das Recht des διατάσσειν, das Paulus 1Kor 7,17; 16,1 für sich in Anspruch nimmt). In den Evangelien bezeichnet das Verb das Vollmachtswort Jesu gegenüber Dämonen (Mk 1,27; 9,25; Lk 4,36; 8,25).
[142] So Berger, Artikel Kirche, 203f.
[143] παρακαλέω hat einen großen Bedeutungsumfang (Schmitz, παρακαλέω). Grabner-Haider, Paraklese, 7f., unterscheidet die Nuancen 1) anrufen, auffordern ermahnen; 2) bitten, ersuchen, anflehen; 3) aufmuntern, trösten, bestärken, diese Bedeutung „klingt in dem Begriff fast immer mit"; 4) gut zureden, freundlich zusprechen, jemand gute Worte mitgeben. „Die genaue Bedeutung des Wortes ergibt sich erst aus dem Zusammenhang" (8). Vgl. Bjerkelund, Parakalo, 118–124.188. Nach Kumitz, Brief, 66, darf man den freundschaftlichen Ton nicht überschätzen; er sei der Philophronesis geschuldet und lasse keine Rückschlüsse auf das Verhältnis der Briefpartner zu.

der Gemeinschaft christlicher Existenz.[144] Dies ist hier vorausgesetzt, und innerhalb dieses Sinnhorizonts sind die Bitte und die dahinter stehende Autorität unbestritten.[145]

Paulus ist ein „alter Mann" und ein „Gefangener Christi Jesu". Πρεσβύτης ist immer wieder im Sinne des Gesandten verstanden worden.

Untermauert wurde dies durch die Konjektur πρεσβεύτης[146]; aber auch ohne Konjektur werde πρεσβύτης in LXX gelegentlich im Sinne von Gesandter verwendet (2Makk 11,34 LXX, 2Chr 32,31B; 1Makk 14,22; 15,17א), bei Paulus selbst finde sich πρεσβεύω in ähnlichem Sinn (2Kor 5,20; vgl. Eph 6,20; IgnSmyrn 11,2) und schließlich passe ein bloßer Hinweis auf das Alter weder zu dem vorangehenden Hinweis auf die παρρησία des Paulus noch zu dem folgenden auf seine Gefangenschaft.[147] Dies ist jedoch nicht der Fall, im Gegenteil: Die Argumentation von V.8f. zielt gerade darauf, dass Paulus, obwohl er die Autorität zum Gebieten hätte, darauf verzichtet und lediglich als πρεσβύτης und als δέσμιος spricht. Hierin eine „Amtsautorität" zu sehen, stellt die Argumentation auf den Kopf; auf den „offiziellen" Status als Gesandter Christi verzichtet Paulus gerade.

Paulus beruft sich nicht auf seine Autorität als Apostel. Das heißt freilich nicht, dass er auf jegliche Autorität verzichtete. Mit πρεσβύτης, dem alten Mann, ist die persönliche Autorität des Paulus als eines älteren und erfahrenen Mannes dem Jüngeren gegenüber[148] angesprochen. Paulus verweist aber nicht nur auf sein Alter, sondern, „so wie es jetzt ist"[149], auch auf seine Gefangenschaft.[150] Mit δέσμιος Χριστοῦ Ἰησοῦ wiederholt Paulus die Vorstellung aus V.1. Als alter Mann und Gefangener Christi Jesu kann er keine Befehle erteilen. Dass sein Alter der Bitte aber Autorität verleiht, entspricht weit verbreiteter Überzeugung; und dass er als Gefangener Christi Jesu mit Gewicht bitten kann, entspricht der gemeinsamen Beziehung, in der Paulus und Philemon (und die ganze Hausgemeinde) zu Christus stehen.[151]

---

[144] „Nicht befehlen, sondern bitten" findet sich mehrfach bei Ignatius (IgnEph 3,1.2; IgnRöm 4,1.3; IgnTrall 3,3). Zur Frage, ob Ignatius den Philemonbrief gekannt und benutzt hat, vgl. oben, 84.

[145] HAINZ, Ekklesia, 208f. WOLTER, 259 (vgl. LAUSBERG, Handbuch § 784f.) erkennt in dem μᾶλλον παρακαλῶ die rhetorische Argumentationsfigur der correctio; vgl. KUMITZ, Brief, 153.

[146] BENTLEY und BENSON (ausführlich LIGHTFOOT, Phlm, 338); O'BRIEN, Phlm, 290; GAYER, Stellung, 251, u.a. PREISS, Life, 36–38, hält die Konjektur für überflüssig, erkennt aber einen Verweis auf das Schaliach-Institut und die Autorität des Paulus als Gesandter Christi (vgl. BARTH/BLANKE, Phlm, 107). WRIGHT, 180, versteht die Altersangabe symbolisch. Zur Kritik BIRDSALL, PRESBYTES.

[147] SUHL, Phlm, 31. MOULE, Phlm, 144; LOHMEYER, Phlm, 185, der seine Gliederung des Textes in Doppelzeilen als Argument anführt; WRIGHT, Phlm, 180f.; ERNST, Phlm, 134f; MARTIN, Phlm, 163. BRUCE, Phlm, 212, nennt als weiteres Argument, dass der Hinweis auf das Alter als „situation calling for pity" angesehen werden könne, was Paulus jedoch keineswegs beabsichtigt habe.

[148] Über das Alter Philemons lässt sich hieraus keine Erkenntnis gewinnen (vgl. oben, 54).

[149] Verschiedene Deutungsversuche von τοιοῦτος ὢ ὡς bei VINCENT, Phlm, 183f.

[150] Dass νυνὶ δέ auf einen erst kürzlichen Beginn der Gefangenschaft hindeute (BINDER, PHlm, 54; MARTIN, Phlm, 163), ist nicht stichhaltig. Die anderen Hinweise auf die Gefangenschaft unterstützen jedenfalls nicht deren erst kürzlichen Beginn. KUMITZ, Brief, 155, sieht das „jetzt aber" als Überbietung des Hinweises auf das Alter; es ist aber als zusätzlicher Hinweis zu verstehen („und jetzt auch noch ..."). Vgl. HOCK, Support, 74, gegen PETERSEN, Rediscovering Paul, 126.

[151] In rhetorischer Perspektive gehört der Hinweis auf das Alter zum Pathos (vgl. Aristoteles, Rhetorik II 1,1365a), mit dessen Hilfe das Auditorium emotional bewegt und gewonnen werden soll. Das spielt

Die Vorstellung, durch die Gefangenschaft auf Grund des Glaubens in besonderer Weise gewürdigt zu sein, vertritt auch Ignatius (Smyrn 9,1–12,1; Trall 5,2; 12,2; Magn 12, Eph 3,1; 11,2 – τὰ δεσμὰ ..., τοὺς πνευματικοὺς μαγαρίτας). Hier scheinen Anklänge an den Philemonbrief vorzuliegen. Lukian karikiert im Peregrinus (12 f.) den Gefängnisaufenthalt des Proteus: „Als er nun im Gefängnis war, hielten das die Christen für ein Unglück und setzten alle Hebel in Bewegung, um ihn loszubekommen." Durch Mitchristen wird er umfassend versorgt und man kommt aus vielen Städten, um ihn zu unterstützen. „Sie legen aber eine unglaubliche Schnelligkeit an den Tag, wenn derartiges die Gemeinde trifft; kurz gesagt, sie kennen da kein Sparen." Den Ruhm der Eingekerkerten besingt auch Cyprian, ep 37,2.[152] Allerdings setzen diese Texte andere Zeiten und Erfahrungen voraus. Der Philemonbrief wird das Vorbild für sie sein, nicht umgekehrt.

WOLTER verweist für die erneute Erwähnung der Gefangenschaft auf die conduplicatio der antiken Rhetorik[153], wobei der ersten Erwähnung die sachliche Information, der zweiten eine „affektisch-vereindringlichende Funktion" zukomme. Indem Paulus sich seiner „Amtsautorität" entledigt, baut er im affektiven Bereich Autorität auf. Statusverzicht und Statusgewinn schließen sich nicht gegenseitig aus; die Bitte des Alters kann mehr bewirken als das Gebot apostolischer Autorität. Wichtiger aber ist, dass Paulus als Gefangener Christi Jesu spricht und sich damit in die Erniedrigung begibt, die Christus vorgelebt hat.[154] Damit wird wie schon in V.8 auf die „Sinnwelt" des ἐν Χριστῷ hingewiesen. Weil Christus auf seinen „Status" verzichtet hat, kann der Hinweis auf den Gefangenen Christi Autorität begründen, freilich nur bei denen, die diese Sinnwelt teilen. So dient der Verzicht auf Autorität der Kommunikation zwischen denen, die gemeinsam an Christus glauben und an seinem Werk arbeiten.

V.10: Nun setzt Paulus mit dem Verb aus V.9 noch einmal ein: παρακαλῶ σε. Paulus bittet Philemon περὶ τοῦ ἐμοῦ τέκνου, d. h. nicht *um* Onesimus[155], sondern seinetwegen, ihn betreffend, im Hinblick auf Onesimus.[156] Bevor aber der Name fällt, wird sein Träger in einer sehr persönlichen, die enge Beziehung zwischen Paulus und ihm unterstreichenden Wendung eingeführt. Es handelt sich um ein Kind, das Paulus „in den Fesseln hervorgebracht[157] hat".

---

auch hier zweifellos eine Rolle. Wenn LEVISON, Letter, 534, hier die rhetorische Figur der Antiphrasis erkennt, d. h. der eigenen Abwertung als Ersatz eines schlüssigen Arguments, so ist jedoch hervorzuheben, dass die Selbstbezeichnungen im Rahmen der Paulus und Philemon verbindenden Wirklichkeitskonstruktion nicht abwertend sind, auch wenn Paulus auf den Aposteltitel verzichtet.
[152] Text bei GYOT/KLEIN, Christentum, 129 ff.
[153] WOLTER, Phlm, 261 unter Hinweis auf LAUSBERG, Handbuch, § 612.
[154] Vgl. WOLTER, Leiden, 680.
[155] KNOX, Philemon, 20, und im Anschluss an ihn SCHENK, Brief, 3460 f.; WINTER, Letter.
[156] Zu περί mit Genetiv BLASS/DEBRUNNER/REHKOPF § 229; BJERKELUND, PARAKALO, 120 f; LOHSE, 278; Zur maskulinen Form der constructio ad sensum BLASS/DEBRUNNER/REHKOPF § 296.
[157] Γεννάω kann vom Zeugen (1Kor 4,15; STUHLMACHER, Phlm, 38) und vom Gebären (Gal 4,19; GNILKA, Phlm, 44 f.; WOLTER, Phlm, 262) gebraucht werden; Einzelheiten bei BÜCHSEL γεννάω, 663 f.

Das Bild vom Erzeugen bzw. Gebären findet sich öfter bei Paulus. Mehrfach bezeichnet er sich als Vater derer, die er zum christlichen Glauben gebracht hat, Einzelpersonen (1Kor 4,17; Phil 2,22) und Gemeinden (1Kor 4,14; 2Kor 6,13), oder auch als Mutter, die sie geboren und gestillt hat (Gal 4,19). 1Thess 2,7-11 verknüpft beide Bilder. Zum Bildbereich gehören deshalb neben γεννάω die Lexeme πατήρ, μήτηρ, τέκνον, ὠδίν, τροφός, θάλπω, etc. Auch außerhalb der Paulusbriefe ist die Vorstellung von der geistigen Vater- bzw. Mutterschaft verbreitet. Im Alten Testament findet sie sich im Blick auf Prophetenschüler (2Kön 2,12), in rabbinischen Texten ist sie auf das Lehren der Tora bezogen[158], da und dort findet sie sich auch in der Mysterienfrömmigkeit (vgl. Apuleius, met 25,7).[159] 1QH VII,19-22 kommt dem Bild bei Paulus besonders nah: „[... Denn in] deiner Gerechtigkeit hast du mich hingestellt für deinen Bund, und ich stützte mich auf deine Wahrheit und [du ...] und du setztest mich zum Vater für die Söhne der Gnade und als Pfleger für die Männer des Zeichens. Sie öffneten den Mund wie ein Säug[ling ...] und wie ein Kind sich ergötzt am Busen seiner Pfleger."[160]

Zwischen dem „Vater" und dem „Kind" besteht eine enge Bindung, die mit den Beziehungsbegriffen in V.10 zum Ausdruck gebracht wird. Wenn im Folgenden von Onesimus die Rede ist, so ist Paulus immer mit zu bedenken, denn es handelt sich um „sein Kind".[161] Mit dem Bildfeld von Zeugen und Gebären ist aber (in der Tradition des Wortfelds und bei Paulus) zugleich das Neuwerden der Existenz umschrieben. Onesimus ist ein neues Geschöpf, das nur mit der Geburtsmetaphorik angemessen umschrieben werden kann.[162] Gal 4,7 ὥστε οὐκέτι εἶ δοῦλος ἀλλὰ υἱός klingt an mit allem, was dort vom Sohn gegenüber dem Sklaven ausgesagt ist: Gotteskindschaft, Gemeinschaft der Glaubenden, Mündigkeit, Erbe der Verheißungen. Von dieser neuen Existenz her argumentiert Paulus, und so wird schon in dem planvollen Aufbau von V.10 deutlich, dass der, um den es nun geht, von seiner neuen Existenz her in den Blick kommen soll. Sie gibt die Leitlinie zum Verstehen des Onesimus und zum Verhältnis mit ihm an. Und jetzt erst wird der Name genannt: Onesimus.

Es handelt sich um einen in der griechisch-römischen Antike gebräuchlichen Sklavennamen.[163] Häufig brachte man mit dem Namen vorhandene oder erwünschte Eigenschaften zum Ausdruck, z.B. bei Chresimus, Chrestus, Onesiphorus, Symphorus, Carpus – und Onesimus. Der Name ist von ὄνησις (Nutzen) abgeleitet und bedeutet „der Nützliche". Dass solche Namen nicht immer reale Sachverhalte beschreiben (weder im positiven noch

---

[158] bSanh 19b; 99b; bJeb 22a: (vgl. BÜCHSEL, γεννάω, 665; vgl. DAUBE, Onesimus); Cant r l zu 1,3 (weitere Belege bei STRACK/BILLERBECK III, 340f.).
[159] Belege bei DIBELIUS-GREEVEN, Phlm, 105; REITZENSTEIN, Mysterienreligionen, 27.40f.117.
[160] Vgl. zur Kombination von Autorität und liebender Zuwendung JEREMIAS, Lehrer, 180-192, besonders 190 (zu 1QH VII,20f. und 1Thess 2,7-12; vgl. CD XIII, 9).
[161] ARZT-GRABNER, Phlm, 204, weist mit Recht darauf hin, dass τέκνον im Gegensatz zu παῖς nicht als Bezeichnung für Sklaven verwendet wurde.
[162] Nach Johannes Chrysosthomus (PG 51,265) haben Sklaven den Tag ihrer Freilassung als Geburtstag verstanden.
[163] LAMBERTZ, Sklavennamen; COLLINS, Slave Names; BARTH/BLANKE, Phlm, 83f. Zu den römischen Sklavennamen MARQUARD, Privatleben I, 19ff. Varro, ling 8,21, zeigt, dass es beim Verkauf von Sklaven zu Namensänderungen kommen konnte.

negativen Sinn[164]), liegt auf der Hand. Die Klage über unnütze und faule Sklaven, besonders aus Phrygien[165], ist vielfach zu finden. Auch erwachsene Sklaven konnten als παῖς, als puer oder parvus angesprochen werden. Und während frei geborene, männliche Bürger Roms mit ehrenvollen tria nomina geehrt wurden[166], trugen Sklaven in aller Regel nur einen Namen, der vielfach ihren Status beschrieb.

Da Onesimus sehr wahrscheinlich als Überbringer des Briefes fungiert[167], läuft die Aussage natürlich auf ihn hinaus. Dennoch erfolgt die Nachstellung des Namens sehr bewusst: Inhaltlich wird klar, dass Onesimus unter einer neuen Perspektive betrachtet werden soll; und formal wird durch die Nachstellung Spannung aufgebaut. Von V.8 an zielen die Formulierungen auf diesen Namen hin – und nun ist er heraus. Onesimus ist es in der Tat, um den es hier geht.[168]

V.11: Zunächst greift Paulus zu einem Wortspiel, das gewissermaßen zwei Ebenen hat. χρηστός, ein anderer gebräuchlicher Sklavenname[169], bedeutet brauchbar, geeignet, tüchtig, gut, angenehm[170] und kommt damit dem Bedeutungsumfang von ὀνήσιμος nahe. Χρηστός wird nun mit zwei Vorsilben ergänzt: Onesimus war einst ἄχρηστος (unbrauchbar, unnütz), jetzt aber ist er εὔχρηστος (nützlich, gut brauchbar).[171] Dass in ἄχρηστος eine Anspielung auf früheres Verhalten des Onesimus steckt, liegt auf der Hand; worin sich diese Unbrauchbarkeit zeigte, bleibt allerdings offen.[172] Deutlich ist jedoch, dass sich das Wortspiel zunächst auf die Sklaventätigkeiten bezieht. Wenn ein Sklave εὔχρηστος ist oder ὀνήσιμος, dann ist er gut zu gebrauchen und erfüllt seine Pflichten, im Gegensatz zu einem, der als ἄχρηστος einzustufen ist. Aber mit dieser Charakterisierung der Sklaven-

---

[164] Sklavennamen können auch schlechte Eigenschaften von Sklaven zum Ausdruck bringen (wie beispielsweise Ἄρκος – der Jähzornige, Βίαιος – der Gewalttätige, Ἐπικέρδης – die auf ihren Gewinn Bedachte, Epidicus – Streithansel etc.), vgl. LAMBERTZ, Sklavennamen, 7f.
[165] Alkiphron, II 36 (III 38): Φρύγα οἰκέτην ἔχω πονηρόν; Cicero, Flacc 27: Phrygem plagis fieri solere meliorem; vgl. auch Euripides, Or 1351; Herondas 2, 100f. Tertullian, anim 20.
[166] Ab dem 2. Jahrhundert v.Chr. tragen vornehme Römer neben Pronomen (z.B. Marcus) und nomen gentile (z.B. Tullius) noch ein cognomen (z.B. Cicero), bei besonderen Verdiensten zusätzliche Ehrennamen.
[167] KUMITZ, Brief, 125, meint, der Brief sei mit einem Boten Onesimus vorangeschickt worden.
[168] Eigentlich wäre ein Genitiv zu erwarten; der Akkusativ weist schon voraus auf die folgenden Relativpronomina. Die Überlegung von KNOX, Philemon, 24 (auch WALL, Phlm, 206) dass es sich bei Onesimus um einen neuen, von Paulus verliehenen Namen handle, ist dem Text nicht zu entnehmen.
[169] LAMBERTZ, Sklavennamen, 7; er wird nicht nur für Sklaven verwendet, vgl. WEISS, χρηστός, 473.
[170] BAUER/ALAND, Wörterbuch, 1767. Anders als ἀγαθός hat χρηστός immer eine Relation oder Zweckbestimmung bei sich; vgl. WEISS, χρηστός, 472.
[171] ἄχρηστος ist Hapax legomenon im Neuen Testament, εὔχρηστος noch in 2Tim 2,21; 4,11. Vgl. Hermas, vis 3,6,1; 3,6,2; 3,6,7; mand 5,1,6. Epiktet, diss I 19,19 erzählt von einem Sklaven des Epaphroditus, ὃν διὰ τὸ ἄχρηστον εἶναι ἐπώλησεν. Der häufige Hinweis auf Platon (pol 411b) ist weit hergeholt; Platon spricht dort vom Bearbeiten des Eisens.
[172] Zur Klage über unbrauchbare Sklaven z.B Columella 1,8,1. Vgl. zur Verbindung von ἀχρεῖος und δοῦλος neben Mt 25,30 die Belege bei BAUER/ALAND, Wörterbuch, 258. SUHL, 276, meint, „daß Onesimus schwerlich eine Perle von dienstbarem Geist" gewesen sei". ARZT-GRABNER, Phlm, 135, sieht in der Flucht eines Sklaven den deutlichsten Erweis seiner Unbrauchbarkeit. THURSTON, 181, meint, dass Onesimus als nichtchristlicher Sklave in einem christlichen Haus unbrauchbar gewesen sei.

tätigkeit ist das Wortspiel noch nicht erschöpft. Es weist Aspekte auf, die über diesen vordergründigen Gegensatz hinaus zeigen. Zunächst wird mit „einst und jetzt" ein Schema angeführt, das sich in frühen christlichen Schriften wiederholt auf den Gegensatz zwischen der vorchristlichen Existenz und dem christlichen Glauben bezieht.[173] Paulus beschreibt in Röm 11,30; 4,8f und Gal 1,23[174] im Blick auf sich selbst den grundlegenden Wandel der Existenz, der sich aus der Hinwendung zu Christus ergibt. Diese Hinwendung zu Christus klingt aber auch in dem Wortspiel ἄχρηστος und εὔχρηστος selbst an, vor allem wenn man bedenkt, dass der Brief in der Hausgemeinde verlesen wird; denn die Ähnlichkeit zwischen χρηστός und Χριστός ist im 1. Jahrhundert in der gesprochenen[175] und geschriebenen Sprache groß. Jedenfalls wird im 2. Jahrhundert der Anklang von χρηστός an Χριστός verschiedentlich in diesem Sinne verwendet.[176] Der Wechsel von ἄχρηστος und εὔχρηστος geht deshalb über die Brauchbarkeit des Sklaven hinaus, spielt auf die Beziehung des Onesimus zu Christus[177] an und weist in die gleiche Richtung wie der Wechsel von einst und jetzt. Schließlich deutet das σοὶ καὶ ἐμοὶ εὔχρηστον darauf hin, dass es bei der Brauchbarkeit des Onesimus nicht lediglich um dessen Sklavenpflichten seinem Herrn gegenüber geht. Im Blick auf Paulus könnte von Sklavenpflichten ohnehin nicht die Rede sein. Offenbar aber ist Onesimus für Paulus nützlich gewesen. Bleibt auch dies noch im Andeutenden, so weisen doch die Aussagen in V.11 insgesamt in die gleiche Richtung: Der Wechsel von „einst" und „jetzt", der Gegensatz von ἄχρηστος und εὔχρηστος, der Anklang von χρηστός an Χριστός und der Nutzen, den Onesimus nun dem Philemon wie auch Paulus bringt, dies alles deutet darauf hin, dass hier ein „neuer" Onesimus vor Philemon steht, ein anderer als der, den er kannte. Vor diesem Hintergrund lässt sich verstehen, dass Paulus Stilelemente verwendet, die aus den Vorstellungs- und Empfehlungsbriefen bekannt sind.[178] Nicht lediglich der bekannte Onesimus steht nun vor Philemon, sondern einer, an dem sich ein grundlegender Wandel vollzogen hat. Diesen neuen Onesimus vorzustellen ist der Sinn dieser Aussagen und die Vorstellung ist notwendig, damit Philemon mit Onesimus nicht nur die alte Geschichte verbindet.

---

[173] TACHAU, „Einst" und „Jetzt", 87.
[174] Vgl. weiter Eph 2,11-13; 5,8; Kol 1,21ff; 3,7f; 1Petr 2,10.
[175] Nach BLASS/DEBRUNNER/REHKOPF, § 22-24, kommt es in der hellenistischen Zeit in der Aussprache zunehmend zu einer Angleichung zwischen η und ι bzw. ει: „… in nachchristl. Zeit wird ι die herrschende Aussprache gewesen sein". GNILKA, 46, hält diese Deutung für zu scharfsinnig, ARZT-GRABNER, Phlm, 207, für weder stichhaltig noch nötig, WENGST, Phlm, 60f., für unmöglich; man muss jedoch die mündliche Lesung berücksichtigen, bei der sich diese Deutung eben doch nahelegt.
[176] Justin, Apol I 4,1,5; Athenagoras, suppl 2,2; Tertullian, apol 3,5.
[177] Es geht deshalb weniger um eine Eigenschaft („a-christlich" und „gut-christlich", SUHL, Phlm, 32), sondern um die neue Beziehung, die Onesimus gewonnen hat. Vgl. STACHOWIAK, Chrestotes, 122.
[178] BUZÓN, Briefe, 46-77, nennt folgende Bestandteile: Name des Empfohlenen, die „Beziehung zwischen dem Empfohlenen und dem Absender", „Angaben über den Empfohlenen, in der Regel in Bezug auf die Bitte und als eine Art Einführung in diese" (58); vgl. zu den „fundamental features" des Empfehlungsschreibens auch STOWERS, Letter Writing, 155. Unabhängig davon ist bei dem Gesamtverständnis des Briefes Vorsicht bei einer Zuordnung zum Empfehlungsbrief geboten (vgl. oben, 73f.).

V.12: Diesen bekannten und zugleich neuen Onesimus schickt Paulus dem Philemon zurück Der Aorist ἀνέπεμψα verbindet die Abfassungszeit des Briefes mit dessen Übergabe an den Empfänger[179]; wenn Philemon ihn liest, ist das, was Paulus schreibt, schon Vergangenheit. Die Verbindung der Zeiten macht zugleich wahrscheinlich, dass Onesimus der Überbringer des Schreibens ist: Paulus hat ihn zurückgeschickt und bei der Überbringung des Briefes wird daraus eine gegenwärtige Begegnung. ἀνέπεμψα ist mit der einfachen Übersetzung (zurück-) schicken hinreichend übersetzt.

Das Verb kann rechtliche Bedeutung haben. Wer einen fremden Sklaven ohne Einwilligung von dessen Herrn behält, maßt sich das plagium, das Herrenrecht über fremdes Eigentum an. Entsprechende rechtliche Regelungen zum plagium finden sich in einer lex Fabia[180], sind aber auch aus späterer Zeit bekannt, wie die folgende Regelung belegt (CIL XV 7171 = D.8733): Iussione ddd(ominorum) nnn(ostrorum), ne quis servum alienum suscipiat (auf Weisung unserer drei kaiserlichen Herrn, niemand soll einen Sklaven aufnehmen, der jemand anderem gehört).[181] Dementsprechend sind Sklaven, die sich unrechtmäßig außerhalb der Verfügungsgewalt ihrer Herren aufhalten, zurückzuschicken. ἀναπέμπω kann demnach „hinaufsenden" zum Gericht bzw. „überstellen" an die zuständige Person oder Behörde bedeuten[182] (vgl. Apg 25,21). Aber die einfache Bedeutung des Wortes ist ebenfalls hinreichend belegt[183] und an dieser Stelle vorzuziehen.

In diesem Sinn schickt Paulus den Onesimus seinem Herrn zurück, wobei er klarstellt, dass er die Angelegenheit nicht im Sinne einer Rechtsfrage behandelt wissen will. Dies zeigt sich an der Vorstellung des „neuen" Onesimus: *Ihn* schickt Paulus zurück. Das betonte αὐτόν und das erläuternde τοῦτ' ἔστιν stellen eine Art Zusammenfassung der vorausgehenden Aussagen dar[184]; ihn, das heißt mein eigenes Herz, das Innerste, Paulus selbst gewissermaßen[185]. Onesimus ist Paulus so wich-

---

[179] BLASS/DEBRUNNER/REHKOPF, §334. Vgl. Kol 4,8 (und Phil 2,25.28).
[180] BELLEN, Studien, 45f.79f.
[181] Zitiert nach ECK/HEINRICHS, Sklaven, Nr. 189.133. Mit den drei kaiserlichen Herren ist auf Erlasse des Valentinian I, Valens und Gratian vom 12. 4. 371 n Chr. angespielt (Cod. Iust 6,1,7) oder des Valentian II., Theodosius I und Arcadius vom 25. 7. 389 n.Chr. (Cod. Iust. 6,1,8).
[182] BAUER/ALAND, Wörterbuch, 117; MOULE, Phlm, 145; vgl. GNILKA, Phlm, 46. ARZT-GRABNER, Phlm, 105f., findet hier „speziell den Aspekt des Übersendens oder Überstellens bzw. des Zurückgebens". Nach KNOX, Philemon, 56–70, ist Archippos diese Entscheidungsinstanz. WINTER reduziert die Frage auf den rechtlichen Aspekt: Paulus habe Onesimus nicht zurückgeschickt, sondern mit seinem Brief lediglich Philemon als der zuständigen Entscheidungsinstanz die Angelegenheit vorgetragen
[183] 1Klem 65,1; Josephus, Bell 1,666; BAUER/ALAND, Wörterbuch, 117
[184] Die von CALLAHAN, Embassy, 36f., bevorzugte Lesart (C² D* pc) berücksichtigt die planvolle Gestaltung des Schreibens nicht genügend; Paulus vermeidet an dieser Stelle die direkte Aufforderung und führt Philemon an eine eigene Entscheidung heran (GNILKA, Phlm, 47).
[185] Über V.7 geht Paulus hier insofern hinaus, als er einen anderen Menschen als das eigene Herz bezeichnet. Eine quasi „amtliche" Funktion erkennt PREISS, Life, 69 (Onesimus werde als Apostel und Bevollmächtigter des Paulus bezeichnet), die aber durch den Text ebenso wenig gedeckt ist wie CALLAHANS Interpretation (38), Paulus vermeide „having to request baldly that Philemon grants hospitality to Onesimus, a request that, if so put, might prove too much a test for Philemon's good graces". Mit Gastfreundschaft gegenüber Onesimus ist die Aussage nur unzureichend erfasst.

tig geworden, dass er sich mit ihm identifiziert und Onesimus solchermaßen dem Philemon vorstellt, der ja selbst nach V.7 die Heiligen im Innersten erquickt hat. Philemon als einem, der zu intensiven Beziehungen fähig ist, stellt Paulus den Onesimus mit dem gleichen Ausdruck intensiver Beziehung vor. Die Identifikation des Paulus mit Onesimus und die Beziehung, die mit Hilfe der Wendung τὰ ἐμὰ σπλάγχνα und dem Rückgriff auf V.7 konstituiert wird, gehören zusammen.[186] Ebenso ist der Rückgriff auf V.8f. zu beachten. Dort hat Paulus auf seine Vollmacht zum Gebieten verzichtet und nur auf seine persönliche Autorität als alter Mann und als Gefangener Jesu Christi verwiesen. Diesem Autoritätsverzicht steht in V.12 eine Statusaufwertung des Onesimus gegenüber, der nun an die Stelle des Paulus tritt und damit Anteil bekommt an der persönlichen Autorität des Paulus.

V.13: Wie αὐτόν V.12 schließt das Relativpronomen ὅν an Onesimus V.10 an und schafft die grammatikalische Verbindung. Die inhaltliche Verknüpfung ist vor allem zu ὃν ἀνέπεμψά σοι V.12 gegeben: Diesen (neuen) Onesimus, den Paulus Philemon (zurück-) geschickt hat, hätte er lieber[187] bei sich behalten.[188] In dem folgenden Finalsatz bedürfen vor allem das Verb διακονῇ und die Bestimmungen ὑπὲρ σοῦ und μοι der genaueren Betrachtung. Eine Deutung geht von der persönlichen Unterstützung des Paulus durch Onesimus aus.[189] Man verweist hierfür auf die persönliche Formulierung μοι διακονῇ. Das Verb und überhaupt die Wortgruppe zielen jedoch bei Paulus nur selten auf persönliche Dienstleistungen (eventuell Röm 12,7; 1Kor 12,5), sondern meistens auf die missionarische Verkündigungstätigkeit.[190] Dieser Bezug ist auch hier durch den abschließenden Hinweis ἐν τοῖς δεσμοῖς τοῦ εὐαγγελίου eindeutig gegeben. Es ist das Evangelium, um dessentwillen Paulus gefangen ist, und das Evangelium akzentuiert auch den Dienst des Onesimus. Dass sich zwischen Paulus und Onesimus persönliche Nähe entwickelt hat, braucht dabei nicht bestritten zu werden; aber das Gewicht der Aussage liegt auf dem Dienst am Evangelium. Das persönliche μοι διακονῇ widerspricht dem nicht; Paulus spricht an anderen Stellen von „seinem" Evangelium (Röm 2,16; 2Kor 4,3; 1Thess 1,5) und meint dies nicht possessiv, sondern im Sinne

---

[186] JANG, Philemonbrief, 65–70, interpretiert den Gedanken des „füreinander da sein" als Ausdruck paulinischer Ekklesiologie; allerdings handelt es sich nicht um ausgeführte Ekklesiologie.

[187] Zum Indikativ der Nebentempora in Wunschsätzen: ἐβουλόμην „wollte eigentlich, tue oder tat es aber nicht" vgl. BLASS/DEBRUNNER/REHKOPF, § 359,5.

[188] Κατέχειν kann, vor allem bei den Ableitungen κάτοχος und κατόχιμος, die religiöse Begeisterung und Ergriffenheit von einer Gottheit bedeuten (HANSE, ἔχω, 829). κατοχή bedeutet dann, dass die Gottheit den Eintretenden in Beschlag nimmt, unter Schutz stellt und dafür als Gegenleistung den Dienst des ἐγκάτοχος verlangt; von hier aus kann das Wort als Terminus technicus im Asylrecht verwendet werden (vgl. DELEKAT, Katoche, 7f.). GNILKA, Phlm, 48, und neuerdings KUMITZ, Brief, 166f., interpretieren in diese Richtung. KUMITZ bezieht ἐν τοῖς δεσμοῖς τοῦ εὐαγγελίου auf Onesimus, wofür der Text aber keinen wirklichen Anhaltspunkt gibt.

[189] STUHLMACHER, Phlm, 40f., unter Verweis auf Röm 15,25; Mk 1,13; Lk 22,26ff; Joh 12,2; Apg 6,2): Gemeint sei „in erster Linie das Aufwarten und Bedienen." Vgl. auch BRUCE, Phlm, 215; LOHSE, Phlm, 280f.

[190] Ausführlich OLLROG, Paulus, 73f.

des Missionsauftrags, den er erhalten hat. So gehören auch hier μοι διακονῇ und ἐν τοῖς δεσμοῖς τοῦ εὐαγγελίου eng zusammen.[191]

OLLROG[192] zieht aus dieser Deutung weitreichende Konsequenzen: Die Bitte des Paulus um Rücksendung des Onesimus bilde „den Kern des Schreibens. Auf sie steuere Paulus nach dem Anschreiben und der Danksagung zu (V.8–14), und mit ihr beschließe er den Brief (V.20.21). Der besondere Fall erfordere die Behandlung und Klärung der rechtlichen Frage (V.15–19). Aber nicht sie sei das eigentliche Anliegen des Paulus, sondern die Rückkehr des Onesimus als Ausgleich für seinen Herrn (V.19.20). In dieser Hinsicht erwarte Paulus Gehorsam (V.21), den er jedoch gemäß V.8 nicht einfach einfordere. Der Philemonbrief sei somit zu verstehen „als Bittschreiben des Paulus um einen Gemeindegesandten." Diese Deutung ist für V.13 gut begründet. Dass die Bitte um Rücksendung des Onesimus den Kern des ganzen Briefes ausmache, ist jedoch eine einseitige Interpretation, die weder die neue Existenz des Onesimus als Bruder noch den Gedanken der κοινωνία noch die erkennbare Vorgeschichte hinreichend berücksichtigt, ganz davon abgesehen, dass die Sendung des Onesimus nicht ausdrücklich erbeten wird.[193]

CALLAHAN[194] vertritt eine andere Deutung: Onesimus sei des Paulus „own representative to Philemon's church"; Paulus habe den Brief geschrieben „to urge Philemon to receive the apostle's emissary in lieu of the apostle himself."[195] Wie in 1Kor 4,17; 1Thess 3,2; 2Kor 8,18.20; Phil 2,28 findet er auch in Phlm 12f. die Elemente brieflicher Empfehlung; Philemon und die Mitglieder seiner Hauskirche sollten Onesimus ‚as an extension of Paul's apostoloic presence' auffassen.[196] Diese Deutung leidet jedoch ebenfalls daran, dass kein entsprechender Auftrag erwähnt ist. Vermutet CALLAHAN, dass Onesimus in der Hauskirche des Philemon den Apostel dauerhaft repräsentieren solle? Wenn aber nicht dauerhaft[197], mit welchem Auftrag und welcher Begrenzung? Und in welcher Weise wäre dann der Schluss von V. 13 zu interpretieren? Diese Deutung lässt zu viele Fragen offen.

Diesen Dienst könnte Onesimus ὑπὲρ σοῦ, an Philemons Stelle erbringen. Dass ein Sklave an Stelle seines Herrn handeln kann, ist in der Antike keine ungewöhnliche Aussage. Hier geht es jedoch um mehr. Zunächst bestätigt die Wendung, dass es bei dem Dienst des Onesimus um die Mitarbeit bei der Mission geht; den Dienst im Sinne der Hafterleichterung hätte Philemon dem Apostel kaum geschuldet und wäre von Paulus vermutlich nicht in dieser Weise angesprochen worden.[198] Das ὑπὲρ σοῦ ist vielmehr einzuordnen in die Verpflichtung zur Mitwirkung bei der Evangeliumsverkündigung.

OLLROG[199] hat die hierfür charakteristischen Merkmale zusammengestellt: Die Gemeinden entsenden Mitarbeiter (σύνεργοι) in die Missionsarbeit. Diese kommen in Vertretung ihrer Gemeinden zu Paulus und verrichten deren Dienst (vgl. Kol 1,7; 4,12f). Insofern beseitigen

---
[191] Vgl. OLLROG, Paulus, 102, Anm. 39.
[192] Paulus, 103f.
[193] So mit Recht WOLTER, Phlm, 268.
[194] CALLAHAN, Embassy, 38–42.
[195] Ebd., 38f.
[196] Ebd., 40.
[197] Vgl. hierzu OLLROG, Paulus, 123f.
[198] KUMITZ, Brief, 165.
[199] Paulus, 119ff.

sie einen Mangel ihrer Gemeinden (1Kor 16,17; Phil 3,20). Bei dem Dienst geht es um die in der Regel befristete Mitverantwortung für die Verkündigung, die als gemeinsame Angelegenheit des Apostels und der Gemeinden gesehen wird: „Die Arbeit der Mitarbeiter diente also nicht zuerst der Effektivierung und Intensivierung der Missionsarbeit; sie geschah in Vertretung ihrer Gemeinden, um ihretwillen, in ihr äußerte sich das Selbstverständnis der paulinischen Gemeinden als missionierender Gemeinden."[200] Vor diesem Hintergrund erklärt sich die Spannung zwischen freier Wahl und Entsendung von Mitarbeitern durch die Gemeinden (1Kor 16,17f.) auf der einen und dem apostolischen Recht, sie zu fordern, und der Verpflichtung der Gemeinden auf der anderen Seite.[201]

Die Wendung ὑπὲρ σοῦ spricht Philemon als denjenigen an, der in seiner Hausgemeinde Verantwortung trägt. Insofern ist er Paulus gegenüber in der Pflicht, an der gemeinsamen Verkündigungsaufgabe mitzuwirken. Hinter der zweiten Person Singular wird, wie auch sonst in dem Schreiben, die Gemeinde sichtbar. Die persönliche Verpflichtung des von Paulus Bekehrten[202] mag dabei mitklingen; die Verpflichtung der Gemeinde und ihres Leiters Philemon zum gemeinsamen Dienst am Evangelium steht aber im Vordergrund und lässt sich mit Hilfe anderer Paulusbriefe verifizieren.

Schließlich klingt in ὑπὲρ σοῦ noch eine andere Aussage an: Indem Paulus in V.12 Onesimus als „sein Herz" bezeichnet, rückt er an die Stelle des Apostels; indem Onesimus ὑπὲρ σοῦ Paulus beim Dienst am Evangelium unterstützt hat, wird er andererseits auch mit Philemon identifiziert. Die Rolle des Onesimus wird damit im Beziehungsfeld zwischen Paulus, Philemon und der Hausgemeinde auf verschiedene Weise neu akzentuiert. Zugleich werden die Rollen des Apostels und Philemons neu bestimmt. Paulus verzichtet auf seine Autorität als Apostel und erwartet lediglich die Anerkennung, die er als alter Mann und als Gefangener im Dienst am Evangelium erwarten kann; Philemon wird als Hausherr und Leiter einer Hausgemeinde angesprochen, zugleich aber auf seine Verpflichtung hingewiesen, die er im Blick auf Paulus hat. Innerhalb dieses Beziehungsgeflechts spielt Onesimus eine andere Rolle als bisher, und dadurch ändert sich auch sein Status. Er ist nun einer, der Paulus nahe steht und der an Philemons Stelle handeln kann. Ob dies seinen Status als Sklave tangiert, wird hier nicht klar. Im Blick auf das Beziehungsgeflecht innerhalb der „Gemeinde der Heiligen" ist der Statuswechsel aber unübersehbar.

Gerd Theißen hat auf Nächstenliebe und Statusverzicht als Grundwerte im frühchristlichen Ethos hingewiesen.[203] Der Statusverzicht wird in den Briefen vor allem durch die Demut (ταπεινοφροσύνη, humilitas) zum Ausdruck gebracht. Sie gilt nicht mehr als servile Gesinnung[204], sondern wird zur Tugend umgewertet. Als Besonderheit tritt in den Hausge-

---

[200] OLLROG, Paulus, 122.
[201] OLLROG, Paulus, 122f. WENGST, 62f., verweist auf die jüdische Praxis, dass ein Gelehrtenschüler lerne, indem er „mit seinem Lehrer zusammenlebt und ihm dient, bevor er selbst zum Lehrer wird."
[202] GNILKA, Phlm, 48, verweist auf Gal 6,6 sowie auf 1Kor 9,13f; 2Thess 3,8f.
[203] THEISSEN, Religion, 101–122.
[204] WENGST, Demut, 17–22.

meinden die Demut auf Gegenseitigkeit hervor.[205] Demut ist hier nicht Wohltat der sozial höher Gestellten[206] oder demütige Haltung der Armen den Wohltätern gegenüber, sondern gemeinsames Verhalten aller Glaubenden untereinander, unabhängig vom Sozialstatus. Dem Verzicht auf Status steht ein Gewinn an Gemeinschaft gegenüber (vgl. Gal 5,13 διὰ τῆς ἀγάπης δουλεύετε ἀλλήλοις; Phil 2,2f.; Röm 12,10). Begründet wird die gegenseitige Demut mit der imitatio Christi (besonders Phil 2,5-11), der seine Position bei Gott und sich im Dienst für das Heil der Menschen selbst aufgegeben hat.

V.14: Dass Paulus Onesimus lieber bei sich behielte, ihn aber doch zu Philemon zurück schickt, begründet der folgende Vers. Ohne die Einwilligung Philemons will Paulus nichts tun[207], damit „dein Gutes" nicht erzwungenermaßen geschehe, sondern freiwillig. Das Gute, das in V.6 als Danksagung allgemein formuliert war (παντὸς ἀγαθοῦ τοῦ ἐν ἡμῖν εἰς Χριστόν), wird nun im Blick auf das Handeln des Philemon konkretisiert[208]: Philemon möge Onesimus zur Verfügung stellen – für Paulus und den Dienst am Evangelium. Dies geht jedenfalls aus dem Zusammenhang mit V.13 hervor.[209] Die Gegenüberstellung von μὴ ὡς κατὰ ἀνάγκην und κατὰ ἑκούσιον weist aber darauf hin, dass das Tun „alles Guten" keine Zwangsverpflichtung sein kann, sondern aus dem verbindenden Glauben erwächst. Paulus geht offenbar davon aus, dass Philemon Onesimus nicht zurückgefordert hätte, hätte Paulus ihn bei sich behalten. Damit aber wäre das „Gute" gewissermaßen (ὡς) unter Zwang geschehen, was weder dem Guten noch der Beziehung zwischen Paulus und Philemon entspräche. Es handelt sich um eine in gegenseitiger Freiheit eingegangene Beziehung, der deswegen auch nur die Freiwilligkeit entspricht.[210] Onesimus zurück- und als Bruder anzunehmen läge durchaus

---

[205] THEISSEN, Religion, 117–120.
[206] Vgl. zur sozialen Pyramide im römischen Reich STEGEMANN/STEGEMANN, Sozialgeschichte, 58-74. Macht, Besitz, Privilegien und Prestige sind die zentralen Merkmale der Oberschichten. Die Wohltätigkeit spielt eine wichtige Rolle, weil sie das soziale Prestige (dignitas) mehrt und bei Vorliegen der übrigen Voraussetzungen (Bürgerrecht, Unbescholtenheit, freie Geburt und Reichtum) den Aufstieg in die nächsthöhere Gesellschaftsstufe fördert (HERRMANN-OTTO, Oberschicht, 93; vgl. zum Euergetismus VEYNE, Brot, 333) Neben diesem sozusagen „obligatorischen Euergetismus" gab es auch private Wohltätigkeit, die aber immer mit Zuwachs an Ansehen verbunden war (ebd., 22-24).
[207] Γνώμη hat eine semantische Extension zwischen Auffassung und Beschluss. Dass ein Vertrag aufgrund eines Einverständnisses zustande kommt (ἑκουσία γνώμη), findet sich öfter in Vertragstexten (PREISIGKE/KIESSLING I,301) und deutet den Rechtsaspekt der Wendung an. Zur Interpretation im Rahmen von Lehrverträgen vgl. oben, 106f. Wie in V.12 steht hier der Aorist des Briefstils, während in V.13 der (anhaltende) Wunsch, Onesimus bei sich zu behalten, im Imperfekt zum Ausdruck kommt.
[208] BINDER, Phlm, 58. GNILKA, Phlm, 49, deutet die Aussage in Zusammenhang mit dem Guten in der Stoa und deshalb anders als in V.6 (vgl. Hübner, Phlm, 37). Die textinterne Verknüpfung mit V. 6 hat jedoch Vorrang.
[209] Anders WRIGHT, Phlm, 183: Es gehe nicht um die Rücksendung des Onesimus.
[210] Die Parallele bei Plinius, ep IX, 21 („Ich fürchte, es sieht so aus, als bäte ich nicht, sondern suchte dich zu nötigen ...") zeigt, dass der Verfasser damit rechnet, sein eindringliches Bitten könne den Anschein von Nötigung erwecken. Zum Vergleich des Phlm mit dem Pliniusbrief siehe unten, 123. 1Kor 9,14-16 ist hier lediglich terminologisch heranzuziehen, nicht sachlich.

auch in der Konsequenz der paulinischen Äußerungen. Insofern bleibt die Reaktion Philemons offen.[211]

In der Wendung κατὰ ἑκούσιον kommt aber auch das Rechtsverhältnis zwischen Philemon und Onesimus zum Tragen. In dieses Verhältnis zwischen Herr und Sklave will Paulus nicht eingreifen; nur Philemon kann verbindlich entscheiden, was aus Onesimus werden soll.[212] Behielte Paulus Onesimus einfach bei sich, bräuchte er ebenfalls das Einverständnis Philemons, zu dem dieser sich dann aber genötigt fühlte. So durchdringen sich in diesem Vers zwei Aussageebenen, eine rechtliche und eine, die auf Freiheit und Gemeinschaft gründet. Erzwungenes Gutes widerspräche dem Grundgedanken der Gemeinschaft, die das ganze Schreiben prägt.

V. 15: Paulus nimmt den Gedankengang ab V.10 auf, schließt aber am deutlichsten an V.12a ὃν ἀνέπεμψά σοι an.[213] Onesimus war von Philemon getrennt; dass Paulus dieser Trennung eine positive Bedeutung gibt, lässt darauf schließen, dass Philemon die Trennung zunächst anders interpretiert, nämlich als eigenmächtiges und unrechtmäßiges Handeln. Paulus dagegen erkennt hinter der Trennung einen anderen Sinn, den er Philemon vermitteln möchte, vorsichtig zwar (τάχα)[214], aber doch deutlich. Dieser Sinn kommt in den Oppositionen des Verses zum Ausdruck. Vielleicht nämlich ist Onesimus

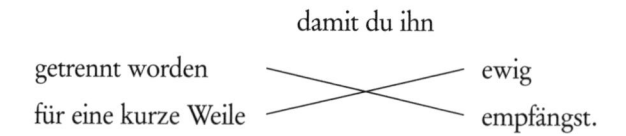

damit du ihn

getrennt worden ⎯⎯⎯⎯⎯⎯⎯⎯ ewig

für eine kurze Weile ⎯⎯⎯⎯⎯⎯⎯⎯ empfängst.

Gewissermaßen für eine Stunde (πρὸς ὥραν, vgl. 2Kor 7,8; Joh 5,35) war Onesimus von Philemon getrennt. Natürlich ist diese Zeitangabe metaphorisch und erklärt sich aus dem Gegensatz zu αἰώνιον[215], demgegenüber die Abwesenheit des Onesimus nicht ins Gewicht fällt. Für αἰώνιον werden verschiedene Deutungen

---

[211] STUHLMACHER, Phlm, 41; LOHSE, Phlm, 263. Nach WINTER, Letter, 9, wünscht Paulus in V.14 den Konsens mit Philemons Auffassung. Nach WENGST, Phlm, 63, überlässt Paulus dem Philemon keine Wahl.

[212] Verschiedene juristische Papyrustexte heben hervor, dass in vergleichbaren Fällen das Einverständnis des Herrn freiwillig erfolgte; WOLTER, Phlm, 267, weist auf SGUÄ 5258,2; 5271,8; 5273,7 sowie auf POxy 1280,4–6; 1426,14; PLips 26,5f. hin (vgl. PREISIGKE/KIESSLING, Wörterbuch I, 301).

[213] V.13f. sind durch V.12b αὐτόν, τοῦτ' ἔστιν τὰ ἐμὰ σπλάγχνα motiviert. Mit gewissem Recht kann man V.13 als Zwischenbemerkung bezeichnen (WOLTER, 265); gleichwohl gehören V.12f. eng in den Argumentationsgang hinein. Sie unterstreichen die enge Beziehung zwischen Paulus und Onesimus und die auf Freiheit hin angelegte Beziehung zwischen Paulus und Philemon. Das τάχα γάρ ist deshalb nicht „merkwürdig" (BINDER, Phlm, 59), sondern nimmt den ganzen Gedankengang auf.

[214] Vielleicht, etwa, möglicherweise (BAUER/ALAND, Wörterbuch, 1608); vgl. Röm 5,7; Weish 13,6; 14,19. CALLAHAN, Embassy, 43, übersetzt mit „quickly", was hier aber nicht angezeigt ist; man müsste dann das Passiv ἐχωρίσθη aktivisch übersetzen (was CALLAHAN konsequenterweise tut).

[215] BINDER, Phlm, 59f., versteht αἰώνιον als Bestimmung des Onesimus als „Ewigen". Wahrscheinlicher ist, dass das Adjektiv αἰώνιον in Angleichung an αὐτόν das Adverb vertritt (GNILKA, Phlm, 50, Anm. 66).

angeboten[216], in Frage kommt jedoch nur die Deutung, die dem neuen Verhältnis zwischen Onesimus und Philemon über das gegenwärtige Leben hinaus Dauer verleiht. In diesem Sinn wird αἰώνιον auch sonst bei Paulus gebraucht (Röm 2,7; 5,21; 2Kor 5,1 u. ö.) und dies entspricht ebenso dem folgenden V.16. Die Deutung im Sinne des lebenslänglichen Sklavenbesitzes ist durch den technischen Begriff ἀπέχειν verursacht, der das Quittieren einer empfangenen Ware oder Leistung bezeichnet und mit anderen finanztechnischen Begriffen in V.18 korrespondiert.[217] Das Zurückschicken des Onesimus hat diese äußere, rechtliche Seite, der Paulus sich nicht entzieht. Der folgende Vers lässt aber keinen Zweifel daran, dass Onesimus als geliebter Bruder, im Fleisch und im Herrn empfangen werden soll. Dies schließt ein rein technisches Verständnis von αἰώνιον und ἀπέχειν aus.[218] In die gleiche Richtung weist die passivische Formulierung ἐχωρίσθη: Onesimus hat sich nicht (von Philemon) getrennt[219], sondern ist getrennt worden. Der Sinn, den Paulus in der Trennung sieht und den er Philemon vermitteln will, geht nicht im eigenmächtigen Handeln eines Sklaven auf. Hier ist vielmehr etwas an Onesimus geschehen. Dass dies von Gott her geschehen ist, wird nicht ausdrücklich gesagt, aber in der Formulierung ein passivum divinum zu sehen ist nicht abwegig.[220] Möglicherweise hat auch das zurückhaltende τάχα hierin seinen eigentlichen Grund.[221] Die dritte ἵνα-Wendung seit V.13 macht darauf aufmerksam, dass Paulus trotz der in der Andeutung bleibenden Formulierung zielgerichtet formuliert.

V.16: Dieses Ziel kommt nun zum Ausdruck. Die Aussage ist von V.15b ἵνα αἰώνιον αὐτὸν ἀπέχῃς abhängig und erklärt ihn zugleich. Drei Wendungen prägen ihn: οὐκέτι … ἀλλά, μάλιστα ἐμοί … πόσῳ δὲ μᾶλλον σοί und καὶ ἐν σαρκὶ καὶ ἐν κυρίῳ. Nicht mehr als Sklaven[222], sondern „über einen Sklaven hinaus"

---

[216] In den Papyri meint αἰώνιος den zeitlich unbeschränkten, lebenslänglichen Besitz eines Sklaven (PREISIGKE/KIESSLING I, 39f.). Dies könnte in Verbindung mit V.11 darauf hinweisen, dass Onesimus als nunmehr nützlicher Sklave dauerhaft zur Verfügung stehe. Hierfür verweist man auf Dtn 15,17 οἰκέτης εἰς τὸν αἰῶνα - עֶבֶד עוֹלָם - (Lev 25,46; Ex 21,1–6; SASSE, αἰών, 209; MOULE, Phlm, 146), wo freilich der Fall beschrieben ist, dass ein Schuldknechtschaft Geratener nach Ablauf von sechs Jahren freiwillig im Haus des Herrn zu bleiben beabsichtigt (vgl. ROSE, 5. Mose, 210f., und oben 59f.).
[217] Vgl. BAUER/ALAND, Wörterbuch, 169, sowie PREISIGKE/KIESSLING I, 163; DITTENBERGER, SIG² 845,7, und bei Paulus Phil 4,18 (Mt 6,2.5.16; Lk 6,24). ARZT-GRABNER, Phlm, 223f., verweist auf die Bedeutung „empfangen und quittieren von Waren oder Geld": „Die paulinische Wortwahl ist in jedem Fall drastisch und in ihrer Verdinglichung einzigartig: Philemon wird … bald imstande sein, den Erhalt des Sklaven zu quittieren."
[218] Vgl. MERK, Handeln, 227; LAMPE, Phlm, 219.
[219] Das aktive discessit a te (Vulgata) entspricht nicht dem ursprünglichen Text. Das Verb spricht im Übrigen weder für noch gegen eine Flucht des Onesimus. Gleichwohl ist die Neuinterpretation der Trennung ein Hinweis darauf, dass sie von Philemon zunächst nicht positiv verstanden wurde.
[220] Johannes Chrysostomus vergleicht mit Joseph in Gen 45,5. Häufig wird auch auf Gen 50,20 hingewiesen oder auf Röm 8,28. Vgl. O'BRIEN, Phlm, 295; WALL, Phlm, 211.
[221] Luther, Epistola ad Philemonem (WA 25,75) spricht von „felix fuga".
[222] Onesimus als Sklaven zurückzuhalten hätte Strafmaßnahmen in erheblichem Maß nach sich ziehen können (vgl. oben 62f.).

und „anders als einen Sklaven" soll Philemon den Onesimus empfangen[223], nämlich als geliebten Bruder. Die Wendung erinnert an bereits vorausgegangene Aussagen: Die Opposition von einst und jetzt V.11 und die gesamte Vorstellung des neuen Onesimus in V.10f. ist aufgenommen. Onesimus soll als geliebter Bruder empfangen werden, und es ist kein Zufall, dass hier die Begriffe Verwendung finden, mit denen Paulus in V.1.7 (und 20) Philemon anspricht. Das mit diesen Begriffen beschriebene Verhältnis zwischen Paulus und Philemon wird zum Vorbild für das Verhältnis zwischen Philemon und Onesimus.[224] Paulus ist das Bindeglied: Was zwischen ihm und Onesimus bereits in besonderer Weise gilt – μάλιστα ἐμοί[225], gilt noch einmal mehr πόσῳ δὲ μᾶλλον für Philemon; denn zwischen ihm und Onesimus hat es (anders als zwischen Paulus und Onesimus) längst eine Beziehung gegeben, die nun auf eine neue Stufe versetzt wird, und zwar in beiden Bereichen, καὶ ἐν σαρκὶ καὶ ἐν κυρίῳ, im alltäglichen Leben[226] wie im Einflussbereich des Herrn. In beiden Bereichen soll Philemon den Onesimus als geliebten Bruder empfangen:

οὐκέτι ὡς δοῦλον   ἀλλ' ὑπὲρ δοῦλον
                           ἀδελφὸν ἀγαπητόν
     μάλιστα ἐμοί,   πόσῳ δὲ μᾶλλον σοι
                           καὶ ἐν σαρκὶ καὶ ἐν κυρίῳ.

Der konkrete Lebensalltag im Haus ist an erster Stelle genannt. Paulus geht davon aus, dass die rechtlichen und sozialen Gegebenheiten in Philemons Haus von sder Veränderung des Onesimus nicht unberührt bleiben. Was er konkret im Blick hat, wird unterschiedlich interpretiert.[227] Eine Deutung zielt auf die Bewährung des „neuen" Onesimus in den bisherigen Verhältnissen; sie kann stärker feststellend (der Sklave kommt jetzt seinen Verpflichtungen nach)[228] oder stärker kritisch (der entlaufene Sklave kommt als Bruder zurück und das soll Rückwirkungen auf die Verhältnisse haben)[229] akzentuiert werden. Eine andere Deutung zielt auf die Gleichstellung des Onesimus mit Philemon, die stärker anthropologisch bzw. ethisch oder stärker theologisch begründet werden kann. Eine dritte Deutung erwartet die Freilassung des Onesimus, der dann im Haus Philemons bleiben oder zu Paulus zurückkehren soll.[230]

---

[223] ὑπέρ mit Akkusativ kann „wider, gegen" bedeuten (REINMUTH, Phlm, 46; MENGE, Wörterbuch, 705).
[224] WOLTER, Phlm, 270f.
[225] BLASS/DEBRUNNER/REHKOPF, § 244: Im klassischen Griechisch kann der Superlativ als Elativ (sehr, besonders) verwendet (vgl. § 60,3) und dann gesteigert werden.
[226] Paulus kann σάρξ neutral für die äußere Beschaffenheit des Menschen verwenden, andererseits im theologisch gefüllten Sinn als umfassenden Begriff für den Menschen, der sich auf sich selbst und sein eigenes Vermögen verlässt (z.B. Röm 7,5; 8,8; 1Kor 3,1.3; 2Kor 4,11; 10,3; Gal 2,20; Phil 3,3).
[227] Vgl. ausführlich BARTH/BLANKE, Phlm, 412–422.
[228] DIBELIUS/GREEVEN, Phlm, 107.
[229] Als Vorwurf formuliert bei SCHULZ, Gott, 179 u. ö. Paulus taste die Sklaverei nicht nur nicht an, sondern verurteile sie nicht einmal. Vgl. KEHNSCHERPER, Sklaverei, 98, zu 1Kor 7,20ff.
[230] Z.B WALL, Phlm, 212f. u. ö. Paulus unterscheide nicht zwischen „social and spiritual realms", sondern ziele auf faktische Veränderung. So richtig dies ist, folgt daraus doch nicht notwendig die Freilas-

Verschiedene Autoren weisen für die anthropologisch-ethische Deutung auf vergleichbare Aussagen in der Stoa hin (vor allem Epiktet, diss 1,13,3f.; epist 47,10; 31,11; benef 3,22,2). Unabhängig von der aktuellen Position in der Relation Sklave – Herr hat diesen Aussagen zufolge der Sklave einen statusunabhängigen Wert, der ihm als Mensch zukommt. Die prinzipielle anthropologische Gleichwertigkeit rührt daher, dass alle Menschen göttlichen Ursprungs sind und am göttlichen Logos Anteil haben.[231] Durch diese Teilhabe ist ein – allerdings zunächst theoretisches[232] – Verwandtschaftsverhältnis gegeben. Dies führt zur Anregung eines humaneren Verhaltens der Herren gegenüber ihren Sklaven, hat aber keine konkrete Statusänderung im Blick. Zudem spiegeln solche Mahnungen die faktische Sklavenbehandlung wider, die mit Erwägungen, wie sie in der Stoa angestellt werden, oft nur wenig zu tun hatte. Für Phlm 16 stellt sich die Frage, ob hier die theoretische Gleichwertigkeit des Onesimus unabhängig von seinem faktischen Status angesprochen ist[233] oder ob eine reale Statusänderung im Blick ist, „die nach sozialer Verwirklichung drängt."[234] Vor allem das ὑπὲρ δοῦλον hat die Überlegung angeregt, ob hier konkret die Freilassung des Onesimus gemeint sei.[235]

Die Deutungen müssen am Text überprüft und mit den Rahmenbedingungen der antiken Sklaverei[236] abgeglichen werden. Folgende Einsichten ergeben sich:

- Die Freilassung von Sklaven bedeutete nicht deren völlige Unabhängigkeit von ihrem Herrn. Ehemalige Sklaven waren ihren Herren auch nach der Freilassung in vielfacher Hinsicht verpflichtet und oft wirtschaftlich von ihnen abhängig.[237] Im Pliniusbrief an Sabinianus (epist IX,21) geht es um einen Freigelassenen, dessen Vergehen den Zorn seines Herrn erwarten lässt.[238] Die Freilassung des One-

---

sung. Angesichts der weiteren Abhängigkeit eines Freigelassenen vom Patron war die Freilassung durchaus nicht immer die von den Sklaven erwünschte Alternative (siehe oben, 61f.)

[231] LAUFFER, Sklaverei; RICHTER, Seneca; GAYER, Stellung, 26–30. Die stoische Auffassung lässt sich bis zu den Sophisten zurück verfolgen, deren Position Aristoteles in pol I,3 (1253b) zitiert: „Doch den anderen erscheint das Herrsein gegen die Natur zu laufen. Der eine sei nämlich nur nach dem gesetzlichen Brauch ein Sklave und der andere ein Freier, der Natur nach gebe es aber keinen Unterschied. Daher sei derlei auch nicht gerecht, denn es sei gewaltsam." Vgl. Alkidamas, schol. in Arist. rhet. I,13 (1373b18); Philemon, Frgm. 95; Philo, spec 2,84; 3,137; Prob 79; vit Contemp 70.

[232] WOLTER, Phlm, 272. Vgl. STUHLMACHER, Phlm, 43, Anm. 107.

[233] Vgl. THEISSEN, Status, 68.

[234] WOLTER, Phlm, 272.

[235] In diesem Sinn interpretieren JANG, Philemonbrief, 15.61f.; KENSCHERPER, Stellung, 88; WINTER, Letter, 11; LOHMEYER, Phlm, 18; BRUCE, Phlm, 216; PREISS, Life, 40f. Verschiedentlich weist man auf die Mysterienreligionen hin, in denen ein Sklave, der sich dem Initiationsritus unterzogen hat, nicht mehr länger als Sklave angesehen wird (SEIDENSTICKER, Opfer, 15, Anm. 33; LOHSE, Phlm, 283; MOULE, Phlm, 147). Eine gewisse Gleichstellung in religiöser Hinsicht lässt sich an den Texten zeigen. Nicht nachweisbar ist aber, dass diese religiöse Gleichstellung auch die Freilassung nach sich zog (vgl. STUHLMACHER, Phlm, 47; WESTERMANN, Slave Systems, 108; BÖMER, Untersuchungen 3, 351–360; NILSSON, Geschichte II, 290f.).

[236] Vgl. hierzu oben, 54–67. Vorstellungen aus der US-amerikanischen Sklavengeschichte setzt BURTCHAELL, Probem, 7, voraus; Paulus habe eine Reihe von Glaubensgeschwistern gehabt, die einen entlaufenen Sklaven vor den Behörden hätten verstecken können. Seine Vorstellung, dass Onesimus' Wunsch nach Freilassung unerfüllt geblieben sei, lässt sich am Text nicht verifizieren.

[237] Vgl. oben 61f.

[238] Vgl. oben, 64, und unten, 123.

simus hätte an seiner Verpflichtung Philemon gegenüber nur in Teilen etwas geändert, möglicherweise nicht einmal das freie Aufenthaltsrecht, und die wirtschaftliche Abhängigkeit wahrscheinlich gar nicht berührt. Die Alternative „Freilassung oder nicht" berücksichtigt die faktische Rechtslage nicht hinreichend. Die Behandlung des Onesimus als „Bruder" konnte vor diesem Hintergrund tatsächlich mehr beinhalten als die formale Forderung nach seiner Freilassung.
- Die Aussagen stehen unter dem Vorbehalt von V.8f.: Paulus will nicht anordnen, sondern bitten. Dass sein Brief sanften, aber deutlichen Druck auf Philemon ausübe, ist immer wieder hervorgehoben worden. Dennoch bleibt Paulus auf der Linie von V.8f. – und aus diesem Grund ist auf die Zwischentöne zu achten. Paulus akzeptiert die rechtlichen Voraussetzungen zwischen Philemon und Onesimus, macht sie aber nicht zum Maßstab. Sie sind Voraussetzungen für das neu zu gestaltende Verhältnis, mehr nicht. Die Bitte des Paulus bekommt ihren besonderen Akzent nicht von ihnen her, sondern von der gemeinsamen Glaubensüberzeugung. Dadurch wird hier faktisch ein größeres Anliegen formuliert als ein formales. Es geht nicht primär um eine Rechtsfrage, sondern um die Ausgestaltung eines Lebensverhältnisses.
- Diese Interpretation deckt sich mit dem, was Paulus an anderen Stellen schreibt. 1Kor 7,21-24 bestätigt den konkreten Fall des Onesimus durch die Offenheit der allgemeineren Aussage. Denn die historisch und philologisch naheliegende Auslegungsmöglichkeit, dass Paulus den Sklaven die Möglichkeit zur Freiheit offen hält („mache umso lieber Gebrauch davon"), zeigt, dass für die christliche Existenz kein bestimmter gesellschaftlicher Status notwendig und die Statusänderung deshalb keine Voraussetzung ist.[239] In V.22 wird der in Freiheit berufene Christ Sklave Christi genannt; schon dies zeigt, dass Paulus den gesellschaftlichen Status eines Menschen im Blick auf den christlichen Glauben als nicht ausschlaggebend ansieht.[240] Angesichts relativ fester Statusgrenzen ist damit aber eine nicht nur theoretische Kritik am gesellschaftlichen System gegeben. Zur Zeit der Abfassung des Briefes ist Onesimus Sklave Philemons – und zugleich Kind und geliebter Bruder des Paulus; ein Bruder-Verhältnis fordert Paulus auch im Blick auf Philemon und Onesimus, mag es nun im bestehenden oder in einem veränderten Rechtverhältnis Gestalt gewinnen. Angemahnt wird eine in Lebensvollzügen sich konkretisierende Neugestaltung des bisherigen Verhältnisses, die das Rechtsverhältnis nicht an die erste Stelle setzt, aber auch nicht ausschließt. Die Änderung des Rechtsverhältnisses allein wäre jedoch im Sinne des Paulus eindeutig zu wenig.

---

[239] Die aufgestellte Regel gilt nicht absolut: Man soll sich scheiden lassen, wenn der heidnische Partner es wünscht (7,15); ein Lediger kann auch heiraten (7,28); wenn eine Möglichkeit zur Freilassung besteht, soll der Sklave Gebrauch davon machen. Entscheidend ist nach 7,23, sich nicht zum Sklaven von Menschen zu machen, die einem einen bestimmten Status zuschreiben.

[240] In diesem Zusammenhang weist CALLAHAN, Embassy, 45f., auf die Doppeldeutigkeit des Begriffs δοῦλος hin, der im frühen Christentum und gerade auch bei Paulus geradezu als Ehrentitel im Blick auf das Verhältnis zu Christus gebraucht werden kann (Röm 1,1; Gal 1,10; vgl. Jak 1,1; Jud 1,1; 2Petr 1,1).

Paulus formuliert keinen ausdrücklichen Auftrag an Philemon. Er belässt es, der Linie von V.8f. folgend, beim Bitten. Das Verhältnis zwischen Philemon und dem „neuen" Onesimus soll sich aber nicht nur „im Herrn", sondern auch „im Fleisch" konkretisieren, eine Forderung, die in einem christlichen Haus von besonderer Bedeutung ist. Denn wenn der Hausherr Christ ist und der Gemeinde in seinem Haus vorsteht, kann man nicht mehr einfach zwischen Gemeindeversammlung und Alltag im Haushalt trennen. Die Annahme des Onesimus als Bruder hat Auswirkungen auf den Alltag. Offen bleibt, welche Auswirkungen Paulus sich genau vorstellt. Die Freilassung ist weder gefordert (am ehesten kann man sie in V.21 angedeutet finden) noch ausgeschlossen. Paulus lässt dem Philemon Entscheidungsfreiraum[241]; er traut und mutet ihm zu, die Konkretisierung des neuen Verhältnisses selbst zu leisten.

Hier ist ein Vergleich mit dem schon erwähnten Brief von Plinius an Sabinianus (epist IX 21)[242] erhellend. In der Fürsprache für einen (bei Plinius: freigelassenen) Sklaven, in der Personenkonstellation (Sklave, Herr, Freund des Herrn) und im Changieren zwischen Bitten und Drängen stimmen die beiden Schreiben überein. Deutlicher aber treten die Unterschiede hervor: Der Freigelassene hat sich eines Vergehens schuldig gemacht, das er aber bereut; er bittet Plinius deswegen um Fürsprache bei seinem Herrn; Plinius ermahnt den Freigelassenen anstelle von Sabianus eindringlich; zugleich bittet er Sabianus aus mehreren Gründen um Milde: wegen des vormalig guten Verhältnisses zu dem Freigelassenen, wegen dessen Jugend, wegen seiner Reue und nicht zuletzt, weil Zorn nicht zum Wesen von Sabianus passe; vom Zorn des Sabinianus abgesehen ist nirgends angedeutet, dass eventuell er sein Verhalten gegenüber dem Freigelassenen überdenken müsste. Plinius und Sabianus kommunizieren auf gleicher Ebene und sind dem Freigelassenen klar übergeordnet; eine Gemeinschaft, in die der Freigelassene mit eingeordnet werden sollte, ist nicht erkennbar. Dies zeigt sich nicht zuletzt daran, dass der Freigelassene nirgendwo mit Namen genannt, sondern nur mit seinem Status als „der Freigelassene" bezeichnet wird;[243] obwohl er freigelassen wurde, ist er ganz offensichtlich nach wie vor abhängig von seinem Patron. Weitere Personen sind von der Angelegenheit nicht betroffen; wie die Hausgemeinschaft des Sabinianus möglicherweise reagieren wird, spielt in dem Brief keine Rolle. Der Vergleich zeigt deutliche Unterschiede zwischen beiden Briefen. Sie betreffen weniger die vorausgesetzte Konstellation, sondern die Art und Weise des Umgangs mit ihr: Der Pliniusbrief zielt darauf, den Freigelassenen wieder in sein vorheriges gutes Verhältnis zu Sabinianus einzusetzen und ihn nicht zu bestrafen. Im Philemonbrief geht es dagegen um ein von Grund auf geändertes Verhältnis zwischen dem Sklaven und dem Herrn und um die Frage, wie dieses Verhältnis neu gestaltet werden kann.

---

[241] LAMPE, Phlm, 221f.
[242] Siehe oben, 64.
[243] WENGST, Phlm, 77.

V.17: Die grundlegende Aussage allerdings bleibt – und wird nun ausdrücklich formuliert, wobei ein Bogen zurück geschlagen wird an den Anfang von V.16: Nicht mehr ὡς δοῦλον, sondern ὡς ἐμέ, als ob er Paulus selbst vor sich hätte[244], soll Philemon den Onesimus annehmen. Das ergibt sich als Konsequenz (οὖν) aus dem bisher Gesagten und schließt an V.12 an. Die Identifikation zwischen Paulus und Onesimus öffnet sich auf Philemon hin: Er soll Onesimus aufnehmen – προσλαμβάνειν, d. h. in den „christlichen Lebenskreis ohne jeden inneren Vorbehalt" einbeziehen[245], wobei in der Hausgemeinde der christliche und der alltägliche Lebenskreis nicht voneinander zu trennen sind. So wie Christus die Glaubenden annimmt, so sollen sie sich untereinander annehmen (Röm 15,7; vgl. 14,1–3).[246] Wenn in V.15 mit dem Begriff ἀπέχειν die rechtliche Außenseite des Vorgangs angesprochen war, so bezieht sich der Imperativ in V.17 auf dessen inneren Gehalt, auf das Handeln des Christen am Mitchristen. Schon V.16 hat keinen Zweifel daran gelassen, dass αἰώνιον und ἀπέχειν nicht rein technisch verstanden werden dürfen. V.17 bestätigt dies.

Die Aufforderung an Philemon ist mit einem Bedingungssatz verknüpft: εἰ οὖν με ἔχεις κοινωνόν, wenn du mich nun als „Partner" hast. Da Paulus bereits in V.6 von der Gemeinschaft (κοινωνία) gesprochen hat, die Philemon und Paulus im Blick auf den Glauben und die Liebe haben, geht es hier nicht um eine Bedingung, deren Vorliegen erst zu überprüfen wäre. Gemeint ist die Konsequenz, die nun aus der Partnerschaft des Glaubens zu ziehen ist. Wenn du mich nun als „Partner" hast – und du hast mich ja als „Partner" –, dann …

Der Begriff κοινωνός[247] stammt aus der Geschäftssprache und bezeichnet dort den Geschäftspartner oder Teilhaber (vgl. Lk 5,10).[248] Die Wendung προσλαμβάνειν κοινωνόν,

---

[244] Die Identifikation als Mittel der Rhetorik beschreibt Quintilian, inst VI 1,24f., am Beispiel Ciceros, der in seiner Verteidigungsrede für Milo aus dessen Perspektive spricht (vgl. KIM, Form, 126f.). DEISSMANN, Licht, 127 ff., verweist auf den Brief des Aurelius Archelaus (POxy I 32), in dem dieser den Oberst Julius Domitius wegen seines Freundes Theon bittet: „Schon früher einmal habe ich Dir meinen Freund Theon empfohlen. Und au[ch j]etzt bitte ich, Herr, dass Du ihn vor Augen habest wie mich selbst". Dieser Theon wird in dem Brief allerdings sehr positiv beschrieben.
[245] DELLING, λαμβάνω, 16.
[246] Dies geht über die Gastfreundschaft hinaus, auf die BINDER, Phlm, 61, verweist.
[247] Vgl. hierzu oben 85 f.·
[248] HAUCK, κοινός, 799; PREISIGKE/KIESSLING I, 815 f. SAMPLEY, Partnership, versteht den Terminus im Sinne der Rechtsform einer „consensual societas" (11f., vgl. 13: „Voluntary societas was one of four contracts in Roman law that were termed consensual. The other three were sale (venditio), hire (locatio conduction), and mandate (mandatum). All four were ‚uniquely Roman'."). Seine Hauptthese lautet, dass Paulus die Beziehungen zu den Gemeinden in Form der konsensualen societas gestaltet und dass diese Rechtsform auch die innere Struktur der Gemeinden bestimmt habe. Die Mitglieder der Gemeinden hätten sich dementsprechend als socii verstanden. Die konsensuale societas sei zugleich die einzige Rechtsbeziehung gewesen, in der Freie und Sklaven als gleichberechtigte Partner hätten auftreten können (17.105 u. ö.; zur Analyse der Begriffe socius und societas WEGNER, Untersuchungen). Paulus spielt erkennbar auf diese Terminologie an. Eine andere Frage ist allerdings, ob er damit das innergemeindliche Verhältnis der Christen und die Beziehung zwischen Onesimus und Philemon hinreichend beschrieben sieht. Nicht nur muss die Gleichberechtigung zwischen Freien und Sklaven sehr viel kritischer beurteilt werden als SAMPLEY dies tut, da gerade in der Orientierung der socii an einem gemeinsamen Geschäfts-

an die Phlm 17 anklingt, findet sich in PAmh 100,4; P.S.I. IV 306,3[249] im Sinne der Hinzunahme eines Teilhabers, Geschäftspartners, Kompagnons (vgl. Diodorus Siculus 8,5,3 BGU 1123,4).[250] Über den eigentlichen Geschäftsbereich hinaus kann κοινωνός auch die Bundesgenossenschaft bezeichnen oder die Bedeutung „gemeinsame Sache machen" annehmen (vgl. Polybios 1,78,8; 2,45,4). In 2Kor 8,23 wird Titus als κοινωνός des Paulus bezeichnet, der mit ihm die gleiche Sache vertritt. In 2Kor 1,7 bezeichnet Paulus mit diesem Wort die Teilhaberschaft an Leiden und Trost, die sich letztlich auf die Leiden Christi und den Trost durch Christus (V.5) beziehen. Und die Mahnung an die Korinther in 1Kor 10,16–20 verwendet den κοινωνία-Gedanken im Sinne der „Teilhabe, die die Identität berührt und qualifiziert".[251] Schließlich sollte man nicht übersehen, dass in V.17 zwar an die Wendung προσλαμβάνειν κοινωνόν anklingt, sie aber in einem spezifischen Sinn abwandelt: προσλαβοῦ αὐτόν steht in deutlicher Nähe zu Röm 15,7 προσλαμβάνεσθε ἀλλήλους, und die dortige Begründung καθὼς καὶ ὁ Χριστὸς προσελάβετο ὑμᾶς εἰς δόξαν τοῦ θεοῦ ist hier mit der Gemeinschaft der Glaubenden angedeutet (vgl. Röm 14,1).

So eindeutig der Begriff κοινωνός aus der Geschäftssprache stammt, so wenig ist er hier auf eine Geschäftspartnerschaft beschränkt. Paulus verwendet zwar Begriffe aus der Geschäftswelt; dies liegt bei der Behandlung von Sklavenfragen nahe.[252] Im Blick auf Onesimus geht es ihm aber gerade nicht um eine geschäftliche Übereinkunft. Philemon wird vielmehr auf die Partnerschaft des gemeinsamen Glaubens hin angesprochen (V.6).[253] Glaube als Glaube in Gemeinschaft macht aus den Glaubenden „Teilhaber" und Partner – und eben als solchen spricht Paulus Philemon an: Wenn wir nun im gemeinsamen Glauben Partner sind – dann nimm auch Onesimus in diese Glaubenspartnerschaft mit hinein, und zwar nicht notgedrungen, sondern „wie mich selbst", wie „mein eigenes Herz" (V.12). Dabei geht es in V.17 in erster Linie um die Beziehung zwischen Paulus, Philemon und Onesimus; diese ist aber eingeordnet in die größere Gemeinschaft der Glaubenden.[254] Sie lässt sich nicht als Bund Gleichgesinnter verstehen, sondern als Gemeinschaft derer, die in die „Sinnwelt" Christi hinein gehören (vgl. V.8).

---

objekt von Statusgleichheit auszugehen ist. Noch wichtiger ist die paulinische Überzeugung, dass die Glaubenden ihren Glauben nicht auf Grund einer freiwilligen Übereinkunft miteinander teilen, sondern weil sie in eine von Christus her bestimmte Beziehung eingetreten sind. Vgl. zur Kritik an SAMPLEY auch BORMANN, Philippi, 181ff.
[249] Belege bei PREISIGKE/KIESSLING II, 407; MOULTON/MILLIGAN, Vocabulary, 351.549.
[250] In diesem geschäftlichen Sinn interpretierte bereits v. SODEN, 76; vgl. WINTER, Letter, 11. Belege auch bei ARZT-GRABNER, Phlm, 226–228.
[251] MERKLEIN, 1Kor, 265. Vgl. hierzu HAINZ, Koinonia, 105f.
[252] So mit Recht DUNN, Phlm, 336.
[253] Die Verbindung mit V.6 muss beachtet werden. Es trifft deshalb nicht zu, dass der technische Sinn des Wortes hier stärker durchschlage (GNILKA, Phlm, 83). MARSHALL, Phlm, 188, weist darauf hin, dass es im ganzen Brief nicht darum geht, was Onesimus tun soll; "the letter is concerned through and through with how a master like Philemon should behave."
[254] In V.5f. bezieht sich die κοινωνία τῆς πίστεώς σου auf „alle Heiligen". WOLTER, Phlm, 273, schränkt mit seiner Paraphrase des Schillerzitats „Er sei, gewähr' mir die Bitte, / in unserm Bunde der Dritte" die Bitte faktisch ein. Die Deutung Calvins (Auslegung, 591) „Wir aber werden durch sein Beispiel daran erinnert, mit welchem Eifer ein Sünder zu unterstützen ist, der uns von seiner Reue überzeugt hat", trifft den Sinn von V.17 nicht.

Arzt-Grabner sieht in V.17 „das eigentliche Zentrum des Briefes."[255] Dabei spielt die Deutung von κοινωνός als Geschäftspartner eine wichtige Rolle. Es gehe nicht um „eine reine Glaubensgemeinschaft"; vielmehr lege ἐν σαρκί nahe, an eine „Geschäftsgemeinschaft" zu denken. Paulus fordere Philemon auf, „seinen Sklaven Onesimus mit einer gehobenen, verantwortungsvollen Position zu betrauen, ... die für Sklaven nicht alltäglich, aber erreichbar war. Das Besondere der Forderung des Paulus liege darin, dass Philemon jenem Sklaven derart großes Vertrauen entgegen bringen soll, den er bis zuletzt als ‚unbrauchbar' angesehen hat."[256] Nun bittet Paulus Philemon in der Tat darum, Onesimus wie ihn selbst in die bereits bestehende Glaubenspartnerschaft einzubeziehen. Was dies konkret bedeutet, lässt er aber offen. Klar ist auch, dass in der „Partnerschaft des Glaubens" „alles Gute" wirksam werden soll (V.6). Gerade von V.6 her ist es aber nicht geboten, die Partnerschaft in V.17 als herausgehobene Position zu verstehen. Auch ist es nicht angemessen V.17 als eigentliches Zentrum des Schreibens anzusehen. Das zentrale Stichwort ist mit ἀδελφὸν ἀγαπητόν bereits in V.16 gefallen; die Bruderschaft soll sich im Alltag und „im Herrn" bewahrheiten, V.15 hat angedeutet, dass hinter der Trennung von Philemon und Onesimus Gott selbst steht, und V.17 formuliert die aus beiden Versen sich ergebende Folgerung. Das Hauptgewicht des Briefes allein in V.17 zu sehen führt im Verbund mit einer geschäftlichen Deutung von κοινωνός zu einer Überbewertung des Geschäftsaspekts. Klar ist, dass Paulus den „neuen" Onesimus für εὔχρηστος hält und Philemon für diese Sicht gewinnen will. Eindeutige Konsequenzen hieraus formuliert er aber nicht, außer dass er den Wunsch äußert, Onesimus gerne bei sich zu haben.

V.18: Der Aufnahme des Onesimus in die gemeinsame Sinn- und Lebenswelt der Glaubenden könnten Hindernisse im Weg stehen, und um die Beseitigung dieser Hindernisse geht es im Folgenden. V.18 und 19 gehören zusammen, wie vor allem die Rahmung durch ὀφείλει und προσοφείλεις zeigt. Wie Paulus sich in V.12.17 mit Onesimus identifiziert hat, so tut er es hier im Blick auf die geschäftliche Verpflichtung. Gemeinsam mit Onesimus stellt er sich als Schuldner und Philemon als Gläubiger dar, spricht aber umgekehrt auch Philemon als Schuldner an, wobei es auch um die Größe der gegenseitigen „Schuld" geht: Schuldet Onesimus dem Philemon möglicherweise „etwas" (εἰ δέ τι ἠδίκησέν σε ἢ ὀφείλει)[257], so schuldet umgekehrt Philemon dem Paulus „sich selbst" (σεαυτόν μοι προσοφείλεις). Dass sich die Schuld Philemons gegenüber Paulus auf dessen Christwerden bezieht, wird allgemein angenommen und lässt sich in der Tat so am besten verstehen. Ob man daraus, dass Paulus Philemon nicht in gleicher Weise wie Onesimus seinen „Sohn" nennt, eine „slightly more distant relationship" annimmt[258],

---

[255] Phlm, 275.
[256] Phlm, 230.275.
[257] Sowohl ἀδικέω als auch ὀφείλω begegnen häufig in Rechtskontexten (vgl. ARZT-GRABNER, Phlm, 234–238), ὀφείλω und ἐλλογέω – in Rechnung stellen – auch im Geschäftskontext (vgl. LOUW/NIDA, Lexicon 57.219 und 57226 (owe, debt, cancel und keep records).
[258] DUNN, Phlm, 340. Dass Philemon seinen Glauben Paulus verdankt, ist angesichts der persönlichen Formulierungen des Briefes wahrscheinlich (LOHSE, Phlm, 285). Eine Parallele findet sich in Röm 15,19.27, wo die Heidenchristen als Schuldner (ὀφειλέται) der Jerusalemer Christen bezeichnet werden.

mag auf sich beruhen; eine lediglich mittelbare Beziehung zwischen beiden ist von dem gesamten „Ton" des Briefes her jedenfalls wenig wahrscheinlich.[259]

Üblicherweise findet man in V.18 einen Hinweis auf den Grund des Weggangs von Onesimus aus Philemons Haus. Die gängige Interpretation lautete, dass Onesimus Geld gestohlen habe und geflohen sei, um der Bestrafung zu entgehen.[260] Heute urteilen manche vor allem im Hinblick auf die konditionale Fassung des Satzes und die Verwendung des unbestimmten Pronomens vorsichtiger und rechnen mit der bloßen Möglichkeit einer Schädigung Philemons durch Onesimus.[261] In einem hypothetischen Fall wäre allerdings der Hinweis darauf, dass Philemon sich selbst dem Paulus schuldet, merkwürdig[262]; die Doppelung von ἠδίκησέν σε ἢ ὀφείλει lässt eher auf einen tatsächlichen Sachverhalt schließen (vgl. Kol 3,25), und auch das Geschäftsvokabular in diesem Vers unterstreicht dies. Der Brief lässt „some serious breach between Philemon and Onesimus" durchaus erkennen (vgl. V.11)[263], auch wenn es bei der Andeutung bleibt. Dass bereits die unerlaubte Abwesenheit durch den damit verbundenen Entzug der Arbeitskraft einen Verlust für den Herrn darstellte[264], ist zwar richtig; dass dies aber die Andeutung des Paulus trifft, scheint mir eher zweifelhaft. Die paulinische Aussage bleibt bewusst im Andeuten (und setzt voraus, dass Philemon die Sachlage kennt). Auf jeden Fall erklärt Paulus sich aber zur Haftung bereit: τοῦτο ἐμοὶ ἐλλόγα, setze es mir auf die Rechnung.

V.18 spielt eine wichtige Rolle bei der Rekonstruktion der Vorgeschichte des Briefes.[265] Vor allem die folgenden Rekonstruktionsversuche werden vertreten:

- Onesimus ist seinem Herrn davon gelaufen und rechtlich ein fugitivus. Ein Diebstahl war möglicherweise Grund für die Flucht, möglicherweise hat er bei seiner Flucht auch Geld „mitgehen lassen". Absichtlich oder zufällig kommt er zu Paulus, unter dessen Einfluss er sich zum Christusglauben bekehrt. Paulus schickt ihn geltendem Recht entsprechend mit einem Begleitschreiben zurück, das ihn vor einer harten Bestrafung schützen soll. Mög-

---

[259] Dies wird deutlich, wenn man Röm 15,15 heranzieht (τολμηρότερον δὲ ἔγραψα ὑμῖν), wo Paulus sich an ihm bisher unbekannte und nicht von ihm bekehrte Christen wendet.
[260] LIGHTFOOT, Phlm, 343. Viele altkirchliche Interpreten interpretieren in diesem Sinn. KUMITZ, Brief, 182, erwägt, dass Onesimus das ihm zur Verfügung stehende peculium an sich genommen habe.
[261] WOLTER, Phlm, 275; vgl. SCHENK, Brief, 3475. MARTIN, Function, 330ff., bezieht sich auf das rhetorische Muster der Antizipation. Seiner Auffassung nach handelt es sich nicht um ein „closed case"; die Geschäftsterminologie V.18 zeige vielmehr, dass Paulus „refers to possible injury of economic loss by Philemon merely for the sake of argument (and not as a subtle allusion to actual injury or loss" 334).
[262] MARTIN, Function, 337, sieht folgerichtig in Philemon den „metaphorical debtor" des Paulus. Der mehrfach zu findende Hinweis auf den Humor des Paulus in Verbindung mit dem Versprechen in V.19 (z.B. BINDER, Phlm, 46; DIBELIUS, Phlm, 82), verdankt sich dem Wunsch der Interpreten, Paulus wohlwollend zu interpretieren.
[263] DUNN, Phlm, 338. COTROZZI, Führer, 147, weist darauf hin, dass Paulus andernfalls einen unbegründeten Verdacht bei Philemon wecken und unnötig Misstrauen säen würde.
[264] Vgl. MARTIN, Phlm, 167.
[265] Vgl. WOLTER, Phlm, 228 ff., WANSINK, Christ, 179; FITZMYER, Phlm, 17–23.

licherweise erbittet Paulus von Philemon auch die Freilassung des Onesimus (V.15f.21). Diese Interpretation ist seit der Antike die am häufigsten vertretene Sicht.[266]
- Onesimus hat sich aus dem Haus Philemons entfernt, ist aber kein fugitivus im rechtlichen Sinn. Auf Grund eines häuslichen Konflikts mit Philemon oder eines Vergehens hat er sich an Paulus als Freund seines Herrn gewandt und um Fürsprache gebeten. Unter dem Einfluss des Paulus bekehrt Onesimus sich zum Christusglauben. Paulus schreibt eine Fürbitte und gibt sie dem Onesimus mit der Absicht mit, Philemon zum Verzicht auf Strafe zu bewegen.[267]
- Onesimus war auf Grund eines Vergehens aus dem Haus Philemons geflohen und zufällig oder absichtlich zu Paulus gelangt, unter dessen Einfluss er Christ wird. Paulus sendet ihn mit einem Brief zurück, der aber nicht den Zweck hat, Onesimus vor Strafe zu bewahren; es handelt sich vielmehr um ein Bittschreiben des Paulus, der Onesimus als Gemeindegesandten bei sich haben möchte.[268]
- Onesimus ist kein Sklave, sondern der leibliche Bruder Philemons. Nach einem Zerwürfnis hat Philemon Onesimus wie einen Sklaven behandelt. Onesimus wendet sich an Paulus, der mit seinem Brief die beiden Brüder zu versöhnen versucht.[269]
- Onesimus ist nicht davon gelaufen, sondern von Philemon mit einer Hilfsleistung zu dem inhaftierten Paulus geschickt worden.[270]
- Onesimus ist nicht davon gelaufen, sondern durch die Gemeinde in Kolossä zum Missionsdienst bei Paulus delegiert worden. Paulus schickt ihn auch nicht zurück, sondern behält ihn bei sich und bittet in dem Brief um Erlaubnis dafür.[271]

Mehrere Beobachtungen sprechen eindeutig gegen die letztgenannte, in jüngerer Zeit gleichwohl wieder aufgegriffene Deutung. Da Onesimus während seines Aufenthalts bei Paulus Christ wurde, müsste die Gemeinde einen heidnischen Sklaven zum Missionsdienst zu Paulus geschickt haben; dies ist sehr unwahrscheinlich. Hinzu kommt, dass die ausdrücklich positive Deutung der Trennung des Sklaven von Philemon in V.15 am besten dadurch zu erklären ist, dass die Trennung nicht im Einvernehmen erfolgte (dies spricht auch gegen die Theorie, dass Onesimus von Philemon zur Unterstützung des Paulus geschickt worden sei); auch die Verben ἀναπέμπω und ἐβουλόμην (V.12f.) weisen darauf hin, dass Paulus den Onesimus zurückschickt.[272] Ausscheiden muss auch die These von Onesimus als leiblichem Bruder Philemons. „Wie einen Sklaven" V.16 metaphorisch zu deuten ist nur möglich, wenn man den Vers ohne seinen Kontext interpretiert. Dass Onesimus als fugitivus ausgerechnet den inhaftierten Paulus aufgesucht haben soll, ist ebenfalls unwahrscheinlich. Für entflohene Sklaven brächte ein Besuch im Gefängnis ein hohes Risiko des Entdecktwerdens mit sich. Umgekehrt ist die Annahme gut begründet, dass Onesimus rechtlich nicht als fugitivus unterwegs ist, sondern Paulus mit der Bitte um Vermittlung in einem Konfliktfall aufgesucht

---

[266] Vgl. u.a. VIELHAUER, Geschichte 172; KÖSTER, Einführung 569; LOHSE Phlm, 263; BINDER/ROHDE, Phlm, 40; NORDLING, Onesimus fugitivus; KUMITZ, Brief, 78.
[267] LAMPE, Sklavenflucht; RAPSKE, Prisoner.
[268] So unter Rückgriff auf die These von KNOX vor allem OLLROG, Paulus, 103ff; vgl. auch RICHARDSON, Principle 303; SCHRAGE, Ethik 225f.
[269] CALLAHAN, Epistle, 369ff.
[270] WANSINK, Christ, 194–198, unter Verweis auf Ignatius, Trall 12,1; Magn 15,1; Phld 11,2.
[271] So unter Verweis auf V.16f.21 vor allem WINTER, Letter, 3. Nach SCHENK, Brief, 3466f., sei Philemon ein Christenverfolger gewesen, der sich bekehrt und sein Haus für die christliche Gemeinde geöffnet habe; der Sklave Onesimus sei zu Paulus geschickt worden, um ihm dies mitzuteilen.
[272] WOLTER, Phlm, 228f.

hat. Die Bitte, Onesimus nicht zu bestrafen, spielt bei der Abfassung des Briefes sicher eine Rolle.[273] Im Vordergrund steht aber die Aufnahme des Onesimus als „Partner" im Glauben.[274] Es ist nicht lediglich ein geläuterter Onesimus, der zu Philemon zurückkehrt, sondern ein anderer. Und er kommt nicht mehr als Sklave, sondern als christlicher Bruder. Unterstützt wird diese Deutung durch die Beobachtung, dass Paulus sich deutlich mit Onesimus identifiziert und dadurch Philemon, Onesimus und sich selbst auf dieselbe Stufe stellt. Der einzige, deutlich ausgesprochene Wunsch bleibt V.13: Ich hätte ihn gerne bei mir behalten.

V.19: Paulus unterstreicht seine Bereitschaft durch eine formelhafte Schuldverschreibung. Sie ist durch drei Elemente gekennzeichnet: Die ausdrückliche Namensnennung (ἐγὼ Παῦλος), die eigenhändige Unterschrift (ἔγραψα τῇ ἐμῇ χειρί)[275] und die Wendung ἐγὼ ἀποτίσω. Mit diesen auch in Papyri zu findenden Elementen[276] wird ein Sachverhalt juristisch in Geltung gesetzt: Paulus tritt an die Stelle des Onesimus.[277]

An V.19 wird immer wieder die Frage nach dem Umfang der eigenhändigen Schrift des Paulus festgemacht. Im Blick auf Umfang und Art des Diktats von antiken Briefen sind viele Variationen möglich, wie sich an den Briefen Ciceros zeigen lässt. Er entschuldigt sich seinem Adressaten Rufus gegenüber dafür, dass er ohne seinen Sekretär Tullius geschrieben habe (fam 5,20,1), schreibt auf der anderen Seite aber vertrauliche oder strittige Angelegenheiten selbst (Att 11,24,2; 4,19).[278] Quintilian zieht das eigene Schreiben dem Diktieren vor (inst 10,3,18–20). Auch im Blick auf Paulus und Phlm 19 gibt es unterschiedliche Positionen[279], wobei eine eindeutige Entscheidung kaum möglich ist. Dass Paulus an dieser Stelle eigenhändig geschrieben und ab V.20 einem Sekretär wieder diktiert habe, ist jedoch unwahrscheinlich.[280] Wichtiger ist die juristische Funktion. Anders als in 1Kor 16,21; Gal 6,11 (vgl. Kol 4,18; 2Thess 3,17) handelt es sich in Phlm 19, auch wenn der Schluss des Briefes nicht mehr weit ist, noch nicht um einen Schlussgruß. Die Wendung entspricht an dieser Stelle nicht epistolarer Gepflogenheit, sondern hat die Funktion einer formellen, im rechtlichen Sinn bindenden Erklärung.[281] Eine zweite Frage schließt sich an

---

[273] So vor allem Lampe, Phlm, 137.
[274] Wolter, Phlm, ebd.
[275] Vgl. Buzón, Briefe, 222; die vollständige Form besteht aus Präskript, Schuldanerkennung, Rückgabeverpflichtung und Sanktionsklausel. Bahr, Subscriptions, 31.36. Eger, Rechtsgeschichtliches, 45: „Durch die eigenhändige schriftliche Abgabe des Versprechens zu zahlen wird Paulus verpflichtet, aus der Schrift entsteht eine Obligation."
[276] Vgl. BGU 664; P Oxy 1422. Neben der Versicherung ἀποτίσω findet sich häufiger ἀποδώσω.
[277] Schnider/Stenger, Studien, 136f. Juristisch betrachtet handelt es sich um eine „private Interzession, eine befreiende Schuldübernahme in der Art, dass der alte Schuldner seiner Schuld ledig wird und ein anderer als Schuldner an seine Stelle tritt" (Eger, Rechtsgeschichtliches, 44).
[278] Vgl. Prior, Paul, 46–50 (weitere Angaben 183); Cicero, Att 7,13a,3; 7,14,1; 10,17,2; 8,13,1.
[279] Bahr, Paul; vgl. Roller, 592. Auch Stuhlmacher, Phlm, 50, hält es für wahrscheinlicher, dass Paulus den ganzen Brief geschrieben habe. Dibelius/Greeven, Phlm, 107, argumentieren von V.19a als Zwischenbemerkung aus, die sich eigenhändig erklären lasse, während der übrige Brief diktiert worden sei.
[280] Cotrozzi, Führer, 148, meint, dass Paulus in Ketten nur wenig habe schreiben können.
[281] Vgl. die Parallelen bei Schnider/Stenger, Studien, 137f. Zu 1Kor 16,22 Probst, Paulus, 355f.

V.19 an. Wie sollte Paulus, der im Gefängnis sitzt und über keine Einkünfte verfügt[282], ein solches Versprechen geben können? Wenn die Aussage aber nicht ernsthaft gemeint sei, müsse man sie humorvoll verstehen, und in diesen Humor wird dann auch die Fortsetzung des Verses einbezogen; dass Philemon selbst sich Paulus schulde, sei mit „verschmitzem Lächeln"[283], mit einem „leisen Anflug von Humor"[284] formuliert oder es lasse sich in diesem Vers die „scherzhafte Verwendung des pathetischen Stils"[285] erkennen. Es empfiehlt sich freilich nicht, lediglich V.19a als Einschub zu verstehen. V.18f. sind insgesamt als „juristischer Einschub" zu verstehen:

17 Εἰ οὖν με ἔχεις κοινωνόν,   προσλαβοῦ <u>αὐτὸν ὡς ἐμέ</u>
  18 εἰ δέ τι ἠδίκησέν σε ἢ ὀφείλει, τοῦτο ἐμοὶ ἐλλόγα
  19 ἐγὼ Παῦλος ἔγραψα τῇ ἐμῇ χειρί, ἐγὼ ἀποτίσω· ἵνα μὴ λέγω σοι
     ὅτι καὶ σεαυτόν μοι προσοφείλεις
20 ναὶ <u>ἀδελφέ</u>, ἐγώ σου ὀναίμην ἐν κυρίῳ· ἀνάπαυσόν μου <u>τὰ σπλάγχνα</u>
    ἐν Χριστῷ.

Liest man V.20 im direkten Anschluss an V.17, wird eine Querverbindung erkennbar zwischen dem κοινωνός als Teilhaber am Glauben auf der einen, dessen Anrede als αδελφός und der Bitte, das Herz des Paulus in Christus zu erquicken, auf der anderen Seite. Der Aufforderung und Bitte, Onesimus wie Paulus selbst aufzunehmen, könnten jedoch Hindernisse rechtlicher Natur im Wege stehen. Wenn aber in Rechtskategorien zu denken wäre, dann mit entsprechender Absicherung und in einem beiderseitigen Rechtsverhältnis. Hierzu gehört die Schuldverschreibung des Paulus, der sich verpflichtet, die Schuld des Onesimus zu begleichen; hierzu gehört dann aber auch die Schuld Philemons gegenüber Paulus.[286] Diese Schuld liegt zwar auf einer anderen Ebene; dass aber geistliche Gaben und finanzielle Unterstützung in ein Wechselverhältnis treten können, belegt die Sammlung der heidenchristlichen Gemeinden für die Gemeinde in Jerusalem (Röm 15,27). Soll rechtlich argumentiert werden, so fügt Paulus in V.18f. ein, dann muss das Schuldverhältnis insgesamt berücksichtigt werden und nicht nur ein möglicher fi-

---

[282] Dies gilt auch für die Überlegung, dass Paulus eine kleine Erbschaft gemacht habe (SCOTT, Phlm, 111, in Anlehnung an RAMSAY, Paul).
[283] STÖGER, Phlm, 114.
[284] LOHMEYER, Phlm, 137.
[285] V. SODEN, Phlm, 76. Nach ZAHN, Einleitung, 323f., entbehrt auch die (von Rom aus betrachtete) Aufforderung zur Beherbergung nicht „eines Anflugs von Laune"; vgl. WALL, Phlm, 215.
[286] Die Paralipse (praeteritio, occultatio; LAUSBERG, § 884) kündigt an etwas auszulassen, um es dann zu sagen. Sie wird zur Ironie gerechnet. BENGEL, Gnomon II, 510: „Es ist eine unsäglich große Verbindlichkeit, welche ein Bekehrter gegen denjenigen hat, durch welchen er ist gewonnen worden."
Zu erwähnen ist eine Interpretation, die lediglich V.19a als Einschub ansieht, σοι mit ἐμοί parallelisiert und vor σοι einen Doppelpunkt einfügt (vgl. BLASS/DEBRUNNER/REHKOPF § 495, so in jüngeren Auslegungen GNILKA, Phlm, 85f.; KUMITZ, Brief, 185). Der Text wäre dann zu übersetzen: „damit ich nicht sage: dir, auch dich selbst schuldest du mir noch". Sachgemäß ist diese Übersetzung nicht; sie würde die Schuld des Onesimus, für die einzustehen Paulus gerade versichert hat, dem Philemon aufladen. In diesem Fall wäre Philemon der einzige Schuldner im Beziehungsgefüge Paulus – Onesimus – Philemon (KUMITZ, Brief, 185). Die Argumentation zielt jedoch darauf, dass Onesimus/Paulus und Philemon gegenseitig Schuldner wären, wenn in rechtlichen Kategorien zu reden wäre.

nanzieller Schaden.[287] Wenn schon gerechtet werden muss, dann ist alles in Betracht zu ziehen. Aber V.20 stellt klar: Es muss nicht gerechtet werden.[288]

V.20: Dass die juristische Betrachtungsweise dem neuen Verhältnis zwischen Onesimus, Paulus und Philemon unangemessen ist, geht bereits aus V.17 hervor und wird nun unterstrichen. Beide Verse rahmen den „juristischen Exkurs" von V.18f. ein.[289] Gewiss kann man über Schuld reden – und muss es sogar, wenn sie der Neugestaltung des Verhältnisses zwischen Philemon und Onesimus im Weg steht. In diesem Fall tritt Paulus auch rechtlich für Onesimus ein. Dann muss aber alles „auf den Tisch", was an Schuld und gegenseitiger Verpflichtung aufzurechnen ist, auch die Verpflichtung Philemons gegenüber Paulus. In beiden Beziehungen spricht Paulus durchaus „real"; er ist tatsächlich bereit für Onesimus einzutreten, aber auch die Verpflichtung Philemons ihm gegenüber meint er Ernst. Gleichwohl handelt es sich um einen Einschub, wie nun V.20 zeigt. Denn es geht Paulus darum, in keinem der beiden Fälle das Rechtsverhältnis zum Hindernis werden zu lassen. Zwischen Bruder und Bruder (ναὶ ἀδελφέ) geht es darum, das Verhältnis ἐν κυρίῳ zu gestalten, es geht um die Wirksamkeit der κοινωνία τῆς πίστεως (V.6), um das Gewähren und Erleben von Freude, Ermutigung und Liebe; und wie die Herzen der Heiligen durch das Handeln Philemons erquickt worden sind, so soll es auch zwischen Philemon und Paulus sein. Nicht das Recht soll ihr Verhältnis bestimmen, sondern gegenseitige Zuwendung (ἀνάπαυσόν μου τὰ σπλάγχνα) und Freude (ἐγώ σου ὀναίμην). Und dies gilt nun auch zwischen Philemon und Onesimus als neuem Bruder. Mit V.20 will Paulus tatsächlich[290] alle Konten und Rechtstitel schließen, weil ἐν κυρίῳ und ἐν Χριστῷ andere Maßstäbe gelten. Zwischen beiden Bezeichnungen besteht kein wesentlicher Bedeutungsunterschied; man kann allenfalls darauf hinweisen, dass ἐν κυρίῳ auf die neue „Welt" hinweist, in die sich die Beziehung zwischen den Brüdern nun einordnet, während ἐν Χριστῷ stärker den emotionalen Aspekt[291] dieses neuen Verhältnisses hervorhebt. Die Identifikation des Onesimus mit Paulus in V.12 wirkt nach, auch das „Erquicken der Herzen der Heiligen" aus V.7. Die neue Beziehung zwischen den christlichen Geschwistern zeichnet sich durch Nähe aus, die mit Mitteln des Rechts (V.18f.) nur unzureichend beschrieben wäre.

An V.20 werden verschiedene Interpretationsversuche festgemacht. Die genaue Übersetzung von ἐγώ σου ὀναίμην ἐν κυρίῳ steht in Frage. ὀνίνημι ist Hapaxlegomenon im NT; außerhalb des NT bezeichnet ὀναίμην mit Genitiv das, woran man Freude erlebt, woran

---

[287] KUMITZ, Brief, 65f.186, spricht sich gegen eine Bekehrung Philemons durch Paulus aus; Paulus weise lediglich auf das hin, „was er bei jedem Heidenchristen seines Missionsbereiches beanspruchen durfte." Diese Deutung ist angesichts des inneren Zusammenhangs mit V.10 nicht überzeugend.
[288] PETERSEN, Rediscovering Paul, 75f., sieht in der Frage von „indebtedness" das eigentliche inhaltliche Zentrum des Schreibens. Dies stellt eine Überbetonung von V.18f. dar, die die Stellung dieser beiden Verse in ihrem Kontext nicht hinreichend berücksichtigt.
[289] Nach WRIGHT, Phlm, 188, ist V.20 eine ironische Fortführung der rechtlichen Argumentation.
[290] ναί hat nachdrücklich zustimmende Funktion, vgl. BAUER/ALAND, Wörterbuch, 1078; Phil 4,3.
[291] WOLTER, Phlm, 278.

(oder an wem) man froh wird.[292] Auf der anderen Seite erkennt man in dem Anklang von ὀναίμην an Onesimus ein neuerliches Wortspiel[293] und übersetzt dementsprechend „ich möchte Nutzen von dir haben". Die erste Deutung liegt aber nicht nur vom allgemein-griechischen Sprachgebrauch her näher, sondern auch vom direkten Kontext: Die Aufforderung ἀνάπαυσόν μου τὰ σπλάγχνα ἐν Χριστῷ fügt sich besser zur Bedeutung „Freude haben" als zu „Nutzen haben", wie auch nach V.7 das Erquicken der Heiligen bei Paulus Freude und Trost bewirkt. Die Parallelität zu V.7 ist für das Verständnis von V. 20 insgesamt konstitutiv, weil das dort allgemein angesprochene Verhalten Philemons hier für den konkreten Fall erbeten wird.[294]

Philemon 21–22: Besuchsankündigung[295]

(21) Im Vertrauen auf deinem Gehorsam habe ich dir geschrieben, wissend, dass du über das (hinaus)[296], was ich sage, tun wirst. (22) Zugleich aber bereite mir eine Herberge; ich hoffe nämlich, dass ich durch eure Gebete euch geschenkt werde.

V.21: Mit πεποιθώς bringt Paulus sein Vertrauen zum Ausdruck, dass Philemon seinem Wunsch entsprechen wird. Ähnliche Wendungen finden sich sowohl bei Paulus (Röm 15,14; 2Kor 2,3; Gal 5,10) als auch in griechischen Briefen.[297] Dass sie die Geneigtheit des Adressaten stärken sollen und insofern als rhetorisches Mittel anzusehen sind[298], liegt auf der Hand. Man sollte dies hier aber nicht überbetonen. Denn einerseits gehören die Bruderanrede, die gegenseitige Zuwendung in V.20 sowie der Ausdruck des Vertrauens in V.21 zusammen. Auf der anderen Seite wäre das Stichwort ὑπακοή in Verbindung mit einer rhetorischen Formel eher kontraproduktiv, nachdem Paulus im vorangehenden Text diesen Begriff vermieden hat; Gehorsam wäre zu fordern, nicht vertrauensvoll zu erwarten. Die Wendung πεποιθώς τῇ ὑπακοῇ σου setzt denn auch einen anderen Akzent. Dass Paulus seine Bitte als Bitte ἐν κυρίῳ ausspricht und sich dabei auf die Gemeinschaft des Glaubens und der Liebe bezieht, hat bereits in V.5f.9 gezeigt. Von hier aus erklärt sich auch die Wendung πεποιθώς τῇ ὑπακοῇ σου. Gemeint ist nicht persönlicher Gehorsam dem Paulus gegenüber; es geht nicht darum, dass Paulus am

---

[292] BAUER/ALAND, Wörterbuch, 1156f, verweist auf Euripides, Hec 978; Aristophanes, Thesm 469; Lukian, Philos 27; Philostrat, Ap 4,16p. 153,3.
[293] So z.B. v. SODEN, Phlm, 76; LOHMEYER, Phlm, 191; BLASS/DEBRUNNER/REHKOPF § 384. In der angelsächsischen Forschung ist diese Deutung weit verbreitet, etwa bei LIGHTFOOT, Phlm, 344f.; BRUCE, Phlm, 221; VINCENT, Phlm, 191; DUNN, Phlm, 341; WRIGHT, Phlm, 188f.; auch ARZT-GRABNER, Phlm, 246f.
[294] Die Verwendung von ὀναίμην bei Ignatius (Eph 2,2; Magn 2; 12,1; Röm 5,2; Pol 1,1; 6,2) im Sinne von „Freude haben" ist gut belegt und stützt diese Interpretation auch für Phlm 20.
[295] Zur Abgrenzung oben, 32–34.· WEIMA, endings, lässt den Briefschluss in V.19 beginnen.
[296] D Ψ 1739. 1881 m lat lassen ἃ aus. Text: א A C P 0278. 33. 81. 104. 365 pc.
[297] Vgl. z.B. Pap. Flind. Petr. II,11,1 (WITKOWSKI, Nr. 3).
[298] Z.B. Quintilian, inst XI,1,75.

Ende des Schreibens „die Katze aus dem Sack lässt" und nun tatsächlich befiehlt. Es geht vielmehr um ein Verhalten, das sich aus dem Verstehenshorizont des κύριος ergibt und insofern nicht beliebig ist.[299] Es ist aber auch nicht einklagbar[300], sondern geschieht im gegenseitigen Vertrauen. Insofern sind die einleitenden V.4–6 tatsächlich die Voraussetzung, von der her die folgende Bitte ausgeführt werden kann. Hier zeigt sich ein Spannungsverhältnis, das sich prinzipiell nicht auflösen lässt und das den gesamten Brief prägt: Handeln in einer christlichen Sinnwelt ist von Christus als dem Herrn her motiviert (vgl. V.5f.). Eben deshalb findet sich hier das Stichwort Gehorsam[301] – als Orientierung an Christus als dem Herrn. Auf der anderen Seite konkretisiert sich das Handeln in der christlichen Sinnwelt in Glaube und Liebe und in der Gemeinschaft derer, die den Glauben teilen. In dieser Gemeinschaft aber geht es nicht um Unterordnung, sondern um gegenseitiges Ermahnen und Fördern. Gehorsam im Rahmen der christlichen Sinnwelt ist deshalb inhaltlich nicht bis ins Einzelne definierbar. Eben darauf bezieht sich V.21b. Das „vielumrätselte" Mehr[302] lässt dem Handeln Philemons Freiheit – und ist deswegen mehr als eine rhetorische Figur.

Natürlich wurden vor dem Hintergrund des gesamten Schreibens Überlegungen angestellt, worin dieses ὑπὲρ ἃ λέγω ποιήσεις vermutlich bestand, über die explizit geforderte Aufnahme des Onesimus als christlichen Bruder hinaus. Faktisch gibt es zwei Möglichkeiten, die man noch untergliedern und kombinieren kann: Die eine ist die Freilassung des Onesimus[303], die andere die Überlassung des Onesimus, sei es als Gemeindegesandter[304], sei es zur persönlichen Unterstützung des Paulus, oder man kombiniert beide Möglichkeiten (Onesimus wird freigelassen und als solcher dem Paulus zur Verfügung gestellt).[305] Dass Paulus hier implizit die Freilassung fordere, ist allerdings wenig wahrscheinlich. Diese Forderung wäre weder aus dem bisherigen Briefverlauf noch aus der Rechtsstellung von Sklaven und Freigelassenen wirklich zu begründen.[306] Auch als Freigelassener bliebe Onesimus von Philemon abhängig und ihm verpflichtet; die in V.16f. beschriebene Statusänderung des Onesimus kann sich innerhalb der bisherigen Rechtsverhältnisse

---

[299] Vgl WRIGHT, Phlm, 189: „Obedience', a more flexible word in Greek than in English." Gehorsam beschreibt ein Verhalten, das sich aus dem gemeinsamen Glauben ergibt und das insofern nicht in das Belieben des Einzelnen gestellt ist (vgl. LOHSE, Phlm, 286).
[300] HAINZ, Ekklesia, 206: „Der unerzwingbare Gehorsam".
[301] Charakteristisch ist die Wendung ὑπακοὴ πίστεως in Röm 1,5; 16,26 (vgl. 10,16); den christologischen Bezugspunkt hat der Glaubensgehorsam im Gehorsam Christi (Phil 2,8).
[302] STUHLMACHER, Phlm, 52.
[303] Beispielsweise WRIGHT, Phlm, 189. STUHLMACHER, Phlm, 52–54, u.a. ziehen für diese Auffassung Kol 4 heran; dagegen SUHL, 36.
[304] So vor allem OLLROG, Paulus, 103.106.
[305] Vertreten wurde auch die Wiedereinsetzung des Onesimus in seine frühere Stellung (CALVIN, Auslegung, 593). Von einer besonderen Stellung des Onesimus, von Verdiensten oder Arbeitseifer vor seinem Weggang ist im ganzen Brief jedoch nicht die Rede.
[306] KUMITZ, Brief, 196, meint, dass im Falle einer Freilassung Manumissor und Sklave persönlich vor dem Magistrat erscheinen müssten, sodass die Rückkehr des Onesimus gerade für den Fall einer Freilassung notwendig gewesen sei. Die Rechtslage ist hier aber keineswegs eindeutig (vgl. oben 61f.).

vollziehen, wie auch Paulus selbst in seinen Fesseln Apostel sein kann. Auf der anderen Seite hat Paulus in V.13f. den Wunsch geäußert, Onesimus bei sich zu behalten, und die Begründung („damit er mir an deiner Stelle diene in den Fesseln des Evangeliums") lässt sich als Verweis auf die Verpflichtung der Gemeinde zur Mitarbeit in der Verkündigungsarbeit lesen. Deshalb liegt es näher, diesen Wunsch und das „Mehr" zu verbinden. Es liegt näher – es ist nicht sicher. Der Satz bleibt im Andeutenden und lässt Philemon Raum zur eigenen Entscheidung.

V.22: Die Bitte, eine Unterkunft vorzubereiten[307], wird mit der Hoffnung begründet, dass Paulus bald aus der Haft entlassen werde und zu einem Besuch in der Lage sei. Die Wendung διὰ τῶν προσευχῶν ὑμῶν χαρισθήσομαι ὑμῖν greift auf V.4f. zurück. So wie Paulus in seinen Gebeten (der Gemeinde und) Philemons gedenkt, so betet umgekehrt die Gemeinde für Paulus. Sie erfahren gegenseitig Gutes und haben dementsprechend Grund zum Dank. Paulus kann danken für alles, was Philemon den Heiligen getan hat (V.7) und für die Erkenntnis alles Guten in der Gemeinde (V.6); deren Gebete geben umgekehrt Grund zur Hoffnung, dass Paulus ihnen „geschenkt werden wird" (V.22). Die Verben εὐχαριστῶ (V.4) und χαρισθήσομαι (V.22) haben denselben Stamm. Die rahmende Verbindung von V.4–6.22 tritt dadurch zutage. Nachdem V.7–20 den Blick auf das Verhältnis von Philemon, Onesimus und Paulus gelenkt haben, tritt am Ende des Schreibens das Verhältnis des Paulus zur gesamten Hausgemeinde wieder in den Vordergrund.

Philemon 23–25: Schlussgrüße und Segenswunsch

(23) Es grüßt[308] dich Epaphras, mein Mitgefangener in Christus Jesus, (24) Markus, Archippus, Demas, Lukas, meine Mitarbeiter. (25) Die Gnade des Herrn Jesus Christus (sei) mit eurem Geist.[309]

Den Briefschluss bilden die Grüße V.23f. und der Segenswunsch V.25. Persönliche Grüße finden sich auch sonst im Postskript der Paulusbriefe (Röm 16,21-23; 1Kor 16,19f; Phil 4,21f.) und sind aus den Papyrusbriefen bekannt, wenngleich Grußaufträge in vorchristlicher Zeit eher selten sind und erst ab dem ersten christ-

---

[307] ξενία bedeutet in der Regel die Gastfreundschaft, die Wendung ἑτοιμάζειν τινὶ ξενίαν bezieht sich jedoch auf die Unterkunft, das Gastzimmer (vgl. Clemens, hom 12,2; BAUER/ALAND, Wörterbuch, 1109). Vgl. auch PsClem H 12,2 (προάξωσιν τὰς ξενίας ἑτοιμάζοντες), Cicero, Att XIV,2. Instruktiv sind die Papyrustexte, die ARZT-GRABNER, Phlm, 253ff. heranzieht. Sie belegen vor allem, wie wichtig und angesehen in der Antike das Gewähren von Gastfreundschaft war.

[308] D¹ m f vg^ms verbessern in ασπαζονται.

[309] A C D Ψ 0278 m lat sy^p co; Ambst erweitern zu τοῦ κυρίου ἡμῶν ein, vermutlich des liturgischen Ausdrucks wegen; ℵ C D¹ Ψ 0278. 1739^c m lat sy bo schließen den Text mit ἀμήν ab, wohl aus demselben Grund (Text: [P87] A D* 048^vid. 6. 33. 81. 1739*. 1881 pc vg^mss sa bo^mss). vg^ms schreiben σου in Anlehnung an σε in V.23 (Text: ℵ P 33. 81. 104. 365. 1505. 1739. 1881 pc b vg^mss sy^h).

lichen Jahrhundert an Häufigkeit zunehmen.[310] Längere Grußlisten, wie etwa Röm 16,21–23, sind in vorchristlicher Zeit nahezu unbekannt.

Die Grüße in Röm 16,16.21–23 sind für das Verständnis des Phlm insofern aufschlussreich, als deutlich wird, dass sie im Briefganzen eine bestimmte Funktion übernehmen. In dem Schreiben des Paulus an die ihm bis dahin persönlich unbekannte Gemeinde in Rom hat 16,16 die Funktion, Paulus als Überbringer von Grüßen aller Gemeinden und damit als denjenigen darzustellen, der zu allen Gemeinden Kontakte unterhält, andererseits die römische Gemeinde in die Gesamtheit der christlichen Gemeinden einzufügen.[311] Die ausführliche Grußliste in V.21–23 zeigt darüber hinaus, dass Paulus auch persönlich von Mitarbeitern umgeben ist, die an der Gemeinde in Rom Interesse haben. Die Grüße haben also die Funktion, eine Beziehung zwischen Paulus und der Gemeinde auf der Briefebene und der persönlichen Ebene zu fördern. Die Grüße in Phlm 23 f. stehen ebenfalls in Zusammenhang mit der im Brief verfolgten Aussageabsicht. So wie Paulus in V.1 f. sein Schreiben nicht nur an Philemon richtet, sondern auch an Apphia, Archippus und die Hausgemeinde, so stellt er sich selbst am Ende in einen Kreis von Mitarbeitern. Die Funktion ist in beiden Fällen vergleichbar. Was Paulus schreibt, geht vordringlich Philemon etwas an, aber nicht ihn ausschließlich, sondern auch die Gemeinde in seinem Haus; und seine Bitte wird zugleich von den Grüßenden mit getragen. Die Adresse und die Schlussgrüße geben dem Brief Bedeutung über das Private hinaus.

V.23: Zunächst lässt Epaphras grüßen. Er wird als συναιχμάλωτός μου ἐν Χριστῷ Ἰησοῦ bezeichnet. Der αἰχμάλωτος bezeichnet den Kriegsgefangenen.[312] Diese Wortbedeutung kann von Paulus im übertragenen Sinn als Gefangenschaft unter dem „Gesetz der Sünde" verwendet werden (Röm 7,23). Für Phlm 23 legt sich diese übertragene Bedeutung jedoch weniger nahe[313] als die wörtliche. Paulus hat bereits mehrfach auf seine Gefangenschaft hingewiesen, und Epaphras ist sein Mitgefangener.[314] Das Personalpronomen μου bindet dessen Gefangenschaft ausdrücklich mit der des Paulus zusammen, und die Näherbestimmung ἐν Χριστῷ Ἰησοῦ bezeichnet sie als eine, die im Zusammenhang steht mit ihrer Christusverkündigung (vgl. Phil 1,13). Wie die Haftbedingungen konkret aussahen[315], lässt sich nicht genau ermitteln. Da Paulus in V.22 aber von einer baldigen Freilassung ausgeht, kann man eine verschärfte Haft vermutlich ausschließen. Epaphras begegnet außer an dieser Stelle nur noch in Kol 1,7; 4,12 als Heidenchrist und Gründer der Gemeinde in Kolossä.

---

[310] Vgl. ROLLER, Formular, 67; KOSKENNIEMI, Studien, 148.
[311] Vgl. SCHNIDER/STENGER, Studien, 127.
[312] Thucydides 3,70; Josephus, Bell 4,447.539; LXX Num 31,12; Am 1,15.
[313] Anders KITTEL, αἰχμάλωτος, 196 f.; GNILKA, 92.
[314] In diesem Sinn auch OLLROG, Paulus, 76; WOLTER, Phlm, 281. DUNN, Phlm, 347 f., weist auf die bei Paulus seltene Verwendung des Begriffs hin, die sich als Ehrenbezeichnung deshalb schlecht erklären ließe.
[315] Zu den Haftbedingungen vgl. oben 48–51.

V. 24: Die nun folgenden Namen sind unter der Bezeichnung οἱ συνεργοί μου zusammengeschlossen. Als Mitarbeiter des Paulus arbeiten sie mit ihm zusammen an demselben Werk der Christusverkündigung. Sie werden nicht als Mitgefangene bezeichnet. Auch in seiner Gefangenschaft kann Paulus offenbar Kontakt nach außen halten und Besuch empfangen, wie neben diesen Mitarbeitern auch die Tatsache deutlich macht, dass Onesimus selbst Zugang zu Paulus gefunden hat. Dieser Kontakt zu den Mitarbeitern unterstreicht wie die Adressierung an die Hausgemeinde, dass es sich bei dem Brief nicht lediglich um ein Privatschreiben handelt.[316] Auf der Seite des Empfängers und des Absenders gibt es jeweils eine größere Gemeinschaft, die von dem Schreiben weiß und die untereinander durch den gemeinsamen Glauben verbunden sind. Zugleich gibt die Liste Aufschluss über das Verhältnis des Apostels zu den Ortsgemeinden. Da die genannten Mitarbeiter sowie Epaphras in keinem anderen Paulusbrief erwähnt werden, ist davon auszugehen, dass sie am Gefangenschaftsort des Paulus oder in erreichbarer Umgebung ansässig sind. Sie stellen die Verbindung des wandernden Missionars zur Gemeinde am Ort her.[317] Über die Briefkonvention hinaus verweist die Grußliste auf die Christen vor Ort und hat damit ekklesiologische Funktion.

V. 25: Antike Briefe werden üblicherweise mit einem Schlussgruß abgeschlossen. Der Gruß „bildet einen wesentlichen Formelteil im eigentlichen Sinn".[318] In der überwiegenden Zahl der Fälle besteht er aus einem Wort, meistens ἔρρωσο (ἔρρωσθε) bzw. vale im Lateinischen, seltener εὐτύχει oder auch einmal ὑγίαινε. Nur manchmal werden an diesen Gruß kurze Sätze angefügt.[319] Paulus lehnt sich einerseits an die briefliche Konvention des Schlussgrußes an, gestaltet ihn aber als christologischen Segenswunsch. Gleichlautend findet er sich auch in Phil 4,23; Gal 6,18, in einfacherer Variation in Röm 16,20; 1Thess 5,28; 1Kor 16,23 (dort durch V. 24 noch erweitert). Eine Ausweitung (im Blick auf die Liebe Gottes und die Gemeinschaft des heiligen Geistes) erfährt er in 2Kor 13,13. μετὰ τοῦ πνεύματος ὑμῶν ist dabei gleichbedeutend mit der kürzeren Form μεθ' ὑμῶν.[320] Auch wenn „die Gnade unseres Herrn Jesus Christus" den formelhaften Abschluss bildet, ist sie am Ende dieses Schreibens doch mehr als nur eine Formel. Zum Anfang des Briefes (χάρις V.3, εὐχαριστῶ V.4) und zum Schlussteil (χαρισθήσομαι V.22) gibt es Querverbindungen.[321] Und wie sich der Briefeingang über Philemon hinaus an die gesamte Hausgemeinde wendet, so auch der Schluss. Die Gemeinde insgesamt braucht die Gnade Christi für den Glauben und den Alltag. Dass der Segens-

---

[316] Gleichwohl ist hier kein Instrument der Kontrolle Philemons zu sehen, wie LAMPE, 230, meint.
[317] So auch WOLTER, Phlm, 281. Vgl. zu dem Verhältnis wandernder Missionare und ortsansässiger Christen MÜLLER, Mitte, 216f–218; MÜLLER, Grundlinien, 221f.
[318] ROLLER, Briefformular, 69.
[319] Beispiele bei ROLLER, ebd., 68–78.
[320] SCHWEIZER, πνεῦμα, 433.
[321] REINMUTH, Phlm, 56: Paulus verbindet gezielt Ende und Anfang des Phlm: χάρις greift auf V.3 zurück; das Motiv der Gefangenschaft findet sich am Anfang und in V.22f., ebenso die Hinweise auf die Mitarbeiterschaft und schließlich die briefliche Kommunikation mit der Gemeinde.

wunsch die Echtheit des Schreibens besiegele[322], ist vom Schlussgruß ἔρρωσο her gedacht, der üblicherweise eigenhändig geschrieben wurde.[323] Ob dies auch für Phlm 25 gilt, muss dahin gestellt bleiben. Sicher ist nur, dass Paulus V. 19 eigenhändig geschrieben hat.

---
[322] SUHL, Phlm, 38.
[323] SCHNIDER/STENGER, Studien, 131: „Das Eschatokoll ist mithin ein Authentizitätssignal." Als ein solches Signal ist der Segenswunsch jedoch nicht wirklich geeignet.

Theologische Hauptlinien

Gibt es überhaupt theologisch bedeutsame Aussagen im Philemonbrief? Einige Ausleger sind skeptisch[1] und PETERSEN[2] verneint: Es gebe keine theologischen Aussagen in diesem Brief. Wichtige Themen aus anderen Briefen fehlen (Rechtfertigung, Tora, das Verhältnis von Juden und Heiden, Eschatologie) und verstärken diesen Eindruck. WOLTER widerspricht dieser Auffassung jedoch mit Recht und weist hin auf den Zusammenhang von Liebe und Glauben, die Verwendung von κοινωνία mit einem Genitiv (Phlm 6 κοινωνία τῆς πίστεως) und die Vater-Kind-Metaphorik, die die Konversion zum Christentum als „neue Kreatur" versteht. Angesichts seiner Kürze sei der Brief gut mit Elementen paulinischer Theologie ausgestattet.[3] Vor allem lasse er sich als ethisches Gegenstück zur paulinischen Vorstellung von der Rechtfertigung durch Glauben verstehen, wie sie im Galaterbrief entwickelt und im Römerbrief theoretisch fundiert worden sei; durch den Glauben seien nicht nur Juden und Heiden, sondern auch Herren und Sklaven vereint.[4]

Philemon im Kontext der übrigen Paulusbriefe

Vielfach wurde dem Philemonbrief bescheinigt, im Vergleich mit den übrigen uns erhaltenen Paulusbriefen unbedeutend und trivial zu sein. Tatsächlich ist nicht zu bestreiten, dass der Römer- und der Galaterbrief theologisch bedeutsamer sind und Themen ansprechen (z.B. Sünde, Gesetz, Gerechtigkeit), die im kurzen Philemonbrief gar nicht vorkommen. HAYS hat jedoch darauf aufmerksam gemacht, dass quer durch alle Paulusbriefe eine „foundational story" zu finden ist „about what God has done to bring salvation to his elect people."[5] Sie stellt eine symbolische Matrix dar, in die Paulus dort, wo es ihm angemessen erscheint, seine theologischen Reflexionen einfügt: „The coherence in Paul's thought is to be found not in a system of theological propositions ..., but in the kerygmatic story of God's action through Jesus Christ."[6] Diese grundlegende Geschichte umfasst Gottes Ver-

---

[1] FITZMYER, Phlm, 37 (theologisch betrachtet ist Phlm kein herausragender Text). HÜBNER vertritt in seinem Kommentar dezidiert eine theologische Exegese (Phlm, 11f.), vor allem im Blick auf Kol und Eph, nicht aber in gleicher Weise im Blick auf Phlm. Die Beispiele lassen sich leicht vermehren.

[2] Rediscovering Paul, 201f.

[3] WOLTER, Letter, 171–173. THOMPSON, Phlm, 230, fügt die Absicht des Paulus hinzu, Philemon und Onesimus auf der Grundlage der Versöhnung in Christus miteinander zu versöhnen.

[4] WOLTER, Phlm, Letter, 176f.

[5] HAYS, Crucified with Christ, 231. Hays bezieht sich dabei auf Gal, Phil, 1Thess und Phlm.

[6] HAYS, ebd., 231f. WRIGHT, Putting Paul Together Again, 184, geht von einem „integrated set of be-

heißungen an Abraham als den Vater aller Glaubenden (Röm 4; Gal 3,6–9), die Gefangenschaft der Menschen unter der Sünde (Röm 7; Gal 4,1–7), die Sendung Jesu Christi, sein Tod am Kreuz und seine Auferweckung (z.B. Röm 5,6–8; 8,34; Gal 1,1), die Befreiung der Glaubenden vom Gesetz der Sünde (Röm 6,7–10; 1Kor 15,3–5), ihre Beziehung zum gegenwärtigen Herrn (1Thess 3,11) und ihre Hoffnung auf den wiederkommenden Herrn (1Thes 4,13–18). Sie hat damit einen die Vergangenheit, Gegenwart und Zukunft übergreifenden Aspekt.[7]

Im Philemonbrief werden die meisten dieser zentralen Aspekte der „foundational story" zwar nicht unmittelbar angesprochen; die Beziehung der Glaubenden zum gegenwärtigen Herrn prägt aber das gesamte Schreiben und auch die Zukunftshoffnung klingt an (V.15). Vor allem aber ist die Gegenwart, Vergangenheit und Zukunft verbindende Grundstruktur der „foundational story" in diesem Brief mit Händen zu greifen.[8] Diese Geschichte Gottes mit den Menschen setzt ein neues Verständnis der Wirklichkeit frei, das den Philemonbrief wie alle Paulusbriefe grundiert[9], auch wenn es nirgends als zusammenhängende Verstehensmatrix dargestellt ist (vgl. aber 1Thess 1,9f.; Phil 2,1–13; Gal 3,13f.). Wenn Paulus an die von ihm gegründeten Gemeinden schreibt, so bringt er seine und ihre Situationen vor dem Hintergrund dieses Wirklichkeitsverständnisses zum Ausdruck.[10] Deshalb ist es sinnvoll, Einzelaussagen des Philemonbriefs mit Aussagen aus anderen Paulusbriefen zu vergleichen.

Im Blick auf Philemon und Onesimus werden dabei vor allem 1Kor 7,21–24 und Gal 3,28 herangezogen. An beiden Stellen geht es um das Verhältnis von Freien und Sklaven, in Gal 3,28 darüber hinaus auch um die Gegensatzpaare Juden und Grieche, männlich und weiblich. Die Unterschiede in diesen Bereichen, so zentral wichtig sie für die umgebende Gesellschaft auch sind, hält Paulus unter der Perspektive seines Wirklichkeitsverständnisses nicht für Ausschlag gebend; von beiden Stellen aus betrachtet könnte man die Offenheit des Philemonbriefs aber auch als Rückschritt betrachten, wie es insbesondere von Gal 3,28 her wiederholt geschehen ist.[11] Wenn die Freiheit von menschlichem Denken und Handeln und von Menschen gemachten Regeln für Paulus aber tatsächlich gilt, kann die gesellschaftliche Dif-

---

liefs" aus. LULL, Salvation, 248, halt mit Recht fest: „,Beliefs' as well as ,foundational stories',... are essential to the formation and maintenance of Christian character and Christian community."

[7] Darauf weist vor allem SCROGGS, History, hin. Dieser Aspekt ist für Phlm insofern von Bedeutung, als hier Vergangenheit, Gegenwart und Zukunft von Paulus, Philemon und Onesimus ineinander verschränkt sind. Diese auf den unmittelbaren Erfahrungsraum der Protagonisten bezogene Verschränkung ist eingebettet in die Zeitvorstellungen der zugrunde liegenden großen Geschichte.

[8] Vgl. oben 38–40.

[9] Vgl. hierzu MÜLLER, Gemeinde.

[10] HAYS, Crucified with Christ, 233.

[11] Dies gilt aber weder im Blick auf 1Kor 7,21–24 noch im Blick auf Gal 3,28. Zwar soll der Sklave, wenn eine Möglichkeit zur Freilassung besteht, davon Gebrauch machen (1Kor 7,21); entscheidend ist aber nach 7,23, das Heil nicht vom gesellschaftlichen Status abhängig zu machen. Im Galaterbrief wendet Paulus sich vehement gegen das „Joch der Knechtschaft" (5,1) und fordert für die Kinder Gottes trotz aller gesellschaftlichen Verschiedenheit die Gleichheit (3,28); zugleich mahnt er die Empfänger mit Hilfe von Sklaventerminologie zu gegenseitigem Dienst (δουλεύετε ἀλλήλοις). Diese unterschiedliche Verwendung der Sklavenmetaphorik erscheint nur dann als widersprüchlich (so HAYS, Crucified with Christ, 245), wenn man die paulinischen Wirklichkeitsannahmen nicht teilt.

ferenz zwischen Herren und Sklaven nicht mehr heilsrelevant und deshalb auch nicht mehr relevant sein für den gegenwärtigen Umgang miteinander.

Der Vergleich von Einzelstellen innerhalb der Paulinen[12] ist notwendig, aber nicht hinreichend, solange das allen Paulusbriefen zugrunde liegende Wirklichkeitsverständnis nicht thematisiert wird. Im Philemonbrief kommt es in den zentralen Begriffen Freude, Liebe, Glaube, Gemeinschaft ebenso zum Ausdruck wie in der christologischen Grundierung, die den Brief insgesamt kennzeichnet; in der erbetenen Annahme des Sklaven als Bruder wie in dem Schema von einst und jetzt; in dem von Gott gelenkten Geschehen (Onesimus ist getrennt worden ...) wie in der Zukunftsperspektive V.15 (damit die ihn auf ewig wieder hast).

Grundlegende Begriffe: Liebe, Glaube, Gemeinschaft

Der Zusammenhang von Liebe, Glaube und Gemeinschaft hat sich in der Einzelauslegung als zentrale Argumentationsbasis des Briefes erwiesen und muss hier noch einmal aufgegriffen werden. Die Begriffe bilden das Zentrum des Begriffsclusters in Phlm. Andere Begriffe sind daran angelagert.

1			ἀγαπητός		συνεργός
5			ἀγάπη	πίστις	
6				πίστις	κοινωνία
7	χαρά	παράκλησις	ἀγάπη		
9		παρακαλῶ	ἀγάπη		
16			ἀγαπητός		ἀδελφός
17					κοινωνός
20	ὀναίμην				

Zunächst ist auf den Zusammenhang von Liebe und Glaube zu achten. V.5 ἀκούων σου τὴν ἀγάπην καὶ τὴν πίστιν ist insofern auffällig, als hier, anders als sonst bei Paulus, die Liebe vor dem Glauben genannt wird. Dies ist durch die Aussageabsicht des gesamten Schreibens motiviert, die von Philemons bereits erwiesener Zuwendung allen Glaubenden gegenüber ausgeht und daran eine weitergehende Bitte anschließt. Aber die bereits erwiesene und neu erbetene Liebe Philemons ist durch den Glauben motiviert und getragen. Das Verhältnis der Glaubenden zu Jesus und ihr Verhältnis zu den mit ihnen Glaubenden sind die beiden Seiten derselben Münze.[13] Liebe und Glauben haben beide jeweils eine „vertikale" und „horizontale" Perspektive. Die Vorrangstellung der Liebe hebt die handelnde Seite des Glaubens hervor. Die verschiedenen Hinweise auf Christus (1.3.5.6.8.9.16.20.25) zeigen ja, dass in der Bindung an Christus ein neues Verständ-

---

[12] Vgl. WILSON, Parallels, 465–469.
[13] Liebe ist deshalb nicht lediglich eine Folge des Glaubens (DE VILLIERS, Love, 187), sondern gehört untrennbar mit ihm zusammen.

nis der Wirklichkeit Platz greift und damit auch ein neues Handeln in der Wirklichkeit. Beides ist untrennbar aufeinander bezogen.

Die Wendung κοινωνία τῆς πίστεως unterstreicht dies. Andere Genitivverbindungen mit κοινωνία (1Kor 1,9; 13,13; Phil 1,5; 2,1) verweisen zusammen mit der Gemeinschaft des Glaubens in Phlm 6 auf das, was den christlichen Glauben konstituiert: auf Jesus Christus, den Heiligen Geist, das Evangelium und den Glauben.[14] Und wie bei der Verbindung von Liebe und Glauben geht es auch bei der Wendung κοινωνία τῆς πίστεως um Gemeinschaft und Teilhabe.[15] Der Glaube Philemons ist Glaube in Gemeinschaft und soll sich deshalb auch in der Gemeinschaft erweisen. Da diese Gemeinschaft aber zugleich gemeinsame Teilhabe an Christus bedeutet, ist sie nicht horizontal auf die Gemeinschaft zwischen Gleichen beschränkt, sondern zielt auf die Erkenntnis und das Tun alles Guten – unter uns und auf Christus hin (Phlm 6).[16]

Es ist deshalb nicht die Liebe allein[17], auch nicht die Gemeinschaft[18], die das Schreiben bestimmt, sondern das Ineinander von Liebe, Glaube und Gemeinschaft. Jeder dieser Begriff ist einerseits mit Christus verbunden (V.3.5.6. 20) und andererseits bezogen auf die Gemeinschaft der Glaubenden. In diesem doppelten Bezug zeigt sich, dass der Glaube, „den wir miteinander teilen", und die Liebe Christus und allen Heiligen gegenüber ein neues Verständnis der Wirklichkeit konstituieren, das nicht auf einen bestimmten Wirklichkeitsbereich begrenzt ist, sondern die spirituelle und die soziale Wirklichkeit gleichermaßen umfasst.

Die Gemeinschaft des Glaubens und das damit verbundene Tun führen zu Freude und Ermutigung (χαρά, παράκλησις V.7). Worte mit der Wurzel χαρ- finden sich mehrfach in Phlm: Die Gnade Gottes und Christi (χάρις) wird in 3.25 für Philemon und alle Adressaten erbeten; danken (εὐχαριστεῖν) ist das bestimmende Verb in V.4–6; Freude und Ermutigung herrschen vor, wenn Paulus an Philemon denkt (V.7); und wenn Paulus aus dem Gefängnis freikommt und der Gemeinde „geschenkt wird" (χαρισθήσομαι), dann deshalb, weil die Brüder und Schwestern für ihn gebetet haben. Dass Paulus an Philemon „froh werden" möchte, bringt auf vergleichbare Weise denselben Gedankengang zum Ausdruck. Auch im dankbaren Füreinander-Einstehen zeigt sich die Gemeinschaft des Glaubens. Hieraus erwächst die Bitte, wie die gleiche sprachliche Wurzel von Ermutigung (παράκλησις) und Bitte (παρακαλέω) zeigen.

---

[14] WOLTER, Letter, 172.
[15] HAINZ, κοινωνία, 751.
[16] Von hier aus lässt sich dann auch die Formulierung ἀκούων σου τὴν ἀγάπην καὶ τὴν πίστιν, ἣν ἔχεις πρὸς τὸν κύριον Ἰησοῦν καὶ εἰς πάντας τοὺς ἁγίους V.5 verstehen.
[17] KUMITZ, Brief, 215 (vgl. GAYER, Stellung, 226) geht mit Recht von der „untrennbare(n) Verquickung von Glaube und Liebe" mit der κοινωνία und der ἐκκλησία aus, die dazu einlade, die Wirklichkeit als „καινὴ κτίσις im Herrn aufzufassen, die von der ἀγάπη bestimmt" sei (219). Gerade deshalb ist der Brief ist aber nicht nur Medium der ἀγάπη, sondern von Liebe, Glaube und Gemeinschaft.
[18] So WRIGHT, Phlm, 175–178; ders., Putting Paul Together Again, 203f.

Die Zusammengehörigkeit der Begriffe lässt sich folgendermaßen darstellen:

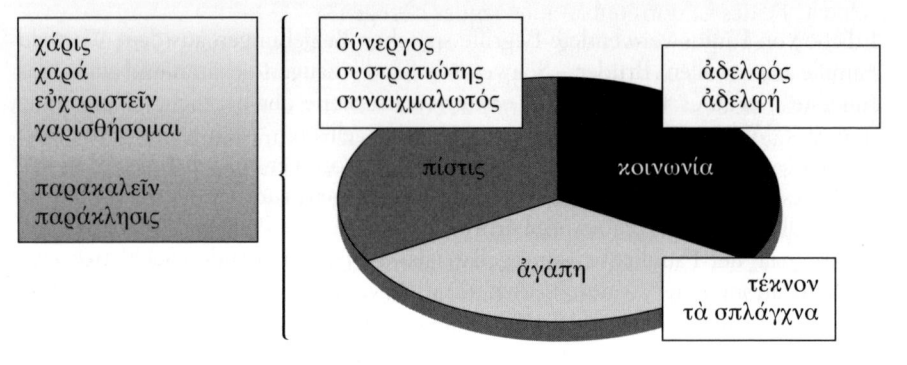

χάρις
χαρά
εὐχαριστεῖν
χαρισθήσομαι

παρακαλεῖν
παράκλησις

σύνεργος
συστρατιώτης
συναιχμαλωτός

ἀδελφός
ἀδελφή

πίστις   κοινωνία

ἀγάπη

τέκνον
τὰ σπλάγχνα

Sprachbilder für die neue Wirklichkeit

Um diese neue Wirklichkeit zu konturieren, verwendet Paulus verschiedene Sprachbilder.

Das Verhältnis von Metaphern zur Wirklichkeit ist diffizil.[19] Gegenüber einer älteren, die Metapher als rhetorischen Schmuck und als Ersatz für eine „eigentliche" Aussage verstehenden Auffassung[20] gehen neuere Metapherntheorien davon aus, dass Metaphern Wirklichkeit nicht lediglich abbilden, sondern durch die Verknüpfung von auf den ersten Blick unvereinbaren Elementen Wirklichkeit erschließen und Kommunikation über die Wirklichkeit ermöglichen.[21] Sie können dabei verschiedene Funktionen wahrnehmen: Indem sie Bekanntes auf ungewohnte Weise verbinden, haben sie eine heuristische Funktion; indem sie dazu anregen, die Wirklichkeit im Sinne der Metapher neu zu verstehen, haben sie eine appellative Funktion; indem sie durch Übertragung dazu helfen Neues zu erschließen, haben sie eine didaktische Funktion; indem die Wirklichkeit durch die neue Perspektive verständlicher wird, haben sie eine argumentative Funktion. Trotz dieser verschiedenen Funktionen wird Wirklichkeit aber nicht festgelegt, sondern öffnet sich für einen Deutungsprozess, in den die Adressaten erschließend mit hineingenommen werden.[22] Die verschiedenen Funktionen metaphorischen Redens zielen darauf, Wirklichkeit neu zu verstehen, in ihren Zusammenhängen zu erschließen und sich in ihr verorten und bewegen zu können.

---

[19] GERBER, Paulus, 98; vgl. zum Folgenden ebd., 98–111.
[20] Vgl. für die antike Rhetorik LAUSBERG, Handbuch, § 558 ff.
[21] GERBER, Paulus, 98–103. WICK, Den Metaphern trauen, macht darauf aufmerksam, dass die von Paulus verwendeten Metaphern die Aussagen inhaltlich mitprägen.
[22] BLACK, Metapher.

Familienmetaphorik

Etliche von Paulus verwendete Begriffe sprechen Beziehungen aus dem Wortfeld Familie an, vor allem Bruder – Schwester – Kind – zeugen/gebären und auch „das Innerste".[23] Paulus verwendet τὰ σπλάγχνα im Sinne der herzlichen Zuneigung und des Verlangens nach Gemeinschaft mit geliebten Menschen (2Kor 7,15; Phil 1,8), von dem die ganze Person erfasst ist.[24] Von hier aus wird die emotional hoch besetzte und sogar identifizierende Wendung τὰ ἐμὰ σπλάγχνα in Phlm 12 verständlich (vgl. V.17 προσλαβοῦ αὐτὸν ὡς ἐμέ).[25]

Innerhalb der Familienbeziehungen zeigen die Begriffe Bruder/Schwester, egalitäre Relationen an[26], Vater/Mutter, Kind (bzw. zeugen/gebären) hierarchische. Wie sich „Bruder Paulus" und „Vater Paulus" zueinander verhalten[27], steht generell in den Paulusbriefen in Frage. SANDNES[28] hat gezeigt, dass die Familienmetaphorik im frühen Christentum auf ein neues Wirklichkeitsverständnis hinweist, das auf herkömmliche Sozialformen zurückgreift, sie aber verändert und dadurch das Nebeneinander egalitärer und hierarchischer Strukturen erklärt. Die Familiensprache hat dabei die Funktion, das Ausbrechen aus traditionellen Sozialformen, insbesondere denen des Hauses, zu kompensieren und neue Gemeinschaftsformen anzubieten.[29] Im Rahmen veränderter Sozialformen bezeichnet die Geschwisteranrede vor allem Zusammengehörigkeit.[30] Als die dauerhafteste Beziehung zwischen Verwandten innerhalb des Oikos[31] zielt sie auf wechselseitige Zugehörigkeit und Verpflichtung.[32] Sie steht eigenständig neben der Kind-Gottes-Metapher, die ihrerseits die Beziehung zu Gott beschreibt.

---

[23] Vgl. zur Familienmetaphorik GERBER, Paulus (dort weitere Literatur). Zur Familie in den antiken griechisch-römischen Gesellschaften GEHRKE/DEISSMANN-MERTEN, Familie. Auf Zusammengehörigkeit und Kontinuität des Familienverbandes wird großer Wert gelegt. Dies kommt besonders im Generationswechsel zum Tragen. Eltern und Kinder stehen in wechselseitiger verpflichtender Fürsorge (Aristophanes, Av 1353-1357; Demosthenes, or 24 (gegen Timokrates) 107; Plutarch, Solon 22,1; Diogenes Laertios 1,55; Libanius, or 11,14), die sich über den Tod der Eltern hinaus erstreckt (Leichenklage, Totenopfer, Gedenken). Zur römischen familia gehören alle Personen, die sich unter der Gewalt des paterfamilia befinden (Dig 50,16,195,2), ebenso der sächliche Besitz, nach Ulpian (Dig 47,8,2,14) auch Sklaven, Freigelassene und alieni (d.h. unter fremder Gewalt Stehende).
[24] KÖSTER, σπλάγχνον, 555.
[25] Vgl. BARTH/BLANKE, Phlm, 110.
[26] So z.B. SCHÄFER, Gemeinde, 443. Die Vater-Kind-Relation wird dementsprechend überwiegend als Fürsorge interpretiert (ebd., 356.368).
[27] GERBER, Paulus, 36.
[28] Family.
[29] GERBER, Paulus, 502.
[30] GERBER, Paulus, 344-349; AASGAARD, Brothers, 134f.
[31] AASGAARD, Brothers, 34ff. Nach Aristoteles, eth Nic 8.12.3 1160b, sind Brüder gleichberechtigt, es sei denn, dass der Altersabstand sehr groß ist.
[32] Idealen (z.B. Castor und Pollux bei Pindar, N. X,3-5; Antigone und Polyneikes bei Sophokles, Ant) und zerbrechlichen Geschwisterbeziehungen werden verschiedentlich literarische Denkmale gesetzt. In De fraterno amore (mor 478f.) hebt Plutarch vor allem die brüderliche Liebe als verbindendes Band hervor.

Die Vater- (bzw. Eltern-) Kind-Relation begründet demgegenüber einen exklusiven Anspruch, den Paulus als derjenige erhebt, der andere zum Glauben an Christus gebracht hat (1Kor 4,15.17; 2Kor 12,14; Phil 2,22; Phlm 10.19). Die Eltern-Kind-Beziehung hat im antiken Konzept ein einseitig-exklusives Gefälle vom Vater (auch von der Mutter, 1Thess 2,7–12; 1Kor 3,1–4) zu den Kindern.[33] Sie hat ihren Ursprung in der natürlichen Priorität der Eltern, die auch religiös (mit dem Willen der Götter – die Eltern sind den Göttern nachgeordnet[34] – bzw. im jüdischen Bereich mit dem Elterngebot) interpretiert werden kann. Die Kinder haben dementsprechend Pflichten den Eltern gegenüber (Gehorsam, Respekt, Bereitschaft zu lernen, Versorgung in Krankheit und Alter, Begräbnis).[35] „Ursache und Ursprung zu sein wie Mutter und Vater, ist zentrales Moment der Autoritätsbegründung."[36] Dem entspricht die Vorstellung, dass die Kinder den Eltern gegenüber dankbar sein sollen und verpflichtet sind ihnen etwas zurückzugeben (2Kor 6,13). Cicero (Brut 20,2) empfiehlt, dass im Rahmen der Familie zwischen den Ehepartnern concordia (Eintracht) herrschen, Kinder den Eltern pietas (Ehrfurcht) und Eltern den Kindern caritas (Respekt) entgegen bringen sollen.[37]

Die Familienmetaphorik bei Paulus nimmt diese grundlegenden Vorstellungen auf: „Die Plätze von Vater und Mutter einerseits, Kindern andererseits sind festgelegt, und die Elternposition kommt (mit Ausnahme von Röm 16,13) nur Paulus zu. Die im Eltern-Kind-Verhältnis gesetzte biologische und rechtliche Priorität der Eltern wirkt immer implizit gestaltend und gibt der Relation ein anderes Gefälle als die ἀδελφός-Adresse."[38] Die umfassende geistliche Autorität des Paulus wird durch die Geschwister-Relation der Glaubenden nicht aufgehoben.[39] Sie kommt im Philemonbrief mit dem Hinweis auf das Alter des Paulus zur Sprache, tritt aber insgesamt in den Hintergrund zugunsten der Koinonia-Vorstellung.

---

[33] Im griechischen Sprachraum finden sich die Bedeutungen zeugen und gebären für γεννάω (z.B. Diodorus Siculus 4,67,2–68,6; Aeschylos, suppl 48,X; Lukian, sacrif 6), ebenso die allgemeine Bedeutung des Erzeugens und Hervorbringens (Polybios 1,67,2; Philo, Jos 254). In LXX wird das Wort nur selten für das Vater-Sohn-Verhältnis zwischen Jahwe und seinem Volk verwendet (Dtn 32,18; Jes 1,2; He 16,20; 23,37), allerdings in Ps 2,7; 109,3; Spr 8,25 im Blick auf die Adoption des Messias-Königs. Philo versteht das Schaffen Gottes überwiegend als Zeugen. Im rabbinischen Judentum wird der Übertritt zum Judentum im Sinne eines Neuwerdens verstanden (RENGSTORF, γεννάω B, unter Verweis auf Cant r; bJeb 22a).
[34] Epiktet, diss II 17,31.
[35] Vgl. BALLA, Child-Parent-Relationship, 76–79. Die metaphorische Bedeutung der Familienbeziehungen ist bei BALLA allerdings nicht hinreichend dargestellt.
[36] GERBER, Paulus, 503, und die Übersicht, 214. GERBER bezieht dies zu Recht auch auf die Kommuniktionsform des Briefes (ebd., 504).
[37] Die übertragene Verwendung von „Vater" und „Sohn" im Verhältnis von Lehrer und Schüler findet sich schon in 2Kön 2,12, dann auch in Mt 23,8–10 und in verschiedenen Anreden Jesu. Dabei werden Überlegenheit und Zuwendung des „Vaters" und die Abhängigkeit und Ehrerbietung des „Sohnes" hervorgehoben. bSanh 19b; 99b vergleichen das Lehren der Tora mit dem Zeugunsakt.
[38] GERBER, Paulus, 214.
[39] GERBER, Paulus, 504.

Rechts- und Wirtschaftsterminologie

Mehrfach greift Paulus Begriffe und Wendungen aus der rechtlichen und ökonomischen Sprache auf. ἀναπέμπω kann im rechtlichen Kontext „hinaufsenden" zum Gericht bzw. „überstellen" an die zuständige Person oder Behörde bedeuten.[40] Κατέχειν und vor allem die Ableitungen κάτοχος, κατόχιμος und κατοχή können mit dem Asylrecht in Zusammenhang stehen und die Verfügungsgewalt einer Gottheit über einen in ihr Heiligtum Eintretenden oder ihr geweihten Menschen ausdrücken. In V.15 stammen sowohl ἀπέχειν (empfangen, quittieren) als auch αἰώνιον (der zeitlich nicht befristete Besitz von Sklaven) aus dem Bereich der Geschäftssprache.[41] Κοινωνός V.17 ist der Geschäftspartner und wird verschiedentlich auch im Rahmen des Philemonbriefs so verstanden.[42] Unrecht tun und schulden V.18 stammen ebenso aus der Rechtssphäre wie die Schuldverschreibung V.19.[43] Ganz eindeutig greift Paulus Rechts- und Wirtschaftsterminologie auf. Dass er sie in einen neuen Sinnzusammenhang einfügt, zeigt sich aber in V.18–20.[44] Die Formulierung in V.18f. bringt auf der Ebene der geschäftlichen Transaktion eine Opposition ins Spiel. Sowohl bei Onesimus als auch bei Philemon ist von ὀφείλειν die Rede. Die Schuld ist bei Onesimus (Philemon gegenüber) als Möglichkeit angesprochen, bei Philemon (Paulus gegenüber) als Faktum; bei Onesimus handelt es sich um „etwas", während Philemon sich selbst Paulus schuldet. Denkt man in rechtlichen und wirtschaftlichen Kategorien, dann ist Philemon der größere Schuldner. Natürlich liegt beider Schuld auf verschiedenen Ebenen; bei Onesimus würde es um Unrecht oder materiellen Schaden gehen, bei Philemon geht es um die Person selbst (eine angesichts der im Brief angesprochenen Sklavenproblematik außerordentliche Aussage). Indem Paulus beides auf eine Ebene stellt, zeigt er, dass die Rechts- und Wirtschaftsterminologie dem neuen Verhältnis von Paulus, Philemon und Onesimus überhaupt nicht gerecht wird. V.20 streicht diese Terminologie denn auch geradezu durch: Bruder, ich möchte an dir froh werden, erquicke mein Herz – und zwar im Herrn, in Christus. Mit dem doppelten Hinweis auf den Herrn wird dem Recht die durch Christus begründete Wirklichkeit gegenüber gestellt, die sich in Geschwisterlichkeit, Freude und Ermutigung zeigt, und zwar wechselseitig im Blick auf Philemon, Onesimus und Paulus selbst. Κοινωνός ist deshalb für Paulus nicht lediglich Geschäftspartner, sondern Partner im Glauben; Paulus überstellt den Onesimus nicht an Philemon, sondern schickt ihn als Bruder; und gänzlich unangemessen wäre es, wollte Philemon den Empfang des Sklaven zum dauernden Besitz quittieren (V.15). Paulus benutzt somit die Rechts- und Wirtschaftsterminologie, durchbricht sie aber an entscheidenden Stellen und ordnet sie in ein neues Kategoriensystem ein.[45] Die wiederholt an Paulus geübte Kri-

---

[40] Siehe oben 113.
[41] Siehe oben, 119.
[42] Siehe oben, 124f.
[43] Siehe oben, 127.
[44] Siehe oben, 130f.
[45] Vgl. DE VILLIERS, 184, Anm 7.

tik, dass er nicht deutlicher die Freilassung des Onesimus gefordert habe[46], geht deshalb ins Leere, weil Paulus faktisch sehr viel mehr von Philemon erwartet als rechtlich gefordert werden könnte.

Sklavenmetaphorik

Dass die rechtliche Sicht die Wirklichkeit im Verständnis des Paulus nicht trifft, zeigt sich auch in der Sklavenmetaphorik. Sie ist vor dem Hintergrund der real erfahrenen Unfreiheit der Sklaven gegenüber ihren Herren in den antiken Gesellschaften zu verstehen.[47] „Sklave Christi" wird im NT auf verschiedene Weise verwendet: Als Titel für Paulus (und für Mitarbeiter), als Bezeichnung der Glaubenden, als Wechsel vom Versklavtsein an die Sünde hin zum Sklaven Christi und zur Freiheit der Glaubenden.[48] „Sklave Christi" wird geradezu zum Ehrentitel, weil im Herrschaftswechsel von der Sünde zu Christus Zugehörigkeit und Freiheit zugleich angesprochen sind.

Im Philemonbrief kommt δοῦλος nur in V.16 vor: Nicht als Sklaven soll Philemon Onesimus wieder aufnehmen, sondern – über den Sklaven hinaus und anders – als geliebten Bruder annehmen. Dass hier nicht metaphorisch gesprochen wird, liegt daran, dass sich im Blick auf den früheren Sklaven tatsächlich etwas geändert hat: Er ist aus der Sicht des Paulus nicht mehr Sklave, sondern Bruder, und diese Sicht der Dinge soll Philemon teilen.

Metaphorischen Charakter hat demgegenüber das Wortspiel mit dem Namen Onesimus in V.11. In diesem typischen Namen steckt das Wissen darum, dass es um einen Sklaven geht. Die bereits eingetretene Statusänderung wird mehrfach unterstrichen: Mit den Gegensatzpaaren von einst und jetzt, unbrauchbar und brauchbar, mit der die Verbundenheit von Onesimus und Paulus hervorhebenden Wendung τὰ ἐμὰ σπλάγχνα und dem Hinweis, dass Philemons Sklave dem Paulus gute Dienste leistet. Und während Paulus hier die Wandlung des Sklaven metaphorisch anspricht, ist in V.16 ausdrücklich von δοῦλος die Rede, u.z. in einem V.11 aufnehmenden Gegensatz: Nicht mehr Sklave, sondern mehr und anderes als ein Sklave.

Sich selbst nennt Paulus nicht δοῦλος Χριστοῦ wie in Röm 1,1; Gal 1,10, sondern δέσμιος Χριστοῦ. Dass Paulus bei der Abfassung des Briefes tatsächlich gefangen ist, hebt nicht auf, dass er diesen Sachverhalt auch in übertragenem Sinn verstehen kann. Dies zeigt nicht nur die häufige Erwähnung seiner Gefangenschaft in V.1.9.10.22f., sondern auch die Opposition von Gefangenschaft auf der einen und der Freiheit zu gebieten V.8f. auf der anderen Seite. Der im Herrn berufene Sklave ist nach 1Kor 7,22 ein Freigelassener des Herrn und der berufene Freie ein Sklave Christi. Zwar vermeidet Paulus in Phlm die Wendung „Sklave Christi", sie klingt

---

[46] Exemplarisch, SCHULZ, Gott.
[47] COMBES, Metaphor, 19.
[48] COMBES, Metaphor, 162.

aber in „Gefangener Christi" an und wird durch das Verhalten und den Brief des Paulus bestätigt; gerade als „Gefangener Christi Jesu" hat er nicht nur Onesimus zum Glauben an Christus gebracht, sondern kann Philemon aus dieser Christusbeziehung heraus mit Autorität gegenüber treten.

WANSINK weist auf die Militärsprache hin (συστρατιώτης und συναιχμάλωτος) in 2.23[49], die er mit dem Vergleich des Weisen mit dem Soldaten (Epiktet, Diss 3.24.31–32; Seneca, ep 120.12; ep 93,35; Platon, Ap 28D-E) in Zusammenhang bringt. Dabei stehe die Loyalität dem militärischen Führer gegenüber im Vordergrund. Ein Kriegsgefangener zu sein zeige, dass man seinen Posten oder seine Aufgabe nicht aufgegeben habe. Die hohe Konzentration militärischer Sprache bestätige diese Deutung. Dies ist eine Überinterpretation; zwar ist mehrfach von der Gefangenschaft des Paulus die Rede, die militärsprachlichen Begriffe finden sich aber lediglich im stark geformten Briefeingang und -schluss.

Die neue Sicht der Wirklichkeit und ihre Umsetzung

Paulus geht davon aus, dass mit Onesimus eine Veränderung stattgefunden hat, die nicht nur ihn, sondern auch sein Verhältnis zu Philemon und zur Hausgemeinde betrifft. Onesimus ist mehr und anderes als ein Sklave geworden, und dies soll sich in das konkrete Verhalten hinein auswirken. Darüber, ob Paulus die Freilassung des Sklaven erwartet, mag man streiten (im Rahmen des antiken Sklavenwesens ist die Frage nicht so bedeutsam, wie sie in der Gegenwart erscheint); dass Paulus von Verhaltensänderungen in Philemons Haus ausgeht, liegt jedoch auf der Hand. Sie zeigen sich vor allem in folgenden Bereichen.

Status und Wert

In der Umwelt der frühen christlichen Gemeinden ist der Wert eines Menschen in starkem Maß abhängig von seinem gesellschaftlichen Status.[50] Status bezeichnet die Einordung eines Menschen in eine gesellschaftliche Rangordnung, die durch verschiedene Kriterien bestimmt wird: Ethnische und/oder familiäre Herkunft, rechtliche, politische oder ökonomische Privilegien sowie persönliche Merkmale wie Tüchtigkeit, Tugend oder Bildung. Ein niedriger Status kann mit den Begriffen ταπεινός bzw. humilitas bezeichnet werden. Sie können ganze Völker, Volksgruppen[51] oder Einzelpersonen[52] bezeichnen. Sklaven gelten prinzipiell als ταπεινός, selbst wenn sie als „Freunde von niederem Rang" bezeichnet werden (Seneca, epist

---

[49] Chained in Christ, 164–170.
[50] THEISSEN, Wert; ders., Religion, 101f. Zwar findet sich beispielsweise bei Seneca auch die Vorstellung vom statusunabhängigen Wert aller Menschen (epist 95,33.52); die philosophische Betrachtungsweise hebt aber die faktischen Statusunterschiede der antiken Gesellschaften letztlich nicht auf.
[51] Vgl. Plutach, Solon 22,2; Caesar, Gall VII 54,3.
[52] Z.B. Euripides, Andr 164–168.

47,1). Mit dem niedrigen Rang gehen nach allgemeiner Einschätzung Armut, geringer Einfluss und eine niedrige Gesinnung einher.[53]

Bei Paulus erfährt die ταπεινοφροσύνη eine radikale Umdeutung. Sie gilt nicht mehr als servile Gesinnung, sondern wird als Tugend verstanden (Phil 2,3). Als Besonderheit tritt dabei die Demut auf Gegenseitigkeit hervor[54], als gemeinsames Verhalten der Glaubenden untereinander, und zwar unabhängig vom Sozialstatus. Dem Verzicht auf Status steht damit ein Gewinn an Gemeinschaft gegenüber (vgl. Gal 5,13 διὰ τῆς ἀγάπης δουλεύετε ἀλλήλοις; Phil 2,2f.; Röm 12,10). Begründet wird die wechselseitige Demut mit der imitatio Christi (Phil 2,5ff.), der seine Position bei Gott verlassen und sich im Dienst für das Heil der Menschen selbst aufgegeben hat. Denjenigen, die sich Christus anschließen, kommen deshalb eine neue Identität und ein statusunabhängiger Wert zu, die sich in der Geschwisterterminologie niederschlägt. Durch die Bekehrung des Onesimus sind er selbst, Philemon und die Mitglieder der Hausgemeinde in eine Geschwisterbeziehung eingetreten.

Ehre und Wohltaten

Ein hoher gesellschaftlicher Status ist mit Ehre verbunden. Ehre und Scham als Gegenbegriff bemessen sich vor allem daran, ob ein bestimmtes Verhalten der Gruppe (der Familie, dem Verein, der Stadt) Ehre einbringt oder nicht.[55] Wo dies nicht geschieht, wird das Herausfallen aus einem Gruppenkonsens oder einer Statuszugehörigkeit nicht unter dem Aspekt der Schuld verhandelt, sondern vorwiegend dem der Scham.[56] Zum Selbstbild der Angehörigen eines hohen gesellschaftlichen Status gehören Würde (dignitas), Ansehen und Einfluss (auctoritas) wesentlich hinzu.[57] Der Verhaltenskodex, der die Würde der Angesehehen unter-

---

[53] WENGST, Demut, 17.19.

[54] THEISSEN, Religion, 117–120.

[55] Seneca, benef 4,16,2 nennt als „gesicherte Erkenntnis (fixum est), das Ehrenvolle aus keinem anderen Grund zu verehren als aus dem, dass es ehrenvoll ist."

[56] ELIAS, Prozess, 397, versteht Scham als „Angst vor sozialer Degradierung" und vor den „Überlegenheitsgesten Anderer", die in einem Selbstzwang angesichts einer gesellschaftlich führenden Meinung begründet ist. Zur Unterscheidung von Schuld- und Schamkultur DODDS, Die Griechen. Schuld-basierte Gesellschaften gehen auf internalisierte moralische Instanzen wie das Gewissen zurück, stellen aber auch Möglichkeiten der Gewissensbereinigung zur Verfügung (Geständnis, Buße, Strafe). Scham-fokussierte Kulturen sehen das Vergehen und seine Verarbeitung unter dem Aspekt der „gesellschaftlichen Wahrnehmung und Ahndung durch Beschämung, Blamage, Gesichtsverlust oder Peinlichkeit" (PONTZEN/PEUSSER, Verarbeitungsformen, 9). Der „Blick des Anderen" wird maßgebend für die eigene Beurteilung. Zu Ehre und Scham in den antiken Mittelmeerkulturen vgl. die Arbeiten von MALINA und LAWRENCE, Ethnography, 7–59. LEHMANN, Scham, 29, zeigt, dass der Ursrprung von Scham jenseits von Gut und Böse im „schlecht Sein" zu suchen ist, das sich als schwach, niedrig, hilflos, bedürftig, abhängig, wehrlos versteht. NECKEL, Status, 146–182, zeigt, wie kollektive Statuserfahrungen und als defizitär empfundene Individualität zusammengehören.

[57] In die nächstniedrige Censusklasse eingeordnet zu werden, wird deshalb bereits als unehrenhaft und als „Verarmung" interpretiert, auch wenn faktisch von Armut keine Rede sein kann (zur Einteilung der

streicht, „wurde ängstlich eingehalten. Jede Verletzung konnte Ausschluss bedeuten und war unendlich beschämend …, nicht nur für die Betroffenen selbst, sondern auch für ihre Standesgenossen."[58] Würde, Ansehen und Einfluss zeigen sich an verschiedenen Merkmalen (Insignien, Ehrenplätze im Theater, ein Gefolge von Klienten, urbaner Lebensstil) und nicht zuletzt an der Wohltätigkeit. Wer es sich leisten kann, tritt als Patron und Sponsor auf und wird dementsprechend geehrt. Angesichts fehlender Sozialsysteme spielt der Euergetismus der Oberschicht eine wichtige Rolle. Wenn Plinius an Sabinianus schreibt, dass eine harte Bestrafung weder zur Reue des Freigelassenen noch zur großmütigen Haltung des Patrons passe, so liegt dies auf derselben Ebene. Der Euergetismus hebt die sozialen Unterschiede aber nicht nur nicht auf, sondern festigt sie geradezu. Philemon dagegen wird nicht als Wohltäter angesprochen, sondern als Bruder; und Onesimus wird nicht als Empfänger von Wohltaten anempfohlen, sondern mit Paulus selbst identifiziert. Der Euergetismus in den christlichen Gemeinden ist nicht „Wohltat von oben herab", sondern wechselseitiger Dienst.

Recht und Rechtsverzicht, Gemeinschaft und Freude

Das Verhältnis zwischen Herrn und Sklaven wird in den antiken Gesellschaften in erster Linie als privatrechtliches Eigentumsverhältnis verstanden. Ein Sklave gehört seinem Herrn, der weitgehende Verfügungsgewalt über ihn hat. Der Herr ist in der Regel zugleich Hausherr und setzt in seinem Haus das Recht. Indem Paulus Onesimus seinem Herrn zurückschickt, erkennt er dieses Rechtverhältnis grundsätzlich an. Die Anerkennung zeigt sich auch in der Selbstverpflichtung, einen eventuell entstandenen Schaden durch Onesimus auszugleichen. Zugleich durchbricht Paulus die rechtliche Sicht des Sachverhalts auf verschiedene Weise: Er spricht von der tatsächlichen Schuld Philemons ihm gegenüber, stellt sie auf die gleiche Ebene wie die mögliche Schuld des Onesimus und führt das Aufrechnen von Schuld dadurch ad absurdum. Er setzt sich jenseits rechtlicher Fragestellungen rückhaltlos für seinen neu gewonnenen Glaubenspartner ein und erbittet dasselbe von Philemon.[59] Dass Paulus an Philemon und seinem Verhalten froh werden möchte, schlägt einen völlig anderen Ton an als die Rechtsterminologie. Indem er dem Recht die Gemeinschaft der Glaubenden und die Freude aneinander entgegensetzt, definiert er das Verhältnis zwischen Onesimus, Philemon und sich selbst neu. Schließlich adressiert er seinen Brief an die ganze Hausgemeinde. Zwar ist Philemon der in erster Linie Angesprochene, aber er ist angesprochen vor dem Forum der Mitchristen, die sich in seinem Haus treffen. Das Verhältnis von Herrn und

---

römischen Bürgerschaft in fünf Censusklassen vgl. HERRMANN-OTTO, Reiche, 86). Zur wirtschaftlichen Ungleichheit im römischen Reich FRIESEN, Ungerechtigkeit, 272–275.

[58] HERRMANN-OTTO, Oberschicht, 93.
[59] Vgl. WALL, Phlm, 202: „the real crisis proves to have more to do with Philemon's status before God than with Onesimus's status before Philemon."

Sklave bekommt dadurch eine ekklesiologische Dimension. Die Gemeinde ist mit dazu aufgerufen, sich Gedanken darüber zu machen, wie das Verhältnis von Herren und Sklaven im Rahmen einer christlichen Hausgemeinschaft gestaltet werden kann.[60]

Aus der Gegenüberstellung rechtlicher und gemeinschaftsbezogener Kategorien ergibt sich eine Grundspannung des Schreibens, die verschiedentlich entweder als rhetorisch verbrämter Druck[61] oder als „humorvoll" und „ironisch"[62] bezeichnet worden ist. Beide Auffassungen werden dem Schreiben nicht wirklich gerecht. Die Vorstellung eines lediglich verhüllten Autoritätsanspruchs nimmt das durch Gemeinschaft und Freude geprägte Wirklichkeitsverständnis des Briefes nicht ernst. Zwar ist nicht zu übersehen, dass Paulus mit seinem Schreiben von Philemon eine Verhaltensänderung erwartet. Es ist aber auch nicht zu übersehen, dass er diese Verhaltensänderung nicht festschreibt, sondern Philemon Handlungsspielraum lässt. Die oft gerügte Unbestimmtheit des Schreibens hat hier ihren Grund: Paulus kann eine Erwartung aussprechen und den Gehorsam Philemons vorwegnehmen, weil er davon ausgeht, dass Philemon sein Verständnis von Gemeinschaft und Freude teilt; weil es aber um Gemeinschaft und gegenseitige Freude geht, kann er das Handeln des Glaubenspartners nicht detailliert vorschreiben.

Denselben Spielraum nutzt Paulus zur Beschreibung seiner eigenen Situation: Er ist gefangen – aber als Gefangener Jesu Christi; Philemon kennt ihn als Verkündiger des Evangeliums – aber er ist ein alter Mann. Autorität kommt Paulus in dieser Situation nur zu, wenn vorausgesetzt werden kann, dass Philemon sein Verständnis der Wirklichkeit in Christus teilt.[63] Das „sozusagen" (ὡς) in V.9 ist nicht ironisch, sondern zeigt eine innere Distanz zu den Gegebenheiten (vgl. 1Kor 7,29–31).[64] Als vergleichsweise alter Mann und als Gefangener kann Paulus keine Vorschriften machen. Zugleich ist er derjenige, der Christus verkündigt, der Philemon und Onesimus den Glauben an Christus vermittelt hat und den beide aus diesem Grund als Autorität anerkennen. Aus diesem Grund kommunizieren alle drei, Paulus, Philemon und Onesimus (sowie die Hausgemeinde) nun auf einer

---

[60] WOLTER, Entwicklung, zeigt, dass Paulus sich mit seinen Briefen an Menschen wendet, die durch eine Bekehrung Christen geworden sind und noch nicht auf christliche Tradition zurückgreifen können. Sie befinden sich in einer Phase der Konzeptualisierung und Habitualisierung ihrer Wirklichkeitsauffassungen und Lebensformen. Ob die paulinische Vorstellung zum Verhältnis von Philemon und Onesimus tragfähig ist, muss sich deshalb in Haus und Hausgemeinde Philemons erweisen.

[61] LAMPE, Phlm, 216: rhetorisch geschickt, Samthandschuhe; HÜBNER, Phlm, 32: bitterer Nachgeschmack.

[62] JÓNSSON, Humour, 270: „gentle irony and personal homour"; vgl. REINMUTH, Phlm, 38–42.

[63] Deshalb kann man nicht davon ausgehen, dass der Brief Onesimus hätte schützen können, wenn er unterwegs aufgegriffen worden wäre (so REINMUTH, Phlm, 40). Die Überzeugungskraft des Schreibens ist an die gemeinsame christliche Weltsicht geknüpft.

[64] REINMUTH, Phlm, 40, versteht auch V.16 οὐκέτι ὡς δοῦλον ἀλλ' ὑπὲρ δοῦλον als Ironiesignal; dass Philemon den Onesimus als jemand anderen sehen soll, beschreibt aber nicht lediglich eine Wahrnehmung auf Seiten Philemons, sondern setzt die Veränderung des Onesimus voraus, die für Paulus und Philemon eine tatsächliche Veränderung darstellt. Auch die Vorstellung einer „politeness maxim" zur Vermeidung eines Gesichtsverlusts der Kommunikationspartner (WILSON, Pragmatics) greift zu kurz.

anderen Ebene. Diese Kommunikationsebene ironisiert die Beziehungen der Glaubenspartner untereinander nicht[65], sondern verändert sie aus ihrer Sicht tatsächlich.

Soziale und gesellschaftliche Konsequenzen

Die damit von Paulus angeregten Verhaltensänderungen wirken sich im Binnenbereich der Gemeinde und im Verhältnis der Gemeinde zur umgebenden Gesellschaft aus.

Im Binnenbereich zielen sie auf Geschwisterlichkeit. Gegenüber der Herkunft und Sozialisation der zu Christen Gewordenen stellt dies eine Umorientierung im Blick auf das Verständnis von Gemeinschaft (Konzeptualisierung) und das Verhalten in Gemeinschaft dar (Habitualisierung).[66] Paulus greift diese Fragen unter verschiedenen Perspektiven auf[67]: Grundsätzlich nimmt er die Wirklichkeit und ihre Verhältnisse vom Heilshandeln Gottes in Jesus Christus her in den Blick. Das bereits eingetretene, aber auch noch ausstehende Heil führt zu einer neuen Perspektive, die innerhalb der christlichen Gemeinde geteilt und wirksam werden soll. Damit wird innergemeindlich ein neuer Erfahrungsraum geschaffen.

Im Blick auf die im Philemonbrief vorausgesetzte Situation liegt dies auf der Hand: Es ist ein Unterschied, von Brüdern und Schwestern zu sprechen oder im konkreten Fall den Sklaven tatsächlich als Bruder auf- und anzunehmen. Ein neues Wirklichkeitsverständnis allein ist dabei defizitär, so lange es nicht in konkretes Verhalten umgesetzt wird und die Konsequenzen dieses Handelns nicht mit bedacht werden.[68] Zu dieser Neujustierung reichen bisheriges Wissen und bisherige Verhaltensregeln nicht aus. Die damit verbundenen Ethosunsicherheiten führen zu Konflikten in den Gemeinden[69], die zunächst im Binnenraum der neu entstehenden Glaubensgemeinschaften geklärt werden müssen. Deshalb ist die Frage nach dem Verhältnis von Sklaven und Herren nicht lediglich eine privatrechtliche Angelegenheit, die Philemon allein entscheiden könnte, auch wenn er im Brief direkt angesprochen wird. Die Gemeinde in seinem Haus stellt die Gemeinschaft dar, vor

---

[65] Zur Ironie in der antiken rhetorischen Diskussion vgl. ERLER, Ironie. Anders als die Metapher geht die Ironie von einem Gegensatz des Gesagten zum Gemeinten aus (Quinitilian, inst VIII 6,54).

[66] WOLTER, Entwicklung, 16. MACDONALD, Churches, 17, spricht in diesem Zusammenhang und im Anschluss an HOLMBERG, Paul, und die religionssoziologischen Theorien von WEBER von „community-building institutionalization"; davon grenzt sie die „community-stabilizing institutionalization" ab, wobei der Übergang von der einen zur anderen Phase eine Transformation des symbolischen Universums notwendig mache. Die Neuorientierung ist aber bereits für die erste Phase kennzeichnend, weil ohne sie die neue Gemeinschaft gar nicht gebildet würde.

[67] ENGBERG-PEDERSEN, Paulus, 53, spricht von verschiedenen Ebenen der paulinischen Aussagen: nach außen, nach innen und nach oben.

[68] PRICE, Rituals, 242, zeigt, dass Macht im römischen Reich über die militärische Präsenz hinaus an Herrschaftsverhältnisse gebunden ist, die die Gesellschaft konstituieren und durchdringen.

[69] WOLTER, Entwicklung, 22f., verweist exemplarisch auf die Bereiche von Sexualität/Ehe und Speisevorschriften in 1Kor 7–8.10 und Röm 14.

der, in der und unter deren Anteilnahme das Verhältnis zwischen diesem Herrn und diesem Sklaven und generell zwischen Herren und Sklaven neu zu regeln ist.

Die Verhaltensänderungen und die sie tragende Theorie bleiben aber nicht auf den Binnenraum der Gemeinde beschränkt, sondern haben gesellschaftspolitische Relevanz.[70] Das Verhältnis der neuen Glaubensgemeinschaft zur Mehrheitsgesellschaft und zur Herkunftskultur[71] muss neu bestimmt werden. Einen Sklaven als geliebten Bruder anzusehen – und ihn damit auf dieselbe gesellschaftliche Ebene zu stellen wie die anderen „Brüder und Schwestern" – stellt die herrschenden Machtstrukturen und -diskurse nicht nur innergemeindlich in Frage. Zwar ist keiner der neutestamentlichen Texte, auch nicht der Philemonbrief, „als politische Programmschrift oder als ein Manifest politischer Philosophie geschrieben."[72] Das Verhältnis von Männern und Frauen, von Herren und Sklaven, von Macht und Demut haben unter den antiken Rahmenbedingungen jedoch gesellschaftspolitisch so außerordentlich hohe Relevanz, dass binnengemeindliche Veränderungen Auswirkungen auf das gesellschaftliche Umfeld haben müssen.[73] Nach außen hin führt dies nicht zu einer „direkten politischen Opposition gegen das römische Imperium."[74] Dass die von Paulus gegründeten Gemeinden von außen beobachtet und auf ihr innergemeindliches Ethos hin befragt werden, ist aber zu erwarten, und die bald einsetzende Kritik am Umgang der Christen mit den Sklaven[75] zeigt, dass dies auch faktisch der Fall ist. Damit wird Paulus zwar nicht zum Politiker[76]; indem er aber seinen Glauben „im Kontext der politischen Sprache und der sozialen wie politischen Ideale seiner Zeit artikuliert"[77], nimmt er faktisch zu den politischen und gesellschaftlichen Diskursen seiner Zeit Stellung und versteht die christlichen Gemeinden als Raum, in dem Gegenerfahrungen zu den herrschenden Verhältnissen möglich werden sollen.

---

[70] Nach THEISSEN (Religion, 115.120) sind Demut und Statusverzicht in der synoptischen Tradition mit einem kritischen Impuls gegen die Mächtigen verbunden, während dieser Impuls bei Paulus fehle.

[71] WOLTER, Entwicklung, 16.

[72] REINMUTH, Horizonte, 18. Als Gegner des Imperium Romanum wird Paulus von einer anti-imperialen Pauluslektüre verstanden, für die die Arbeiten von HORSLEY charakteristisch sind (Paul and Empire; Paul and Politics; Paul and the Roman Imperial Order).

[73] Vor diesem Hintergrund darf die Frage nach dem Politischen im Neuen Testament nicht auf Texte reduziert werden, die explizit politische Fragen aufgreifen (REINMUTH, Horizonte, 22). VOLLENWEIDER, Theologie, 468f., unterscheidet aber mit Recht zwischen einem Begriff politischer Theologie, der sich spezifisch auf das Verhältnis von Christusgläubigen zum jeweiligen Herrschaftssystem fokussiert (und warnt davor, „bei jedem potenziell politischen Schlagwort unter der Hand eine virtuelle Antithese zu postulieren") und einer politischen Theologie, die „nicht nur auf das Herrschaftssystem, sondern darüber hinaus auf das breite Spektrum von Willensbildung, von Entscheidungen und Handlungen sozialer Kollektive abhebt."

[74] ENGBERG-PEDERSEN, Paulus, 66.

[75] Siehe unten, 160–163. REINMUTH, Horizonte, 19: Die Christen „standen in dem Verdacht, gegenreligiös zu sein, die hegemonialen Strukturen zu unterminieren und zur Illoyalität gegenüber der religiös-politischen Gemeinschaft zu verleiten." Nicht zuzustimmen ist KEA, Letter, 2311, dass die Bitte, Onesimus als Bruder zu empfangen, keinen Konflikt mit der dominanten Kultur erkennen lasse.

[76] Zum weiten Politikbegriff vgl. BORMANN, Politikbegriff, 45.

[77] VOLLENWEIDER, Theologie, 468.

Was wäre, wenn?

Gesetzt den Fall[78], Onesimus hätte sich mit der Bitte um Vermittlung an Paulus gewandt, wäre aber nicht Christ geworden: Wie hätte Paulus wohl reagiert? Natürlich kann diese hypothetische Frage letztlich nicht beantwortet werden. Aber mit Wahrscheinlichkeit lässt sich folgendes sagen: Er hätte Onesimus zurückgeschickt (das tut er mit dem Christ gewordenen Onesimus auch). Er hätte Philemon nicht zur Freilassung des Sklaven bewegt; dazu hätte im Rahmen der gesellschaftlichen und rechtlichen Rahmenbedingungen keine Veranlassung bestanden. Vermutlich hätte er Philemon zu einem großmütigen Verhalten aufgefordert, und zwar nicht mit einer humanitären (auch Sklaven sind Menschen) oder einer statusbezogenen (bedenke deine Würde), sondern mit einer christlichen Begründung; denn dass „Christus für uns gestorben ist, als wir noch Sünder waren" (Röm 5,8), müsste sich ja auch im Verhalten Philemons dem nichtchristlichen Sklaven gegenüber zeigen. Und weil er Philemon als Christ angesprochen hätte, wäre auch dieser Brief möglicherweise an die Hausgemeinde mit adressiert worden. Im Blick auf das konkrete Verhalten hätte der Brief möglicherweise mehr oder weniger dem entsprochen, was zeitgenössische Philosophen als angemessenes Verhalten zwischen Sklaven und Herren beschreiben[79]; die Begründung wäre aber aller Wahrscheinlichkeit eine andere gewesen. Was die Angelegenheit für Paulus jedoch definitiv verändert, ist die Tatsache, dass Onesimus Christ geworden ist. Sie macht die Frage nach den Verhältnissen innerhalb von Haus und Hausgemeinde unabweisbar und zu einer explizit ekklesiologischen Frage.

Hier kann man sachkritische Fragen anschließen. Handelt es sich um einen innergemeindlichen Rückzug in den scheinbar unpolitischen Raum? Zementiert Paulus ungerechte Herrschaftsstrukturen, wenn er nicht auf ihre Abschaffung drängt, sondern von innen heraus Veränderungen anregt? Kann Paulus wirklich darüber hinweg sehen, dass Sklaverei tendenziell gewalttätig ist?[80] Und verhandeln Paulus und Philemon nicht auf einer statusgleichen Ebene über den Kopf des Onesimus hinweg?[81] Dieser letzte Einwand trifft definitiv nicht zu. Onesimus ist durchaus im Brief „anwesend". Indem Paulus sich mit ihm geradezu identifiziert, tritt Onesimus seinem Herrn Philemon schon im Brief als christlicher Bruder entgegen. Und im Blick auf die anderen Fragen ist noch einmal auf das frühe Christentum als Bekehrungsreligion zu verweisen.[82] Es ist keineswegs so, dass die ersten

---

[78] KREITZER, Phlm, 143–148, stellt die „imaginative recreation of fictional conversations between Paul and die ancient, or even contemporary, world" anhand einiger Beispiel vor.
[79] Siehe oben, 60.
[80] So neuerdings z. B. BOTHA, Hierarchy; PUNT, Paul.
[81] So BOTHA, Hierarchy, 258–261.
[82] WOLTER, Entwicklung. Die neu zu entwickelnden Verhaltensweisen wirken nach innen (als „identity marker") und nach außen (als „boundary marker"), wobei eine gewisse Übereinstimmung mit dem Ethos der Mehrheitsgesellschaft gegeben sein muss, so lange die neue Gemeinschaft im Rahmen dieser Gesellschaft einen Platz beansprucht (ebd., 17). Wichtig ist auch der Sachverhalt, dass alle Glaubenspartner in den von Paulus gegründeten Gemeinden eine nichtchristliche Sozialisation durchlaufen haben, die man nicht einfach mit einem neuen Glauben völlig ablegt.

Christen in ihren Hausgemeinden völlig frei soziale Strukturen hätten schaffen können. Sie lebten im Gegenteil in fest gefügten sozialen Rollen und Strukturen, die sie nun von ihrem neuen Glauben her in Frage stellten. Paulinische Spitzensätze wie Gal 3,26–28 standen nicht erst im öffentlich-politischen Raum in Widerspruch zur allgemein geltenden Ordnung, sondern schon im Rahmen des Oikos. Im Philemonbrief wird ein neuer Umgang zwischen christlichen Sklaven und Herren anempfohlen, der sich nicht am Recht, sondern an der christlichen Geschwisterlichkeit orientiert, der aber gerade deswegen das Recht faktisch in Frage stellt. Diese Frage konnte nicht ungehört bleiben. Sie wurde im Lauf der Auslegungsgeschichte vielfach mit konservativer Absicht zurückgedrängt. Dass man sich dabei darauf berief, dass Paulus nicht die Freilassung des Onesimus gefordert habe, verleiht der Auslegungsgeschichte einen tragischen Zug. Allerdings hat man Paulus selbst dabei nicht auf seiner Seite. Er erwartet mehr als das, was man rechtlich regeln kann und vertritt damit gegenüber allem Recht, nicht nur dem damaligen, eine kritische Position. Dass sich darüber hinaus auch die Rechtsfrage stellen musste, liegt in der Konsequenz seiner Aussagen. Dass sie sich tatsächlich erst erschreckend spät gestellt hat, sollte man nicht Paulus anlasten, sondern denen, die sich oft sehr einseitig auf ihn berufen.

Aspekte der Auslegungsgeschichte

Subscriptiones

Die verschiedenen Briefunterschriften versuchen Informationen nachzutragen, die man als fehlend erachtete.[1] Sie gehören nicht zum ursprünglichen Text, sondern in die Überlieferungsgeschichte des Briefes. Während die subscriptio Προς Φιλημονα (ℵ A C (D) 33 pc) lediglich den Hauptadressaten des Briefes angibt, wissen andere Manuskripte mehr. P 048^vid pc ergänzen den Abfassungsort (εγραφη απο Ρωμης) oder ergänzen, wer den Brief geschrieben hat (geschrieben von Rom durch den Sklaven Onesimos). Andere Handschriften fügen noch Tychikus als Absender hinzu (L 1739.1881. al). L 326.1241 al erweitern die Adresse (και Απφιαν δεσποτας του Ονησιμου και προς Αρχιππον τον διακονον της εν Κολοσσαις εκκλησιαις); sie wissen nicht nur, dass Apphia Herrin des Onesimus und damit die Frau Philemons war, sondern auch, dass wir in Archippus den Diakon der Gemeinde von Kolossä vor uns haben. Auch die Geschichte des Bischofs Onesimus von Ephesus wird mit dem Brief verbunden: „Aus Rom von Paulus und Timotheus durch den Sklaven Onesimus. Der selige Onesimus wurde zum Zeugen Christi in der Stadt Rom, als Tertullus das Amt des Statthalters innehatte. Er erduldete das Schicksal des Martyriums, da man ihm die Gebeine zerbrach (42. 390).[2] Offenbar sah man seitens der Kopisten die Notwendigkeit das nachzutragen, was im Text (scheinbar) fehlte.

An die Identifikation der beiden „Onesimi" hat sich die einflussreiche These von Knox angeschlossen, dass Phlm identisch mit dem in Kol genannten Brief nach Laodicea sei und der in Kol 4,17 genannte Archippus mit dem in Phlm 2 übereinstimme.[3] Knox hat diese Theorie in Weiterführung der Thesen von E.R. Goodspeed[4] entwickelt. Demnach habe das ursprüngliche Corpus Paulinum zehn Briefe (ohne die Pastoralbriefe) umfasst und sei gegen Ende des ersten Jahrhunderts in Ephesus zusammengestellt worden, wobei der Epheserbrief als Einleitung der ganzen Sammlung vorangestellt worden sei. Redaktor und Herausgeber dieser Sammlung sei Bischof Onesimus von Ephesus gewesen. Die Aufnahme des wenig inhaltsreichen Philemonbriefs in die Sammlung verdanke sich der Personalunion mit

---

[1] Vgl. Metzger, Commentary, 659. Dort finden sich noch weitere subscriptiones.
[2] Des Onesimus wird an verschiedenen Tagen gedacht: am 15. Februar (katholisch) bzw. am 15. Feburar, 6. Juli, 22. November und 1. Dezember in den orthodoxen Kirchen. Bildquelle zur folgenden Seite: http://www.eoc.ee/static/files/076/onesimus.jpg, 25. 07. 2011.
[3] Vgl. oben, 83f.
[4] Goodspeed, Ephesians; ders.; Introduction 210ff.; ders., Meaning; ders., Key.

dem im Philemonbrief genannten Sklaven Onesimus.⁵ Diese These ist jedoch mit Recht kritisch rezipiert worden.⁶ Unabhängig von den zum Teil fragwürdigen Einzelargumenten ist es grundsätzlich problematisch, von den Kanonverzeichnissen des 2. Jahrhunderts auszugehen und von dort aus zurückzufragen, da diese Fragerichtung von vornherein stark auf die Einheit der Sammlung und einen zentralen Entstehungsort fixiert ist. Die Frage nach dem Umgang mit Sklaven war für das frühe Christentum eine wichtige und oft behandelte Problematik, die sich nicht nur aus innerchristlichen Erwägungen zu Sklaven als „Brüdern und Schwestern" ergab, sondern auch durch Kritik aus der Umwelt des Christentums, die ihren Anlass in der tatsächlichen oder vermeintlichen Freilassung der Sklaven hatte, begründet war.

Auch auf Unscheinbares kommt es an

In adv. Marc 5,21 wundert sich Tertullian, dass Marcion Phlm in seinen Kanon aufgenommen hat. Tertullian ist der Auffassung, dass dies nur wegen der Kürze und Unauffälligkeit des Briefes möglich gewesen sei. Kürze, mangelnde theologische

---

[5] Vgl. HARRISON, Onesimus, 290ff.; TROBISCH, Entstehung, 115f. Dagegen u.a. KUMITZ, Brief, 215.

[6] Vgl. zur Kritik BUCK, Order, 351ff.; KÜMMEL, Einleitung, 251; MOULE, Birth, 199ff. Das Problem, dass Eph in keinem der bekannten Kanonverzeichnisse an erster Stelle steht, will KNOX, Marcion, 53–73, so lösen, dass er einen der Länge geordneten und von Eph angeführten Ursprungskanon annimmt, den Marcion übernommen, aber aus dogmatischen Gründen umgestellt habe.

Bedeutung und die Nebensächlichkeit eines einzelnen Schicksals wurden dem Brief mehrfach attestiert. Viele frühe Interpreten sehen sich gezwungen, den Brief gegen diesen Vorwurf zu verteidigen.

Ausführlich wird diese Auffassung von Hieronymus referiert.[7] Als gegnerische Argumente nennt er vor allem: Paulus habe diesen Brief als normaler Mensch und nicht durch die Leitung des heiligen Geistes geschrieben; alltägliche Angelegenheiten würden keineswegs immer im Angesicht des Herrn erledigt.[8] Aus der Alltäglichkeit des Briefes habe man gefolgert, dass er entweder gar nicht von Paulus stamme oder, falls doch paulinisch, jedenfalls nicht in den Kanon gehöre: Nichts darin sei von aufbauendem Wert oder habe Bedeutung für die christliche Lehre (hic et caeteris istiusmodi, volunt aut Epistolam non esse Pauli, quae ad Philemonem scribitur: aut etiam si Pauli sit, nihil habere quod aedificare nos possit, 78,28–30[9]). Demgegenüber weist Hieronymus auf die Tugend und Weisheit hin, die in diesem kurzen Brief verborgen seien. Außerdem unterstreicht er die herausragende Menschlichkeit des Apostels und die Umsetzung seiner Glaubensüberzeugungen im Alltag. Theodor von Mopsuestia hebt dieses Argument auf eine organisatorische Ebene und stellt Paulus als Beispiel dafür vor, auf welche Weise Kirchenführer ihre Mitchristen ermahnen sollten.[10] Dieses Argument wird in beiderlei Akzentuierung (im Blick auf den allgemeinen Umgang miteinander wie auf den Umgang von kirchenleitenden Personen mit Untergebenen) in der Auslegungsgeschichte immer wieder aufgegriffen, bis hin beispielsweise zu Erasmus, der meint, dass selbst Cicero seine Mahnungen nicht feinsinniger hätte formulieren können als Paulus es hier tut.[11] In der aktuellen Exegese bringt THOMPSON diese Auffassung auf die prägnante Formel: „Small things matter."[12]

Theologische Deutungen

Gleichwohl haben sich an einige Aussagen des Briefes theologische Überlegungen angeschlossen. Dass in Phlm 3 Gnade und Friede gleichermaßen von Gott und von Christus ausgehen, interpretiert Hieronymus dahingehend, dass Vater und Sohn „una natura" haben.[13]

---

[7] Vgl. FRIEDL, Dissertation.
[8] Hieronymus, in Philem, 77,1–78,26; 77,5–8.
[9] MPL 26,636f.
[10] 261,10: ad illos proprie pertinere. Die Ermahnungen sollten in Übereinstimmung mit der brüderlichen Lebensart stehen, die Paulus in diesem Brief zeige (vgl. 265,13–18; 266,12). Zur Deutung des Phlm durch Theodor insgesamt FITZGERALD, Theodore. Zur ähnlichen Argumentation von Johannes Chrysostomus vgl. DECOCK, Reception, 277f. Nach CALLAHAN, Letter, 330, beginnt mit Johannes Chrysostomus „the Roman imperialist interpretation" des Briefes.
[11] Erasmus, Opera omnia VI, 980.
[12] THOMPSON, Phlm, 191. Ausführlich geht FELDER, 904f., auf „Paul's leadership traits" ein.
[13] Comm in Phlm 1–3 (MPL 26, 608).

An V.14 werden Überlegungen zum freien Willen angeschlossen. Gott habe die Menschen zwar so schaffen können, dass sie nichts Böses hätten tun können, sondern nur Gutes; gut sei aber nur dasjenige, das freiwillig getan werde.[14] Hieronymus führt dies im Einzelnen aus: Gott ist aus eigenem Antrieb gut und nicht aus Notwendigkeit; nach Gen 1,26 soll auch der Mensch nicht aus Notwendigkeit, sondern auf Grund seines freien Willens gut sein; gut ist nur das, was aus dem freien Willen heraus getan wird; deshalb schickt Paulus Onesimus zurück. Dass damit theologische Fragestellungen aus der Zeit des Hieronymus mit Hilfe des Philemonbriefs beantwortet werden, liegt auf der Hand.

Phlm 15 f. wird von Hieronymus in Analogie zur Josephsgeschichte in Gen 37–50 interpretiert.[15] In beiden Fällen wurde, was einen bösen Anfang nahm (mala principia), von Gott zum Guten gewendet (res bona). Nur so konnte aus dem entlaufenen Sklaven ein Diener des Evangeliums werden und ein frater aeternus. Diese Wendung hin zum Guten kann auch auf das Wirken des heiligen Geistes zurückgeführt werden.

Die Wendung „ego te fruar in domino" in Phlm 20 wird von Augustin breit erörtert.[16] Der Gegensatz von Freude haben an (frui) und Nutzen haben an (uti) steht für Augustin in dem größeren Rahmen des Verhältnisses zu allen Dingen und zu den Mitmenschen. Das Ewige und Unwandelbare ist zu lieben, alles andere zu nutzen. Diese Unterscheidung spielt auch in der Auslegung von Phlm 20 eine Rolle: Paulus will an Philemon im Herrn froh werden; hätte er lediglich „ich will froh werden an dir" geschrieben, so hätte er seine Hoffnung und sein Glück auf Philemon gesetzt und gerade nicht auf den Herrn. Diese zweifache Vorstellung von Liebe[17] ist charakteristisch für die Interpretation bei Augustin.

Hieronymus interpretiert die Gnade in Phlm 3 so, dass wir weder durch eigene Verdienste (meritum) noch durch Werke (opus) gerettet werden.[18] Luther legt im Rahmen seiner Theologie auf diese Frage den Hauptakzent. In seinem Kommentar sieht er im Philemonbrief ein Beispiel dafür, wie man Menschen heilen kann, die schuldig geworden sind, wie man Irrende zurückbringen kann und ganz allgemein, dass das Reich Christi aus Barmherzigkeit und Gnade besteht (qui debeamus curare lapsos, errantes restituere, quia regnum Christi est misericordiae, gratiae[19]). Deutet sich hier schon an, wie Luther den Brief im Rahmen seiner Theologie versteht, so geht dies vollends aus seiner Vorrede zum Philemonbrief hervor[20]:

---

[14] Hieronymus, 411. Er verwendet dieses Argument auch in Hom in Jer 20,2 und in Or 29,15. Er bedient sich dabei durchgängig der Argumentation des Origenes (vgl. Decock, Reception, 280f.).
[15] Hieronymus, in Philem 15–16 (97,424–98,457).
[16] Augustin, doct christ 1,33.37.
[17] Vgl. Augustin, doct Christ 1,36.40.
[18] Comm in Phlm 1–3 (MPL 26, 608).
[19] WA 25, 69–78, hier 78. Das Bild auf der folgenden Seite stammt aus der Biblia ecypta von J.C. Weigel aus dem Jahr 1695. Paulus diktiert, vom Geist beseelt, den Brief an Philemon.
[20] WA.DB 7, 293

„Diese Epistel zeiget ein meisterlich lieblich exempel Christlicher liebe. Denn da sehen wir, wie S. Paul sich des armen Onesimi annimpt, vnd jn gegen seinen Herrn vertrit, mit allem das er vermag. Vnd stellet sich nicht anders, denn als sey er selbs Onesimus, der sich versuendiget habe. Doch thut er das nicht mit gewalt oder zwang, als er wol recht hette, Sondern eussert sich seines Rechten, da mit er zwinget, das Philemon sich seines Rechten auch verzeihen mus. Eben wie uns Christus gethan hat gegen Gott dem Vater, Also thut auch S. Paulus fur Onesimo gegen Philemon. Denn Christus hat sich auch seines Rechten geeussert, vnd mit liebe vnd demut den Vater vberwunden, das er seinen zorn, vnd Recht hat muessen legen, vnd vns zu gnaden nehmen, vmb Christus willen, der also ernstlich vns vertrit, vnd sich vnser so hertzlich annimpt, Denn wir sind alle seine Onesimi, so wirs gleuben."

Calvin greift auf die Auslegungslinie zurück, die die Aufmerksamkeit des Glaubens auch für die alltäglichen Angelegenheiten des Einzelnen hervorhebt: „Die Sache, um die es hier geht, mag sonst gering und entlegen erscheinen, aber Paulus erhebt sich, wie auch sonst stets, hoch zu Gott empor. ... Bei diesem Anlaß spricht er aber so würdevoll von der unter Christen bestehenden Billigkeit, daß er sich damit geradezu an die ganze Kirche wendet und nicht nur die Sache eines einzelnen besorgt."[21] Die „nutzbringende Lehre", die der Brief vermittelt, liegt nach Calvin freilich vor allem darin, dass Gott in seiner Erwählung der Glaubenden ungewöhnliche Wege gehen kann[22]:

---

[21] Calvin, Auslegung, Band 17, 627.
[22] Ebd., 633.

„Schon aus der Flucht des Onesimus läßt sich ersehen, daß er nach Gewohnheit und Verhalten auf hartnäckige Weise bösartig war. Umso einzigartiger und bewundernswerter ist seine Tugend: er hat mit jäher Entschlossenheit das Böse ausgebrannt, das er so lange in sich hineingesogen hatte, und so kann ihm Paulus bezeugen, daß er bereits zu einem neuen Menschen geworden ist. Für uns ergibt sich daraus eine nutzbringende Lehre: Gottes Erwählte werden manchmal auf unvergleichliche Weise, fernab von dem, was man sich denken mag, auf wirren Umwegen, ja, durch Labyrinthe hindurch, zum Heil geführt. Da hatte Onesimus in einem frommen und heiligen Haus gelebt; doch war er wegen seiner Übeltaten entwichen und hatte sich Gott und dem ewigen Leben geradezu mit Absicht entzogen – aber ebendiese verderbliche Flucht lenkte Gott in seiner wunderbaren Vorsehung dahin, daß Onesimus auf Paulus stieß."

Die Sklavenproblematik

Auch der Konflikt zwischen einem Sklaven und seinem Herrn gehört nach den frühen Auslegern zu den unscheinbaren Dingen, um die Paulus sich kümmere. Dass es dabei jedoch keineswegs um Nebensächliches oder bloß Privates geht, wird schon daran deutlich, dass sich sehr viele Ausleger genau mit dieser Problematik befassen. Die Sklavenfrage war in der Antike generell und auch in den frühen christlichen Gemeinden von zentraler Bedeutung, und zwar in wirtschaftlicher und gesellschaftlicher Hinsicht wie auch im Blick auf das Verhalten im Oikos. Dass der Philemonbrief einen Platz im Kanon erhalten hat, hängt vor allem damit zusammen, dass die Sklavenfrage von Paulus hier an einem konkreten Beispiel verhandelt wird.[23] Da Paulus die letzte Entscheidung Philemon überlässt, konnte der Brief sowohl enthusiastisch als auch konservativ gedeutet werden. Dass der Kanon Muratori den Brief zusammen mit den Pastoralbriefen dem Zweck kirchlicher Disziplin zuordnet[24], zeigt, dass man den Brief vor allem im Blick auf Fragen innerkirchlicher Ordnung hin gelesen hat.

Die weitere Entwicklung deutet sich schon in den nachpaulinischen Briefen an. Dass die Paulinen im Verhältnis von christlichen Herren und Sklaven Änderungen gegenüber der herkömmlichen Oikos-Struktur nahelegen, ist von 1Kor 7,21; Gal 3,28 her zu erwarten. Diese Stellen zielen zwar nicht auf eine grundsätzliche Wandlung der gesellschaftlichen Verhältnisse, aber sehr wohl auf eine Neubestimmung des Autoritätsgefüges innerhalb des christlichen Hauses und der Hausgemeinde. Die Neubestimmung ist in einigen neutestamentlichen Schriften klar zu erkennen. In der Haustafel in Kol 3,22–4,1 werden Sklaven und Herren ermahnt. Die Sklavenparänese spricht die Sklaven als eigenständig Handelnde und in eigener Beziehung zu Christus an. Die Herren haben ihrerseits einen Herrn im Himmel. Dadurch

---

[23] Die Bedeutung des Phlm zeigt sich bereits darin, dass Origenes und Hieronymus ihre Auslegung der Paulusbriefe mit Phlm beginnen (Decock, Reception, 273). Schneider, Phlm 31: Die Antwort des Apostels im konkreten Einzelfall „ist beispielhaft auch für die Lösung anderer sozialer Fragen unter Christen."
[24] Die Briefe werden zu Ehren der gesamten Kirche (wegen der Bedeutung für die) Ordnung der kirchlichen Zucht heilig gehalten (in honore tamen ecclesiae catholicae in ordinatione ecclesiasticae disciplinae sanctificatae sunt); Text nach LIETZMANN, Fragment. Auch Tertullian, Adv Marc 5,21, ordnet den Brief der Kichenzuchtthematik zu.

wird die Struktur der Rechtsverhältnisse transformiert, denn auch der Herr ist nun nicht mehr sui iuris, sondern steht wie der Sklave in einem Abhängigkeitsverhältnis zu Christus. Die Haustafel des Kol ist deshalb ein wichtiges Beispiel dafür, wie die sozialen Voraussetzungen unter der Perspektive des christlichen Glaubens in ein neues Licht gerückt werden.[25]

Eine deutlich konservativere Haltung findet sich in 1Tim. 1Tim 6,1f. spricht die christlichen Sklaven an, die ihren christlichen Herren als Brüder und Schwestern begegnen[26] und aus diesem Verhältnis Konsequenzen für den alltäglichen Umgang ziehen sollen. Die Mahnung richtet sich allein an die Adresse der Sklaven, während bei den Herren die wohltuenden Absichten thetisch festgestellt werden. In dieser Einseitigkeit wird das Bestreben deutlich, „die bestehenden gesellschaftlichen Lebensformen mit dem Evangelium zu einem positiven Verhältnis zusammenzuführen", wobei „die von diesem Evangelium ausgehenden Impulse für eine Veränderung der Formen menschlichen Zusammenlebens vernachlässigt" werden.[27] Auch 1Petr 2,18f. liegt auf dieser Linie.

Bereits im Neuen Testament zeigen sich zwei Wirkungslinien: Eine konservative, die sich an der vorhandenen Oikosstruktur orientiert, die Sklaven auf ihre Gehorsamspflicht hinweist und dies christlich begründet[28], und eine die Oikosstruktur von innen heraus verändernde Auffassung, die vom „Herrn Jesus Christus" ausgehend und im Wirkungsbereich dieses Herrn auf ein neues Verhältnis zwischen Herren und Sklaven zielt. Beide Wirkungslinien lassen sich auch bei den Apostolischen Vätern und den Apologeten erkennen. Auf der einen Seite werden Herren und Sklaven zu einem angemessenen Verhältnis zueinander aufgefordert, und zwar angesichts Gottes, der über Herren und Sklaven Herr ist: Die Herren sollen nicht bitter gegen die Sklaven sein und sie nicht hochmütig behandeln, die Sklaven sollen ihren Herren „als einem Abbild Gottes mit Respekt und Ehrfurcht gehorchen" (Did 4,10f.; Ignatius, Pol 4,3; Barn 19,7). Die Apologeten heben hervor, dass sogar die Sklaven bezeugen könnten, was für ein gottgefälliges Leben die christlichen Herren führen (Athenagoras, legatio 35,2; vgl. apologia pro christiana 35). Die Petrusapokalypse (11,8) beschreibt auf der anderen Seite das ewige Feuer und die Strafe, die ungehorsame Sklaven im Jenseits zu erwarten haben.

Während Ignatius, Pol 4,3 die Sklaven mahnt, nicht die Freilassung auf Gemeindekosten anzustreben, „damit sie nicht als Sklaven der Begierde erfunden werden", empfiehlt der Hirt des Hermas (mand 8,10; sim 1,8) den Gemeinden umgekehrt, die Diener Gottes aus der Bedrängnis zu erlösen, statt mit ihrem Vermögen eigenen Besitz zu erwerben. Und nach 1Clem 55,2 gibt es „viele bei uns", die sich freiwillig in die Sklaverei verkaufen, um andere damit freizukaufen. Dieser Gedanken wird später in den Apostolischen Konstitutionen (4,9,2) aufgegriffen: Öffentliche Versammlungen soll man meiden, es sei denn zu dem Zweck, einen Sklaven zu kaufen und ihn damit zu retten. Aristides (apol 15,6) berichtet, dass die Christen ihre Sklaven aus Liebe zum christlichen Glauben bewegen und sie dann unterschiedslos als Geschwister ansehen.

---

[25] Vgl. ähnlich Eph 6,5–9.
[26] ROLOFF, 1Tim, 323f.
[27] ROLOFF, 1Tim, 325f.
[28] ELLIOTT, Liberating Paul, 23–54, spricht von „a canonical betrayal of Paul".

Ausführlich gehen die Kirchenväter auf die Sklavenproblematik ein.[29] Nach der Kirchenordnung Hippolyts dürfen Sklaven als Taufbewerber nur aufgenommen werden, wenn sie mit Einwilligung ihrer Herren kommen. Bei einem Taufbewerber soll man fragen, welcher Art sein Leben ist, ob er eine Frau hat, Sklave eines Gläubigen ist und ob sein Herr (es) ihm erlaubt; ohne Erlaubnis seines Herrn soll er abgewiesen werden. Und wenn sein Herr Heide ist, soll er sich so verhalten, dass er seinem Herrn gefalle, damit der christlichen Gemeinde kein Ärgernis (βλασφημία) entstehe.[30]

Immer wieder geht es um den Vorwurf, dass die Christen mit der Freilassung von Sklaven die gesellschaftliche Ordnung gefährdeten. Johannes Chrysosthomus[31] führt verschiedene Argumente an: An Sklaven darf man nicht verzweifeln, auch wenn sie noch so boshaft sind (umso weniger darf man an Freien verzweifeln); Sklaven darf man nicht von den Herren wegreißen; auch Heiden müssen anerkennen, dass ein Sklave Gott gefallen kann. Die Argumente gipfeln darin, dass der Vorwurf des politischen Umsturzes unsachgemäß sei:

„Im übrigen, wenn es von vielen für notwendig gehalten wird zu lästern und zu sagen: Zweck und Ziel des ganzen Christentums liegen im Umsturz (ad evertenda omnia Christianismus in vitam est introductus), wenn die Sklaven den Herren weggenommen werden, und die Sache ist gewalttätig. Kann man aber etwas anderes sagen? Uns scheint, wir schämen uns der Sklaven nicht, wenn sie tüchtig sind (docet nos, ne nos pudeat servorum, si probi sint). Wenn nämlich Paulus, ausgezeichneter als alle Menschen, so viel hierüber sagt, um wie viel mehr müssen wir es von den Unsrigen ebenso tun."

Theodoret von Cyrus fordert, dass sich die Sklaven an Christus orientieren, der selbst die Gestalt eines Sklaven angenommen habe.[32] Nach Hieronymus bleibt der entflohene Sklave Onesimus lebenslang Eigentum seines Herrn; durch den Glauben an Christus ist die Natur des Onesimus allerdings verwandelt und durch den Geist der Freiheit ist er auf ewig zu einem Bruder Philemons geworden. Sklaven sollen nicht den Herren davonlaufen, um sich christlichen Lehrern anzuschließen (15-16; 98,440-442). Augustin unterscheidet die zeitlichen Herren dem Fleisch nach von dem ewigen Herrn, ermahnt aber gleichwohl die Sklaven, ihren zeitlichen Herren gehorsam zu sein.[33] Eigens behandelt wird die Frage, ob ein Sklave seinem Herrn zum Gehorsam verpflichtet ist, wenn dieser etwas der Schrift Widersprechendes befiehlt. Nach Hieronymus, ep ad Tit 2,3[34], ist der Gehorsam nur dann nicht geboten, wenn der Herr etwas befiehlt, was den göttlichen Vorschriften ausdrücklich widerspricht.

In Teilen des sich entwickelnden Mönchtums wird demgegenüber eine enthusiastische Auslegung des Phlm erkennbar. Die sich auf Eustathius von Sebaste

---

[29] Vgl. zu den Eigenheiten der altkirchlichen Exegese den Aufsatz von DECOCK, Reception.
[30] trad apost 27 äthiop=40 kop, hier nach der koptischen Fassung.
[31] MPG 62,701-720.
[32] MPG 119, 263-278; 82,280.
[33] Augustin, en in psalm 124,7 (MPG 40, 1841).
[34] MPL 26, 548.591.

(ca. 300–377)[35] berufenden Eusthatianer lehnen um der konsequenten Absage an die Welt willen gesellschaftliche und kirchliche Ordnungen ab, verwerfen Ehe, Familie und Besitz, propagieren die Gleichstellung von Mann und Frau und die Befreiung der Sklaven.[36] Die Circumcellionen setzen sich zwischen ca. 340 und 420 für die gewaltsame Befreiung von Sklaven ein und kehren in exemplarischen Akten die Herrschaftsverhältnisse um: Ein Herr muss neben seinem Wagen herlaufen, auf dem die Sklaven Platz genommen haben, oder er muss unter Schlägen den Mühlstein drehen.[37]

In vielen der genannten Texte wird so oder so auf den Philemonbrief Bezug genommen. Hin und wieder sind auch Fälle bekannt, bei denen die Vorgeschichte von Philemon anklingt, ohne dass direkt auf den Brief zurückgegriffen wäre. Dies ist z. B. der Fall bei dem Sklaven Kallistos, der eine große Summe veruntreut[38], oder bei einem Mönch, der leichtfertig sein Kloster verlassen hat und auf eine Wiederaufnahme hofft.[39]

Ausblick

Obwohl offiziell abgeschafft, gib es in der Gegenwart de facto eine Reihe von Abhängigkeitsverhältnissen, die der Sklaverei nicht unähnlich sind[40]: Extreme wirtschaftliche Abhängigkeit, Schulknechtschaft, Kinderarbeit, Prostitution usw. Die vorschnelle Lektüre des Philemonbriefs vor dem Hintergrund der nordamerikanischen Sklaverei ist zwar exegetisch unangemessen, weist aber darauf hin, dass die Lektüre dieses Paulusbriefs immer auch in die jeweils gegenwärtigen Rahmenbedingungen hinein gehört.[41] Als Skandal ist dabei zu werten, dass es sklavenähnliche Abhängigkeitsverhältnisse auch in christlich geprägten Gesellschaften gab und gibt. Dies unmittelbar Paulus und seinem Brief anzulasten ist sachlich unzutreffend. Paulus nimmt nicht zur Sklaverei als gesellschaftlichem Sachverhalt der damaligen Zeit Stellung, sondern zum Umgang eines Herrn und eines Sklaven, die beide Christen sind, und zwar im Rahmen einer insgesamt nicht christlichen Gesellschaft mit politisch autoritärer Herrschaftsstruktur. Hier fordert er einen Umgang miteinander, der von Liebe und Gemeinschaft geprägt ist. Deshalb kann es

---

[35] Vgl. HAUSCHILD, Artikel Eustathius von Sebaste.
[36] Vgl. HEUSSI, Kompendium, § 28h (114).
[37] Vgl. Augustin, ep 185,4,15 (MPL 33,366); SCHINDLER, Afrika I, 662ff.; BELLEN, Studien, 82f.
[38] Bei Hippolyt, Ref. IX 11, 1ff.
[39] Bei S. Anselmi Opera Omnia III, 285–288.
[40] Vgl. REINMUTH, Phlm, 1f.; Getty, 77–80. Der „International Labour Organization" ILO zufolge leben derzeit über 12 Millionen Menschen unter sklavenähnlichen Bedingungen (detaillierte Angaben unter http://www.antislavery.org vom 10. 4. 2011). Meist handelt es sich um Opfer von Menschenhandel, Zwangsarbeit und Schuldknechtschaft. In den Industrieländern leben vor allem Frauen als Zwangsprostituierte unter teilweise sklavenähnlichen Umständen.
[41] Unstrittig ist allerdings, dass der Philemonbrief eine unrühmliche Rolle bei der Bestätigung der nordamerikanischen Sklaverei spielte. Vgl. ausführlich CALLAHAN, Letter; KREITZER, Phlm, 70–106.

nicht darum gehen, Paulus vorzuhalten, dass er sich zu seiner Zeit nicht eindeutig gegen die Sklaverei ausgesprochen habe.[42] Worum es aus exegetischer und hermeneutischer Perspektive gehen muss, ist vielmehr der Sachverhalt, dass vom Umgang miteinander im Horizont von Liebe und Gemeinschaft in der Auslegungsgeschichte des Philemonbriefs nicht viel übrig geblieben ist, und zwar weder, als sich das Christentum als Religion durchgesetzt hat, noch unter den in der Folge veränderten gesellschaftlichen und politischen Rahmenbedingungen. Es wäre unredlich, den befreienden Impuls der Paulusbriefe für die Freiheitsgeschichte der Menschheit zu verschweigen. Ohne Zweifel können sich die Bemühungen um Sklavenemanzipation und die Schaffung gerechter Verhältnisse mit guten Gründen auf Paulus berufen. Dass der Philemonbrief als „Testfall befreiender Praxis"[43] aber selbst da, wo gegenwärtige Gesellschaften grundlegend vom Christentum geprägt sind, vielfach keine Praxis der Gerechtigkeit und Gemeinschaft hervorgerufen hat, bleibt ein „Stachel im Fleisch" der weiter gehenden Christentumsgeschichte.

Die Lektüre des Philemonbriefs regt weiter dazu an, über das Verhältnis von Liebe, Glaube und Gemeinschaft in den christlichen Gemeinden (und in einer vielfach zersplitterten Christenheit) nachzudenken. Dass M. WEBER seinerzeit die Kirche nicht im Rahmen der Religionssoziologie, sondern der Soziologie der Herrschaft behandelte[44], war zwar vor allem dem Blick auf den Katholizismus seiner Zeit geschuldet. Aber auch die protestantischen Kirchen der Gegenwart sind nicht frei von Herrschaftsstrukturen. In seinen Überlegungen zur christlichen Brüderlichkeit erwähnt HUBER den Philemonbrief nicht direkt, nimmt ihn aber der Sache nach auf: „In der christlichen Gemeinde verwirklicht sich schwesterliches und brüderliches Zusammenleben in exemplarischer Weise; die vorbehaltlose Anerkennung des anderen, der Dank für die vielfältige Bereicherung durch die Gaben anderer Menschen, der selbstlose Einsatz für Nahe und Ferne, die Hilfe brauchen können – dies sind menschliche Antworten auf die Annahme des sündigen Menschen durch Gott."[45] Phlm 4–6.16f.22 lassen sich mit dieser Bestimmung unmittelbar verknüpfen. Der „untilgbare Zug zu genossenschaftlichen Lebensformen"[46] ist in großkirchlichen Organisationen sicher nicht bruchlos zu verwirklichen[47], zumal bereits einzelne Kirchengemeinden einen antiken Oikos zahlenmäßig bei weitem überschreiten. Gleichwohl bleibt die Mahnung zum geschwisterlichen Zusammenleben in der Hausgemeinde als Anspruch und Provokation erhalten und wirksam. Der im Philemonbrief zentrale Gedanke von koinonia / communio / Gemeinde bleibt auch für die volkskirchliche Ortsgemeinde leitend[48], wohl wissend,

---

[42] So z.B. SCHULZ, Gott, 184.190f.
[43] BIEBERSTEIN, Brüche, 117.
[44] WEBER, Wirtschaft, 692ff.
[45] HUBER, Kirche, 123f.
[46] HUBER, Kirche, 124. Vgl. zur aktuellen Hauskirchenbewegung http://www.hauskirche.de.
[47] DANZ, Einführung, 155f.: Die Kirche als Organisation hat zugleich einen organisationstranszendierenden Sinn.
[48] Vgl. KÖRTNER, Gemeinschaft, 30.

dass der Anspruch der Partnerschaft im Glauben auch in der Hausgemeinde Philemons angemahnt werden musste.

In der gegenwärtigen Situation westlicher Gesellschaften werden Religionsausübung und Glaube vielfach als individuelle Überzeugungen verstanden, die im gesellschaftlich-politischen Raum nicht handlungsleitend sein könnten oder sollten. Bereits die Adresse des Philemonbriefs hebt diese Dichotomie auf. Ohne unmittelbar auf gesellschaftliche Veränderung zu drängen, bleiben die Veränderungen im Blick auf die geschwisterliche Gemeinschaft in der Hausgemeinde Philemons nicht ohne Auswirkungen auf die umgebende Gesellschaft. Die Denkschrift der Evangelischen Kirche in Deutschland „Das rechte Wort zur rechten Zeit" liest sich mit ihrer grundlegenden Bestimmung zum öffentlichen Auftrag der Kirche wie ein Kommentar zum Philemonbrief: Nach evangelischer Auffassung entfalten kirchliche Stellungnahmen zu politischen und gesellschaftlichen Themen das christliche Verständnis vom Menschen und von der Welt, setzen dies zu den jeweils aktuellen Herausforderungen in Beziehung und vermitteln auf diese Weise den Inhalt des christlichen Glaubens in die Gesellschaft hinein.[49] Auch wenn die Glaubwürdigkeit der Kirche vor allem von der Glaubwürdigkeit ihrer Botschaft abhängt[50], bleibt ihr Verhalten nicht ohne Auswirkung auf die Akzeptanz der Botschaft. Die Frage, wie der Brief des Paulus von Philemon und der Hausgemeinde aufgenommen und wie darauf reagiert wurde, ist deshalb keine Spielerei, sondern ergibt sich notwendig aus dem Brief selbst. Dass Paulus seinen Adressaten dabei Geschwisterlichkeit zumutet und in ihrer Umsetzung Freiheit lässt, macht seinen Brief auch heute lesens- und lebenswert.

---

[49] EKD, Wort, 20.
[50] GUNDLACH, Glaubwürdigkeit.

Kritisch-exegetischer Kommentar über das Neue Testament

Eine Auswahl lieferbarer Bände:

V&R

Band 5: Dieter Zeller
Der erste Brief an die Korinther
Kritisch-exegetischer Kommentar
über das Neue Testament, Band 5.
2010. 549 Seiten, Leinen
ISBN 978-3-525-51534-1

Der Schwerpunkt, den Dieter Zeller für seine Kommentierung des 1. Korintherbriefs wählt, ist die religionsgeschichtliche Erhellung des Textes. Die traditions- und motivgeschichtliche Spurensuche verbindet er mit dem Nachvollzug der paulinischen Argumentation, der seine theologischen Akzente deutlich machen soll.

Zeller hütet sich vor der Tendenz deutscher Kommentatoren des ausgehenden 20. Jahrhunderts, in Korinth eine Einheitsfront zu rekonstruieren. Er macht verschiedene Faktoren für die dortige Problemlage verantwortlich. Seine Auslegung ist getragen von Respekt für die Tradition, angefangen bei den Vätern, schlägt aber auch hier und da neue Lösungen vor. Manchmal stellt er auch nur alternative Lesarten einander gegenüber und arbeitet die jeweiligen Gründe heraus. Zellers Sprache ist bei aller gebotenen Knappheit des Kommentars um Verständlichkeit bemüht.

Band 8: Gerhard Sellin
Der Brief an die Epheser
Kritisch-exegetischer Kommentar
über das Neue Testament, Band 8.
2008. 496 Seiten, Leinen
ISBN 978-3-525-51550-1

Der Epheserbrief, der im neutestamentlichen Kanon unter die 14 Paulusbriefe gerechnet wird, ist weder ein echter Paulusbrief – er zählt zu den sogenannten deuteropaulinischen Schriften: sein Verfasser ist ein unbekannter Paulusschüler –, noch wurde er ausschließlich an die christliche Gemeinde in Ephesus geschickt. Ursprünglich richtete er sich an alle damaligen Christen im südwestlichen Kleinasien. Der unbekannte kluge und philosophisch gebildete Verfasser lässt das Bild des (wahrscheinlich noch vor 70 n.Chr. in Rom hingerichteten) Apostels Paulus in seiner Zeit (zwischen 80 und 100 n.Chr.) neu aufleben. Der Epheserbrief hat eine besonders enge Beziehung zum Brief an die Kolosser, der auch kein echter Paulusbrief ist, aber eine deutliche Vorstufe zum Epheserbrief darstellt.

Gerhard Sellin übersetzt und kommentiert diese deuteropaulinische Schrift und vermittelt ein vertieftes Verständnis nicht nur des Epheserbriefes, sondern auch des Neuen Testaments.

Vandenhoeck & Ruprecht

Kritisch-exegetischer Kommentar über das Neue Testament

Eine Auswahl lieferbarer Bände:

V&R

Band 16: Akira Satake
Die Offenbarung des Johannes

Redaktionell bearbeitet von Thomas Witulski
Kritisch-exegetischer Kommentar
über das Neue Testament, Band 16.
2008. 429 Seiten, gebunden
ISBN 978-3-525-51616-4

Akira Satake gelingt es, dem Leser einen gangbaren Weg durch das argumentative und darstellerische Dickicht des letzten Buches der Bibel zu bahnen. Er bietet ihm einen Schlüssel zur Interpretation an, indem er die großen Bögen der Buchkomposition, sowie die sachlichen und inhaltlichen Bezüge zwischen den einzelnen Texten innerhalb des Gesamtwerkes Johannesoffenbarung pointiert herausstellt. Dies und die klare Sprache Satakes lassen seinen Kommentar zu einer wirklichen »Erklärung« der Johannesoffenbarung werden.

Band 1,3: Hans Klein
Das Lukasevangelium

übersetzt und erklärt von Hans Klein
Kritisch-exegetischer Kommentar
über das Neue Testament, Band 1,3.
2006. 745 Seiten, Leinen
ISBN 978-3-525-51500-6

Der neue Kommentar des international renommierten Theologen Hans Klein betont den erzählenden Charakter der Jesusgeschichte im Lukasevangelium.

Band 4: Eduard Lohse
Der Brief an die Römer

Kritisch-exegetischer Kommentar
über das Neue Testament, Band 4.
15. Auflage (1. Auflage dieser Neubearbeitung)
2003. 423 Seiten, Leinen
ISBN 978-3-525-51630-0

In den letzten Jahrzehnten hat die internationale und interkonfessionelle Diskussion über den Römerbrief des Apostels Paulus in beeindruckender Weise an Breite und Tiefe gewonnen und sich der Horizont religionswissenschaftlicher Erörterung weit gespannt. Diesen Veränderungen, die die gelehrte Forschung bestimmen, sucht dieser Kommentar ebenso Rechnung zu tragen wie der Aufforderung an einen wissenschaftlichen Kommentar, sich nicht nur für die Förderung theologischer Wissenschaft, sondern auch für den Gebrauch durch die Pfarrer- und Lehrerschaft als nützlich zu erweisen.

Diese Auslegung des Römerbriefs achtet besonders auch die jüdischen Voraussetzungen, die das Denken des Apostels Paulus bestimmen, und sucht herauszuarbeiten, was der Apostel den Christen in Rom zu sagen hatte – mit ihnen aber zugleich den Christen aller Zeiten, und damit auch uns.

Vandenhoeck & Ruprecht